U0153090

争霸300年，
分崩離析下的百家爭鳴

# 春秋故事

任超 著

# 目錄

# 壹

# 父子仇殺

# 狼來了

歷史是講究傳承的，所以，在講春秋歷史之前，我們必須先簡單講一下西周王朝。正是由於西周的滅亡，才造就了春秋繽紛絢爛的歷史。

據《史記》載，西周滅亡的導火索，是一場名叫「烽火戲諸侯」的鬧劇。西周末年，周幽王寵愛一個叫褒姒的妃子，這位妃子有點憂鬱，難得一笑。周幽王為了讓褒姒開懷大笑，竟聽從了一個大臣的荒唐建議。

據說，當時為了防範北方的犬戎入侵，邊境設置了烽火臺，西周邊軍看到犬戎軍隊到來便會燃起烽火，以此傳遞訊息，通知其他人早做準備。

周幽王與褒姒來到烽火臺點燃烽火。諸侯收到信號，以為周天子被敵人攻擊了，趕緊去救他。結果諸侯們趕到後，才發現敵情是假的，褒姒則被眼前的這一幕逗樂了。於是，周幽王反覆玩了幾回，褒姒也笑了幾回。

周幽王玩到最後，玩砸了，當犬戎真來進攻了，周幽王再點燃烽火發出求救信號時，卻沒有諸侯來救，西周就此滅亡。

這麼看，「烽火戲諸侯」的故事很像翻版的「狼來了」。但真考究起來，這則故事是假的。

首先，烽火報警系統要到秦漢時才有；其次，諸侯們需要同時趕到鎬京，這一點更不可思議。在西周時期，單說崤山以東的諸侯，想要在這麼短的時間內準備好物資、召集兵馬趕去營救幽王，士兵的兩條腿得有賽過高鐵的速度才行，何況這還是反覆進行了多次。

那麼歷史的真相是什麼呢？

讓我們從西周王朝的制度開始說起。

## 西周股份有限公司

西周作為一個王朝，像極了現在的股份有限公司。

為什麼叫西周呢？是因為周朝都城一開始在豐鎬，位於今西安市長安區。鎬京作為辦公地點與宿舍，豐京作為宗廟祭祀與園林所在地，豐鎬周邊區域叫王畿。兩百多年後，由於周幽王管理不善，周王朝衰敗。為了適應新的發展需求，周幽王的兒子周平王把國都遷到距豐鎬很遠的東方雒邑，即今洛陽市。為了便於區分，建都在豐鎬的周朝稱為西周，建都雒邑的周朝稱為東周。

周天子是「西周股份有限公司」的最大「股東」，同時還兼任「董事長」。周天子經常親自領兵打仗，「禮樂征伐自天子出」這句話可不是白說的。「公司」其他「小股東」是與周天子同姓姬的親戚，以及具有同盟關係的小諸侯，他們的「參股」方式就是管理自己的領地與百姓。每間「公司」重要的工作任務就是「開拓市場」。

西周建立之前，東邊有個強大的競爭對手，正是有著五百多年歷史的超級「老店」——商朝。

商朝國力雄厚，青銅業發達，同時又迷信鬼神。在祭祀品的加工技術方面，商朝堪稱登峰造極。商朝用的祭品叫人牲，來源是奴隸和戰俘。

商朝的繼承制度是兄終弟及，兄弟一輩死光了，兄弟的孩子就來搶王位。商朝經常發生內亂，所以國都經常換地址，最後搬到殷這個地方，才算是穩定下來，所以後期商朝又稱「殷商」。

西周的開國國君周武王在孟津舉行諸侯會盟並積極謀劃滅商。趁商王帝辛（就是我們常說的紂王）東征，老家空虛之時，周武王在呂尚（也就是《封神演義》裡的姜子牙）的輔佐下，對商朝發起攻擊。

牧野之戰爆發，帝辛倉皇組織奴隸抵抗周軍。奴隸們心想，即使打贏了周軍，自己也有可能被殷商拿去作為人祭，還不如陣前倒戈。於是西周成功推翻了商朝統治，史稱「武王伐紂」。

西周建立後，如何處置商朝丟下的廣袤土地，是一個亟待解決的問題。當時天下土地很多都是無主地，需要開墾。於是，西周實行了分封制。

周天子把自己手下的小諸侯分封到天下各地建立各自的國家，也就是封土建國。同時，周天子給諸侯制定了等級，也就是爵位，分別為公、侯、伯、子、男五級。這些諸侯國星羅棋布地分布在中原大地上，數量達七十一個之多。其中，有五十三個是天子的姬姓親戚建立的。透過分封制，西周迅速擴大勢力範圍。

分封出去的諸侯照葫蘆畫瓢，對自己手下的卿大夫進行再次分封。分得土地的卿大夫有樣學樣，把自己的土地分封給家臣，也就是士。士只聽命於卿大夫，不聽命於國君。有了土地和家臣的卿大夫，隨時可能幹掉自己看不順眼的國君。

不要以為這些土地是好占的，那裡有被周人稱作「野人」的當地土著民，有商朝殘餘反動勢力，還有遍布各處的凶猛野生動物如大象、犀牛、老虎等。

被分封出去的諸侯，帶著自己的人全副武裝地來到封地。這些移民者每天白天拿著武器和生產工具出去搶地盤、搞生產，做得好的話晚上能活著回來，做得不好就被野獸吃了或者被當地人殺了。

那麼，如何解決這些難題呢？

玩過即時戰略遊戲的人都知道，遊戲開局會有一個基地，農民會在基地附近採集資源，讓玩家可以開礦造兵。如果玩家打不過敵人，就可以往基地裡跑。同理，西周武裝移民也有自己的基地，叫作「國」，其實也就是一個個城市據點。

諸侯、貴族住在國裡，隨諸侯一起來的移民被稱作國人。國外面的地區叫郊，是國人居住的地方，他們開荒種田，獲取資源養活自己。其他無主地就是野人的地盤，又稱野。如果國人遭到外敵攻擊，就可以跑進國裡躲一下。

西周的生產方式是井田制，就是把一塊地分成類似九宮格一樣的九塊地。中間那塊地就是公田，其餘的是私田。無論是公田還是私田都是國有的，不能買賣。老百姓要在井田上集體勞動，耕種完私田，還要耕種公田，用於供養領主。

每個王朝都有自己獨特的管理制度，西周的管理制度就是周禮。當時天下地廣人稀，分封出去的諸侯群臣距離周天子很遙遠，且那時沒有現在的通信設備，更沒有便捷的交通工具，天子與諸侯們很難見面，君臣雙方的感情很容易敗給距離與時間。而天子最擔心的莫過於諸侯們跟自己的感情變淡，不理睬自己了。

為了讓諸侯們即使不在天子身邊，也能感受到自己作為周朝成員的光榮與責任，西周第二任天子周成王的叔父——攝政王周公旦，創建了周禮制度，將其作為人與人之間的行為規範。這是一套低成本的國家統治工具，但它的效率極高，影響了中國兩千多年。

周禮內容無所不包，小到老百姓的婚喪嫁娶、衣食住行、休閒娛樂，大到國家的戰爭祭祀、禮儀外交。周禮與其說是制度，更不如說是文化。

其中，宗法制是周禮的重大創新，它解決了君王家裡的財產繼承問題。

古往今來，父母去世後，子女繼承遺產時要先分家產，弄不好就會對簿公堂，吵得你死我活。可是無論如何，平民家庭分家產，每個子女或多或少都有一份。但這條約定俗成的規定用在天子家裡可不行，因為天子家裡最大的家產就是國土，如果幾個王子分家產，這個國家就分裂了。

怎麼解決這個問題呢？商人採用兄終弟及的方法，結果兄弟那輩死光了，兄弟的孩子就開始搶王位了。由此可見，商人的方法是有缺陷的。

周禮宗法制的核心是嫡長子繼承制，就是大老婆生的大兒子作為法定繼承人。繼承王位的嫡長子，稱為大宗；嫡長子的弟弟們分封出去，稱為小宗。嫡長子繼承制被眾多王朝沿用了兩千多年，這期間，它像一條高壓線一樣懸在各王朝頭上。當然也有無數君主想踰越這一高壓線，但踰越失敗的就會被活活電死，例如我們下一節故事的主角周幽王，就是死於這條高壓線。

## 一切為了真愛

西元前七八一年，西周第十二任君主周幽王姬宮湦端坐在大殿上，俯視著朝自己跪拜的諸侯大臣，心中甚是得意。周幽王的確有得意的資本，因為他的父親周宣王姬靜給他留下了大好河山。

說到這位周宣王姬靜，他可是一點都不安靜。他一生的主要精力基本都花在了征夷討戎、開疆拓土上面，不是在征討敵人的戰鬥中，就是在征討敵人的路上。什麼淮夷、徐方、獫允等，都被這位「蠻夷鬼見愁」打得落花流水。最為厲害的是，從不服管的「南方小霸王」楚國也被周宣王打服了。要知道，被周朝視為蠻荊的楚國，曾經可是把周宣王的老祖宗周昭王都打得落花流水，還令其命喪漢水。

周宣王一朝可以說是做到了「普天之下，莫非王土，率土之濱，莫非王臣」。但是連年征戰，國疲民乏，東方諸侯也不斷壯大。西周這個王朝雖然體量龐大，但只是虛胖，實則內部危機四伏。

面對這樣的局面，周幽王理應休養生息、勵精圖治，聽取各方意見。但實際上，周幽王凡事都要搞專制，一切必須按照自己性子來，不允許反對意見出現，這或許和周宣王年年對外打仗，疏於對兒子的管教有關。

奸臣虢石父很會迎合周幽王的脾氣。如果要把周幽王比作一種動物，老虎是最適合的。虎毛要順著摸，否則就會炸毛，而虢石父則是那位很會順毛摸虎的人。

如果只是耍小性子的話倒也還好，畢竟周幽王還有父親留下的兩位重臣打理事務。這兩位重臣是周幽王的叔叔鄭桓公（周宣王同父異母的弟弟）和西虢國國君虢石父（西虢國國君歷代輔佐周王室）。但是周幽王在位的第三年，遇到了一位改變他一生命運乃至西周國運的人，這個人就是褒姒，一位褒國獻來的姑娘。

周幽王愛上了這個女人，而且從此對她倍加寵愛。很快，褒姒就為周幽王生了一個孩子，叫伯服，又稱伯盤。愛情對於周幽王來說是那麼迷人，令他深陷其中，不能自拔。周幽王有著美好又瘋狂的夢想，一定要把心愛的人扶正為王后，並讓她的孩子成為太子，給他們幸福。可是有兩個難題擺在他面前。

第一個難題來源於個人。周幽王之前娶了正室妻子申后，但並不愛她。他看到申后就累，聽到就煩，想到自己和申后還有一個兒子，更是懊惱不已。他之所以如此反感與申后的婚姻，是因為這是一場徹頭徹尾的政治婚姻。而在這樁愛情買賣中，買方是周幽王的父親周宣王，賣方是申后的父親西申侯。

這場買賣屬於賣方市場。按理說，把女兒嫁到天子家這麼好的事，誰都想遇上，為什麼到最後就成了賣方市場了呢？這得從周宣王在位的第三十九年說起。

周宣王這個「蠻夷鬼見愁」難得失手一次，在千畝與姜戎（西周少數民族，建立西申國）大戰，結果把老本輸了，引以為傲的南國之師徹底垮了。沒人打仗，周宣王就成光桿司令了。打仗是既耗人力又耗國力的苦差事，但西申的威脅問題又必須解決，周宣王就想讓兒子姬宮涅犧牲一次，用婚姻換和平。於是周幽王就娶了西申國公主，也就是申后。申后後來還生了周幽王的嫡長子宜臼，即日後的周平王。

按照周禮裡的宗法制規定，嫡長子繼承王位是立國根本，不可輕易廢除。這讓周幽王十分為難。周幽王想讓伯服繼位的第二個難題則來源於國家。

周幽王繼位的第二年，老天爺很不給面子，王室周邊的涇水、渭水、洛水三川發生大規模地震，又大面積爆發旱災，更要命的是，號稱周朝祖上「龍興之地」的岐山崩塌了。

此時太史伯陽父公開表示：「周朝要完了，最多撐十年，趕緊跑吧。」在這場天災人禍中，貴族與老百姓爭著往東邊跑。就連鄭桓公與虢石父都把自己的封國、子女、財產遷到東邊，離王畿越遠越好，自己在朝廷做「裸官」。他們想著，萬一有什麼不測，犧牲我一個，幸福全家人，結果後來他倆還真就犧牲了。

面對這兩大難題，理智的君王是不會破壞這一政治婚姻的，畢竟現在國家不穩定，廢長立幼一定會引起大臣和諸侯的反對。但是周幽王卻有著倔強的性格，他偏要打碎禁錮在自己脖子上的這把枷鎖，把申后與她的孩子宜臼趕回西申國。

就此，周幽王和申后的這場政治婚姻宣告失敗，雙方都是輸家。

周幽王八年（西元前七七四年），周幽王終於如願將褒姒立為王后，將伯服立為太子。

## 驪山之役

申侯看見女兒和外孫被趕了回來很憤怒。畢竟當年周王室曾是西申的手下敗將，現在周天子竟然欺負到自己頭上了。

想挽回面子的申侯，做了一件能把幽王噁心死的驚天事——把自己的外孫宜臼立為天子。宜臼得到覬覦周天子領土的諸侯擁護，這讓周幽王更加氣憤：我還沒死，你就敢僭越稱王！

被惹怒的周幽王率兵圍困西申，但申侯也不是吃素的，直接聯合西周邊上的犬戎來反攻周幽王。周幽王十一年（西元前七七一年），驪山腳下的戲水邊上，周朝大軍與申戎聯軍爆發決戰。

周幽王這隻大老虎被老丈人申侯打成了寵物貓，戰爭結果一邊倒。披髮左衽的申戎聯軍，瘋狂屠戮著四散奔逃的西周軍隊。

亂軍之中，盔明甲亮的周幽王站在指揮用的戎車上，拚命地敲著進軍的金鼓，想挽回如同潰堤一樣的戰局。他一邊敲一邊喊：「不要跑，撿起你們的尊嚴，給我衝啊！」

可惜的是，鼓聲越響，軍隊逃散得越快。唯一對周幽王不離不棄的是他的近衛虎賁軍。虎賁軍是西周軍隊裡的精英，可他們雖驍勇善戰，也已經死傷大半，面對鋪天蓋地殺來的申戎大軍，只能是螳臂當車。

見大勢已去，周幽王也不再敲鼓了，他無奈地站在戎車上，眼睜睜地看著敵軍把自己團團圍住。在不遠處，鄭桓公與虢石父躺在血泊之中，犬戎士兵正在割他倆的首級，好去申侯那兒領賞。周幽王明白，馬上就該輪到自己了，申侯為了讓外孫能名正言順地稱王，一定不會再讓現在的天子活在世上。

周幽王轉身望著身後的鎬京，流下了兩行淚水。那裡有他心愛的女人和孩子，而他愧對這娘兒倆，自己原本想給他們一個幸福的家，結果卻害了他們。申戎聯軍馬上就會攻破鎬京，這娘兒倆的結局可能比自己還慘。他更愧對列祖列宗，因為一個偉大的王朝即將葬送於他手中。

西元前七七一年，周幽王戰死，西周滅亡，鎬京被申戎聯軍所占。

西元前七七〇年，周平王東遷，創建東周，春秋時代開始。

一天，周平王身邊的大臣對他說：「您父親該有一個諡號。」周平王愣住了，在他的認知裡，親人只有母親和外公，從來沒有父親這個角色。他只知道自己最大的仇人就是父親，因為父親拋棄了母親和自己，並且一直想置自己於死地。

周平王對大臣說：「請把諡法拿來，讓我看看有哪些字。」周平王仔細地翻了半天，最後確定「幽」字。旁邊的大臣大驚失色道：「這可是惡諡啊！」周平王回應：「他一意孤行，違反禮法綱常，殘酷統治百姓，缺乏仁義，荒淫無道以致滅國，除了『幽』字，他還能諡什麼？」

周幽王不光被兒子討厭，就連愛憎分明的老百姓也唾棄他。到了秦漢時代，民間還編了「烽火戲諸侯」的故事來諷刺他。

周平王遷都雒邑後，周王室已經沒有實力統治天下了，周平王及他的後世子孫一直宅在雒邑，而九鼎就成為「宅男」周天子手裡最珍愛的大寶貝。周平王只想維持天子尊嚴，好好守住自己的一畝三分地。可是天不遂人願，隨後出現的一位諸侯直接把周天子的尊嚴踩在地上，這個人就是鄭莊公。

# 貳

# 多行不義必自斃

# 少年老成

西元前七五七年，春秋時代第一位豪傑鄭莊公出生了。

鄭國與周王室是宗親，鄭莊公的爺爺鄭桓公是周幽王的叔叔，父親鄭武公在周平王身邊擔任卿士，鄭莊公與周平王是平輩。

這樣含著金湯匙出生的孩子，本應在萬般呵護下茁壯成長，但是鄭莊公卻沒有得到應有的關愛，甚至受到了排擠，原因就是他那悲催的名。

古人的名字由姓、氏、名、字等組成。例如孔子，他就是姓子，氏孔，名丘，字仲尼。

古人生下來會先取名，名是父母長輩喊孩子用的。等人長到二十歲時，就會取字並舉行加冠禮，表示已經成人了。所以古人的字最重要，名就怎麼方便怎麼取。

而鄭莊公的名取得太離譜了，叫寤（ㄨˋ）生，字面意思是倒著生，這和難產是一個意思。這名從小就給他帶來了很大的煩惱，而給他取這名的人正是他任性的親媽——武姜。

武姜生鄭莊公時難產。一般孩子出生是頭先出來，而鄭莊公胎位不正，是腳先出來的，這把武姜嚇個半死。古代沒有剖腹產這一技術，難產很容易引起胎兒窒息與產婦大出血死亡。但是鄭莊公是個生命力頑強的小寶寶，最終還是平安地出生了。

本來大難不死必有後福，可武姜只覺得生這小子差點要了老娘的命，所以怎麼看這孩子都不順眼，於是給他取名叫「寤生」。作為父親的鄭武公看著任性的老婆給孩子亂取名，也實在管不了。因為武姜是他當年從申國迎娶的公主，武姜的父親正是那位滅了西周的申侯。有這麼剽悍的老丈人在，鄭武公只能把武姜當姑奶奶供著。

當寤生小朋友還在為名煩惱時，一個不好的消息傳來了——武姜生二胎啦，而且是順產！這個二胎寶寶叫叔段，日後將成為寤生最大的政治敵人。

武姜對這個順產的叔段十分溺愛，鄭武公臨死前，武姜軟磨硬泡要他把小兒子叔段立為太子，但鄭武公在死前硬氣了一把，就是不答應。鄭武公可是親眼見證因廢長立幼而引發西周滅亡的重大歷史事件，父親鄭桓公也是因此喪命，所以他是不會讓歷史重演的。

西元前七四三年，十四歲的姬寤生正式繼位。現在的十四歲少年可能才上國中，生理上剛剛步入青春期，而鄭莊公少年老成，有著普通少年不具備的城府。面對母親和叔段的強大勢力，鄭莊公清楚自己根基未穩，必須隱藏內心的想法，於是他在外人面前不動聲色地展示出另一副面孔。

很快，考驗鄭莊公演技的時刻到了。

演員的自我修養

鄭莊公剛剛繼位，武姜就來找他。

武姜說：「寤生，你都當了鄭國的一把手了，不能把你親弟弟叔段給忘了，你怎麼也得給他塊封地啊！我看『制』這塊地不錯，要不然你把這塊地給你弟弟得了。」

鄭莊公不傻，「制」地地勢險峻，易守難攻，一旦「制」地的割據勢力造反，很難平定。

於是，鄭莊公開始了他的表演。他語重心長地對母親武姜說：「親愛的媽媽，制地那裡風水不好，很久以前有個叫虢公的大人物就死在那裡，那是凶宅。叔段還是小朋友，住凶宅對他身心發育不好，要麼我把『京城』（這裡的京城是地名，「京」表示大，不是首都的意思）封給他，那裡環境幽雅，空氣清新，適宜居住。」武姜表示很滿意，安排叔段趕緊住過去。

叔段住到京城後，在母親武姜的授意下，違反了祖宗制定的城市設計規劃，拚命擴大城牆規模，瘋狂蓋「違章建築」。一般人蓋違章建築都是偷偷摸摸的，生怕被舉報，遭到處罰。而叔段的「違章建築」蓋得驚天動地，違建城牆的規模已經超過鄭國首都。

鄭莊公身邊的大臣祭（ㄓㄞˋ）足直接向鄭莊公舉報。鄭莊公裝作無奈地說：「這是我的母親武姜要我做的，我是孝子，沒辦法啊！」祭足說：「武姜與叔段是永遠不可能滿足的。您現在不阻止，一旦他倆勢力坐大，局勢就很難控制了。」

此時，鄭莊公說了一句震古鑠今的實話：「多行不義必自斃，子姑待之。」祭足徹底被眼前這位少年君主震撼了，他這才知道原來這位少年心中正在下一盤大棋。

欲使其滅亡，必先使其瘋狂。鄭莊公為了滿足母親武姜的要求，將叔段封到京城，默許叔段坐大。鄭莊公等待的就是叔段慢慢坐大，直到他坐實造反的罪名，自己則暗中積蓄實力，等武姜與叔段瘋狂時，就可以名正言順地以討逆的名義，將他倆一舉剷除。

這個少年鄭莊公，有著遠遠超越自己年紀的政治智慧，他老練的演技和沉穩的態度迷惑了所有人，胸有激雷而面如平湖，可謂霸者。而在外人眼中，他只是一個孝順母親、不肯破壞家庭和睦的好孩子。

西元前七二二年，叔段終於造反。他主動攻擊鄭國首都，母親武姜作為內應。苦苦等了二十多年的鄭莊公，終於盼來弟弟造反的這一天。現在的鄭莊公也已經不再是少年，而是一位羽翼豐滿的君主。鄭莊公馬上派了心腹大臣子封率領配有兩百乘戰車的討逆大軍，浩浩蕩蕩地迎戰叔段。

叔段一敗再敗，如同落水狗一樣，一路上被追著打，老巢京城也丟了。周曆五月，叔段和他的殘餘勢力在鄢這個地方被徹底打敗。叔段被打成光桿司令，只能跑到共國保命，所以歷史上又稱叔段為共叔段。

既然叔段被趕跑了，鄭莊公也沒必要趕盡殺絕，畢竟他也不想把自己仁義的羽毛弄髒。

任性的武姜則被軟禁在城潁。寤生這個孩子從來沒有得到過母親的愛，一直渴望母愛的他等來的只有母親的殺機。鄭莊公終於把埋藏在心裡多年的話說了出來：「不到黃泉，咱娘兒倆不見面。」此時武姜才幡然醒悟，意識到自己這個母親是徹頭徹尾的失敗者。自己的任性，最終導致兄弟鬩牆、母子成仇、家庭破碎、國家內亂。軟禁對於武姜來說，真是便宜她了。

不過，鄭莊公雖然恨母親，可他也愛惜自己仁義的羽毛，他希望自己是臣子眼中仁孝慈愛的君主和全國百姓眼中的好榜樣。

他需要一個臺階下，而君主想要臺階下，馬上就會有臣子來砌。

有一天，來自潁谷的護衛長官潁考叔與鄭莊公一起聚餐，鄭莊公賞給他肉湯喝，他卻要打包帶回去。鄭莊公問他為什麼，潁考叔回答：「我母親還沒有喝過您賜的肉湯，我帶回去給她喝。」鄭莊公很感動，也想給自己母親送湯，當一名孝子。

但是自己發過狠話，不能說話不算數啊！於是潁考叔從土木工程的角度，給出了一個完美的解決方案。這個方案就是向地下挖泉水，挖到的泉水就相當於黃泉。然後鄭莊公在泉水旁挖一條隧道，母子倆地下見面，就不違反當初的誓言了！

鄭莊公命人按照潁考叔的辦法挖了一條隧道，並在此與母親相見。鄭莊公進入隧道後賦詩道：「大隧之中，其樂也融融。」武姜與鄭莊公走出隧道後，也賦詩道：「大隧之外，其樂也洩洩。」

「掘地見母」是鄭莊公與母親武姜合演的一出家庭苦情戲。鄭莊公因此得到了仁孝的美名，武姜也免於被終身囚禁的命運，同時，從這個故事中還產生了一個成語——其樂融融。

然而鄭莊公再怎麼演，也逃脫不了一位史官的法眼。此時，這位史官身在魯國。

春秋大義

就在鄭莊公平定叔段叛亂的這一年，魯國新任國君隱公繼位。魯國一位不知姓名的史官把這一年的重大歷史事件，按照年、季、月、日刻在竹簡上。對於鄭國內亂這件事，這位史官只寫了一句話：「夏五月，鄭伯克段於鄢」。

「鄭伯克段於鄢」短短六個字，字字珠璣，每個字蘊藏的訊息量極大。

這句話的主語是「鄭伯」而不是「鄭國」或者「鄭人」，表示這不是鄭國的國家意志而是鄭莊公個人的行為，是嘲諷他沒有盡到教育好弟弟的責任，才導致了這場戰爭；用「克」字表示這和兩國君主對戰是一樣的性質，不打死對方誓不罷休，說明這對兄弟毫無手足之情；叔段是鄭莊公的弟弟，史官卻沒有寫明這一點，而只簡單地用一個「段」字來表述，表明叔段起兵造反，大逆不道，不是弟弟該有的行為。

在史官的筆下，沒有絕對的好人，也沒有絕對的壞人，只有秉筆直書和客觀公正的記述。鄭莊公精湛的演技早被史官一眼洞穿。在史官的刻刀下，鄭莊公徹底被打回原形。在史官眼中，鄭莊公雖然是個偉大的君主，但他仁孝的外表下有一顆殘忍的心。

魯國史官及他的後繼者，把每年各國重要的事件認真地刻在竹簡上。他們雖然不像君王大臣那樣擁有財富與權力，但是他們有敏銳的洞察力和不畏強權的精神，他們敢於把自己對歷史是非善惡的看法，用刻刀刻在竹簡上流傳後世。這種記載持續了兩百多年，後被孔子整理成冊，成為後世學生學習的必備教科書——《春秋》。《春秋》記載的不光是歷史，更是民族大義、國家大義。《春秋》那微言大義的文風，則被後世稱為「春秋筆法」。

# 參

# 爭霸遊戲

## 糟糕的地緣格局

作為一個具有宏圖大志的君主，鄭莊公在平定完國家內亂後，就想成就一番霸業，在這場只有諸侯才玩得起的爭霸遊戲中取得絕對勝利。而鄭國在這場遊戲的開局是比較糟糕的，準確地說，是地理位置非常糟糕。

如果把天下看作即時戰略遊戲裡的一張地圖，那麼鄭國恰恰就在遊戲地圖正中間。對於這麼一個糟糕的地理位置，鄭莊公也很無奈，因為爺爺鄭桓公之所以會選在這裡安家，是因為聽取了太史伯陽父的建議。

周幽王在位的第八年，鄭桓公到鎬京擔任司徒，管理地籍與戶籍。鄭桓公看自己的侄子周幽王爛泥扶不上牆，知道他遲早要垮臺，而自己的封國（今陝西榆林附近）又靠近王畿，一旦城門失火，自己這條魚也要玩完。如何將資產和家人平安轉移，是鄭桓公日夜思考的問題。

為了解決這一問題，鄭桓公找了太史伯陽父諮詢。太史伯陽父在周幽王上臺兩年時，就發表過著名言論，說周朝要完了。伯陽父到底是名人，被詛咒的周幽王並沒有去抓他。

鄭桓公想，找他應該不會錯。於是，伯陽父放下自己記錄歷史的本職工作，客串了一下業餘置業顧問。

伯陽父從歷史、地理、養生、陰陽等多方面分析，為前來諮詢的鄭桓公精心挑選了一片土地。這片土地在濟水、洛水、黃河、潁水一帶，位於東虢國（今河南滎陽市汜水鎮）與鄶國（今河南鄭州市西南）之間，也就是在如今的鄭州市一帶。伯陽父解釋說：「東虢國與鄶國君主昏庸無道，比較好拿地。以你鄭桓公的身分過去，不用動手搶，兩國肯定白送給你一大塊地。」

鄭桓公聽完心想：「這個地方好啊！適合居住，又沒有蠻族，治安環境要比鎬京好，旁邊的諸侯都比較弱；又是在黃河下游大平原上，交通方便，四季分明，氣候宜人，土地肥沃。如果在這地方定居，子孫後代一定旺！」

隨後伯陽父又多說了一句：「周王室衰敗後，東邊的齊、西邊的秦、南邊的楚、北邊的晉會興起。」這句話是伯陽父所有話裡最有價值的一句。但鄭桓公一心只想諮詢新家位置，對方只要告訴自己明確地址就可以了，其他的話他哪還聽得進去？

於是，鄭桓公利用自己職務之便，以王室親戚的身分火速搶下東虢國與鄶國的十座城市，把自己的資產與子女迅速轉移到那裡。這下，只聽上句沒聽下句的鄭桓公算是徹底把子孫後代帶進了溝裡。

適宜居住的地方，未必適合發展。伯陽父選的地方雖說沒什麼蠻族，環境也不錯，適宜居住，但是所在位置非常敏感。東周時期，如果把雒邑作為天下的政治中心，那麼鄭國就是天下的交通中心。鄭桓公拿的那塊地屬於現在的河南省鄭州市，如今鄭州市是全中國鐵路的心臟，橫貫東西的隴海鐵路與縱貫南北的京廣鐵路，這兩條鐵路大動脈就在此交匯。所以說，誰控制鄭州，誰就控制了中原，這句話不無道理。

鄭國所處位置乃是兵家必爭之地，而鄭國四周又都是大平原，地緣政治格局極其糟糕。環繞在它四周的國家有東齊、西秦、南楚、北晉，並且這幾個國家都不是善類。

這四大國的位置，就在天下這張即時戰略遊戲地圖的四個邊上，他們一旦獲得良好戰略遊戲開局，就會去地圖中間打野、升級、搶資源。春秋時期，這幾個大國打仗時都要從鄭國地盤上經過。

強人鄭莊公以後的鄭國歷史，用一句話概括就是，要麼跪下，要麼挨揍。跪下是為了生存，只能向大國屈服；如果不想屈服，寧願站著，那就只能被大國暴揍，死得更難堪。當年伯陽父明確預言周邊幾個大國會崛起，要怪只能怪鄭桓公自己沒把話聽全。

鄭莊公面對如此糟糕的爭霸遊戲開局，必須擴大自己的領土，獲得較好的戰略縱深防衛，才有機會取得勝利。他開局有兩個優勢：一、父親鄭武公已經滅掉了東虢國、鄶國、胡國，領土得到擴大；二、鄭莊公時期，齊、秦、楚、晉四個大國雖然都有地理上的優勢，但是都位於地圖的角落，遊戲才剛剛開局，他們還沒實力往地圖中間跑。鄭莊公必須在這些大國坐大之前，在地圖中間打出屬於自己的一片天。為了頭頂上的這片天，鄭莊公制定了挾天子、打諸侯的方案，這樣既穩定了中央，又能擴大自己的生存空間。

# 周鄭交質

很多人認為「挾天子以令諸侯」是三國時曹操首創的，其實早在春秋時期，鄭莊公就已經「挾天子」了。

後世挾天子的人，生怕被人視為亂臣賊子，表面功夫做得很足，一定要在別人面前表現出自己對天子的赤膽忠心。在面對傀儡天子時，他們該跪還是跪，該稱臣還是稱臣，順帶嫁個女兒給傀儡皇帝，拉近彼此之間的關係，以便利用天子這塊大招牌，滅掉對手，樹立自己的權威。

而我們的鄭莊公，他的做法比較簡單粗暴。他不是挾持天子，而是要挾。他不顧自己臣子的身分，採用黑社會慣用犯罪手段——綁票，來要挾周天子，而人質就是周平王的太子狐，更搞笑的是，這人質還是周平王自己送來的。

綁票過程是這樣的：

憑藉外公勢力殺死自己父親奪得王位的這個做法，在周平王心裡一直是個疙瘩。周平王最怕諸侯把自己晾一邊，不和自己愉快地玩耍，為此，只好把自己手上的蛋糕分給他們來拉攏人心。鄭武公與鄭莊公父子二人都有雄才大略，先後在周平王身邊擔任卿士，相當於總管國家政事的執政官。鄭國當時位於雒邑東面，在周平王默許下，搶地皮、促發展，拿到的蛋糕是相當多的。

周平王對鄭莊公一家獨大很是擔憂，畢竟自己手上蛋糕就那麼多，還要分給別的諸侯。為了破解這種局面，很多君主都會用一個小伎倆，就是找一個人來制衡你，給他和你差不多的職位，分你的權，在你們兩人之間製造矛盾。當兩人矛盾集中爆發時，都要跑去求助君主支持自己。這種場面是君主最喜歡看到的，因為君主要的不是你們有多能幹，而是自己擁有最終的仲裁權。

周平王很快就找到了制衡鄭莊公的合適人選，正是虢國國君虢公忌父。大家可能會驚訝，覺得周平王是不是腦子短路了，虢國可是周平王的死敵，他們曾支持周幽王，在周幽王死後還擁立周攜王與周平王分庭抗禮。

然而周平王能在亂世中活下來並開創東周一朝，也絕非平庸之輩。周平王得位不正，以魯國、虢國為代表的不少國家都不服他，周平王要的就是化敵為友。把曾經的反對勢力拉入自己陣營中，這不僅可以獲得更多支持，更能制衡鄭莊公一家獨大的局面，可謂一箭雙鵰。

周平王想到就做，立馬把虢公忌父召入雒邑。但周平王也怕，如果強勢的鄭莊公知道自己在背地裡偷偷摸摸地搞事情，絕不會善罷甘休，所以他只能偷偷地把一些權力分給虢公。

周平王偷偷摸摸的小動作，很快被嗅覺靈敏的鄭莊公發現了。感覺受到欺騙的鄭莊公惱羞成怒，立馬找到周平王當面質問：「你為什麼背著我任用虢公，難道你不信任我了嗎？既然你無情無義，那我就離開這裡，回鄭國去。」

周平王被慓悍的鄭莊公嚇得半死。周平王心裡清楚，如果失去鄭國的支持，自己也是一局死棋。他只能無奈地面對鄭莊公，說了一句連自己都不相信的話：「沒有這回事！」周平王為了表示誠意，還把自己的嫡長子太子狐送給鄭莊公當人質。

鄭莊公差點沒樂暈過去。國家送出去當人質的一般都是小老婆生的庶子，庶子那麼多，多一個少一個沒多大影響。但周平王送給鄭莊公的人質竟然是嫡長子！周王室家裡的嫡長子，就是未來的周天子，未來的周天子在鄭國當人質！鄭莊公心想，自己的地位得多崇高，周平王對自己得有多信任，哪個諸侯敢不服自己？

鄭莊公為了表明自己與周平王心連心，也把自己的嫡長子公子忽送到雒邑做人質。但是鄭國的嫡長子能和周王室的嫡長子比嗎？

周平王與鄭莊公將自己的嫡長子互做人質的歷史事件，史稱「周鄭交質」。此事讓鄭莊公頓時光榮無比，也讓周王室顏面掃地。

鄭莊公擺平中央後，就要在周邊眾多地方勢力中擴大自己的戰略生存空間。他採用遠交近攻的戰略，與東方較遠的齊、魯兩國處好關係。畢竟鄭國與齊、魯兩國隔得較遠，沒有較多的利益衝突，只要常聚個餐，搞個會盟，關係還是很好的。而周邊的都是與自己搶食吃的國家，鄭莊公就把它們都打翻在地，勢焰極盛。

# 中興之夢

成周雒邑的周王宮內，重病纏身的周平王躺在床上，聽著一位大夫向自己彙報工作。這位大夫剛從宗周豐鎬回來。他淚流滿面地講述他在豐鎬看到的淒涼場景：豐鎬那裡沒有人煙，有的只是滿目衰敗。曾經巍峨壯麗的宗廟宮殿已化為廢墟，黍子與野高粱在瓦礫之中肆意生長，周圍時不時傳來野狐的哀鳴。

周平王聽完彙報後長嘆一聲，自己的故國家園竟然淪為了動植物棲息地！他感慨萬分，不禁潸然淚下。哀傷的周平王無法親眼看見老家的場景，於是他請這位大夫將他在宗周看到的那些畫面賦成詩，唱給自己聽。

大夫沉思了片刻，決定將這首詩歌命名為〈黍離〉，吟唱出了傳唱千古的黍離之悲。

彼黍離離，彼稷之苗。行邁靡靡，中心搖搖。知我者，謂我心憂，不知我者，謂我何求。悠悠蒼天！此何人哉？

彼黍離離，彼稷之穗。行邁靡靡，中心如醉。知我者，謂我心憂，不知我者，謂我何求。悠悠蒼天！此何人哉？

彼黍離離，彼稷之實。行邁靡靡，中心如噎。知我者，謂我心憂，不知我者，謂我何求。悠悠蒼天！此何人哉？

周平王聽完後，內心產生了強烈的激盪，這首詩的悲愴感深深地觸動了他。曾經的宗周，那裡有自己的童真記憶，有自己的母親，更有剪不斷、理還亂的過去。如今，那些往事都隨著自己這一代的離去而遠去……。

聽大夫唱完〈黍離〉後沒多久，西元前七二〇年，周曆三月二十四日，周平王逝世。同年，周桓王繼位。

新繼位的周桓王叫姬林，是周平王的孫子。有人會問，怎麼是孫子繼位，周平王的太子去哪了？答案是，周平王的兩任太子都熬死了。

當太子有一種難言之隱叫作熬。古代太子是一個高度危險的職業，有時候危險程度甚至不亞於君王。因為想當君王的人太多了，太子時時刻刻都要提防敵對勢力的陰謀詭計，做任何事情都要小心翼翼，生怕被別人抓住把柄。太子這種高壓的處境絕不是一般人能忍受的，很多太子在位期間都是度日如年。

然而這種痛苦如果明著說出來就是謀反，難道你想讓父王早點死，自己早點繼位嗎？在太子中，結局圓滿的，熬到父王去世，自己得以順利繼位；結局悲慘的，就是很有可能還沒看見登基的曙光，自己就先被熬死了。周平王的兩任太子就是這種結局。周平王這輩子雖然窩囊，但是在位時間很爭氣，長達五十一年！

周桓王的父親太子姬泄父死得早，叔叔姬狐接任太子之位。原本當太子是好事，但姬狐卻被送給鄭莊公當人質。姬狐好不容易熬到周平王去世，自己被釋放歸國，卻又死在登基前。王位如同擊鼓傳花，傳到了太孫周桓王手中。他是個幸運兒，沒有遇到任何政治鬥爭，就這樣一帆風順地繼位了。

但有句話說得好：「吃虧要趁早，一帆風順不是好事。」

周桓王是一個有理想、有抱負、有行動力的好青年。他有一個偉大的夢想，就是在自己手上中興周王室。他要改變爺爺窩囊的作風，他要主動出擊，打出自己的天下，當一個真正的天子。

但是他前半生太順，沒有經歷過政治鬥爭的磨煉，缺乏基本的判斷力與社會經驗。他這樣的人接過王位很容易心高氣傲，把很多問題想得太天真。而他即將面臨的對手，都是修煉多年、比猴還精的超級人精！

想要在廣闊天地大有作為的周桓王，繼位時的人事班底少得可憐。能幫自己的只有兩個人——周公黑肩、虢公忌父。

周公黑肩是周王室的宗親，也姓姬。黑肩這個名取得和鄭莊公寤生一樣隨意。估計是因為姬黑肩出生時，肩膀上有一大塊黑色的胎記。古人的字是最重要的，尊稱別人時都用字，名是長輩喊自己時用的，就可以隨便取。春秋時代取的名絕對另類，例如魯成公名叫黑肱，意思是黑色的胳膊；晉成公名叫黑臀，意思是黑色的屁股，這名取的，讓長輩怎麼叫？

周公黑肩雖然名字獨特，但他是一個做事穩健的人，看問題也比較全面。但是作為宗室大臣，周公黑肩沒有自己的封國和軍隊，只能算是一個智囊。

西虢國國君虢公忌父則有地盤有軍隊。西虢國在成周雒邑的西邊，是周王室的西門戶，而鄭國在雒邑東邊，是東門戶，虢公一直是鄭莊公的死對頭。虢公是周平王後期擴大聯盟範圍、抑制鄭莊公的重要棋子，一直被周王室重用。

鄭國對雒邑的戰略威脅極大。鄭莊公在周桓王眼中是一個賴在自家門口要吃要喝的地痞無賴。周桓王剛繼位的時候，鄭莊公竟然指使手下大臣跑到天子地盤來割麥子，給天子下馬威。周桓王臥榻之側，豈容鄭國酣睡？他只有把鄭國這個頭號敵人幹掉，才能打開自己的中興之路。

周桓王決定好好懲治鄭莊公。

周桓王繼位三年後，鄭莊公第一次來雒邑朝見周桓王。周桓王內心想：「我剛繼位時，你不僅不來朝見我，還直接砸場子，派人跑到天子地盤上割麥子，光天化日搶奪王室財產。平時你鄭莊公在天子家門口小偷小摸，大家畢竟都是王室宗親，我睜一隻眼閉一隻眼也就算了。我現在都繼位快三年了，你才來朝見我，這是什麼意思啊？」

暴怒的周桓王火力全開，在公眾場合處處給鄭莊公難堪。鄭莊公在雒邑被弄得灰頭土臉，極其惱火。

畢竟是在天子腳下，滿臉是灰的鄭莊公在雒邑也不好發怒。自己的鄭國雖強大，但現在還不是與周天子徹底翻臉的最佳時機。鄭莊公心想：「老子很生氣，後果很嚴重。周桓王你給我等著。這次丟的臉，下次要你加倍償還。」

周桓王與鄭莊公的梁子這算是徹底結下了。

# 肆

# 禮樂征伐自諸侯出

## 戰術革命

作為一個成熟的政治家，灰頭土臉的鄭莊公回到鄭國後並沒有繼續生悶氣。他心裡清楚，自己與周桓王徹底撕破臉是遲早的事情，但在此之前自己還有很多事情要做。

首先要打造一支高素質、專業化的軍隊，這樣自己在以後與周天子和諸侯的戰爭中才能更有勝算。

春秋時軍隊都是以戰車為核心武器來實施戰術的。一乘戰車，連車帶馬算在內，長和寬分別達到三公尺。戰馬與車上的重要部位都有鎧甲保護。戰車既能像大象踩螞蟻一樣碾壓步兵，也能發射弓箭進行遠程射擊，可以說戰車就是春秋時的陸戰之王。

春秋時，人們根據這個國家擁有多少乘戰車來衡量它的軍事實力。一個諸侯國要是想當老大，沒有個幾千乘戰車，實在不好意思跟人打招呼。各諸侯為了自己的大國夢，起早貪黑地工作，省吃儉用地存錢，就是為了多攢些戰車。如果一個諸侯國戰車數量達到千乘，那麼，恭喜你進入了大國俱樂部，可以不被人欺負，甚至可以欺負別人。如果一個諸侯國戰車數量達到萬乘，恭喜你，你將擁有「霸主」這一頭銜，從此就可以稱霸中原，號令諸侯，莫敢不從。

在西周與春秋時期，中原戰場上到處撒歡跑的全是四匹馬拉的駟馬戰車。駟馬戰車具有動力強、跑得快等優點，「駟馬難追」這個成語就是這麼來的。當時的駟馬戰車就像現在的超級跑車一樣，既

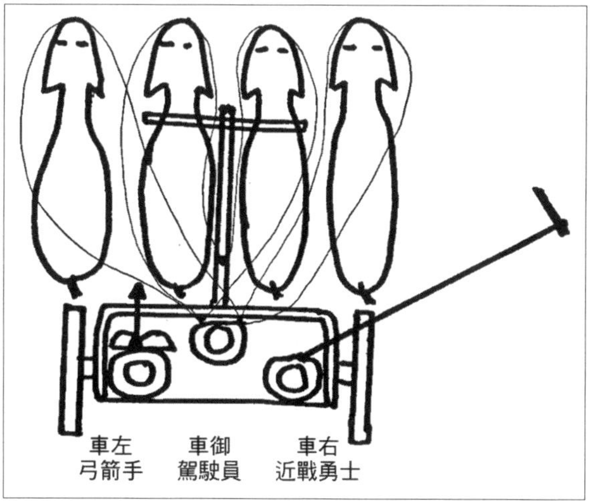


**圖1　駟馬戰車**

能飆車，又能彰顯身分，是貴族們極其喜歡的大寶貝，絕對不是普通老百姓玩得起的。

戰車主要由車廂、一根車軸、兩個輪子組成。春秋時戰車的製造者們為提高戰車的戰鬥力，對車身進行大幅改進。他們增加了車輪的輻條，既提高了車輛的通行能力，也提高了載重性能。其中最大的改動是縮短車身兩個輪子之間的距離，使轉彎更加靈活輕便。

車身重要零件都由青銅製成，車身還有用於安插旗幟和武器的圓筒。為了衝擊孱弱的步兵，很多戰車在輪子上搞起了創意，在車輪中心安裝矛、刀。車輪一旦高速轉動，就會變成一把旋轉的大鐮刀，讓步兵如同人肉莊稼一樣被收割。

講完戰車構造，我們來說說戰車上的戰鬥成員。

駟馬戰車上只載三個人，多了不好載，也沒必要。三人分別叫「車御」、「車左」、「車右」，都是重甲士兵，從頭到腳披著甲，非常酷炫。

春秋時貴族也要像現在學生一樣學好相關課程，他們的課程分別是禮、樂、射、御、書、數。其中射（射箭）、御（駕車）是打仗用的，都是必考科目，「射御足力則賢」，只有通過這兩門考試才算合格的貴族。考試成績好的貴族可以當車御和車左；成績不好但四肢發達的貴族也不要傷心，戰車為他們保留了車右的位置。

車御就是在戰車中間位置的「駕駛員」。駕車既是一門駕駛藝術，也是一門馴獸藝術。車御要在沒有方向盤、換檔桿、油門、剎車的情況下，靠手上的六根韁繩，達到人馬合一的境界。他需要控制四匹馬同時完成前進、加速、減速、轉彎、停車等高難度動作。只要其中一匹馬不聽話，「駕駛員」就無法掌控整個局面。

車左是戰車的車長。他站在車的左側，負責指揮全車，同時自己兼任弓箭手，對敵人進行遠程火力打擊。能在戰車上指揮和射箭，一定是品學兼優的好貴族。

車右是勇士兼苦力。車右在戰車右邊，打仗時只要能拿動長桿武器，準確刺死對手就可以了。這個角色只需要力氣大，不需要動腦子。

根據《五經正義》記載，駟馬戰車上三個人配備的武器叫車之五兵，分別是矛、戈、劍、盾、弓。我們可以將這五個兵器分成三類：矛、戈屬於長桿兵器；劍、盾用於近身防禦；弓用於遠程火力輸出。

不要小看戰車給車右配的長桿武器，矛、戈都長達三公尺，而且一輛車會配備好幾根。在戰場上，車右要揮舞那麼長的武器去刺人，這絕不是一般人能做得到的。如果戰車遇到泥地、障礙物等陷在裡面跑不了，力氣最大的車右還要下去推車，客串一下苦力。

車戰時，如果敵我雙方戰車距離較遠，車左會射箭，進行遠程火力打擊。假如戰車直著行進，車左射箭會誤傷車前正在奔跑的馬匹，所以戰車會走S形，這樣就能讓車左具有良好的射界，可以進行精確射擊。

但當兩車靠近時，就要遵守「交通規則」了。

當你看到敵方戰車開過來，馬上要進行近戰時，必須遵守戰場上的「交通規則」，一定要靠左行駛、相互避讓、錯車格鬥。如果你靠右行駛，就會被敵人甚至自己人痛罵，說你不懂規矩。因為兩輛相對而行的戰車不避讓，會直接撞在一起，造成兩敗俱傷，而且戰車上的車右也無法使用長桿武器刺殺對方。

春秋時，戰車中有適合長途奔襲的「輕車」，相當於輕型坦克；有適合攻堅破陣、絞殺步兵的「衝車」，相當於重型坦克；有用於偵察敵情的「巢車」，相當於裝甲偵察車；有用於裝載糧草的「大車」，相當於軍用大卡車；有用於作戰指揮、車上裝有金鼓的「戎車」，相當於裝甲指揮車。

介紹完了戰車，我們來講講以戰車為核心的戰術。

最具代表性的車戰就是西周開國之戰——牧野之戰。當時軍隊打仗是將戰車與步兵兩線配置，陣線一字攤開。戰車在前面衝，步兵跟在戰車後面助攻。但是如果戰車與步兵速度不協調，容易出現一個嚴重的問題：戰車跑得快，跑著跑著就不見了；步兵跑得慢，跑著跑著就散了。這樣極容易導致隊形被打亂，從而被敵人包抄，聚殲散兵。

那時部隊訓練水準低，周武王的軍隊其實都是親朋好友來作戰，說好聽點是打仗，說難聽點就是打群架。誰先創造出新的戰術，誰就能贏得戰爭。

周武王發明了先秦戰術1.0版本，原則就是大家排好隊，踢起正步一起走。自己部隊方陣在接敵前，每走七步就要停下來整理隊形。與敵人接觸作戰時，每進行四到七個擊殺動作後，就要停下來整理隊形。不能像打群架一樣，敵我雙方混在一起，打得你中有我，我中有你。

周武王用戰術1.0版本對軍隊進行升級，升級後的軍隊在牧野之戰中大勝商朝軍隊。這種戰術如同萬金油，一直從西周用到春秋早期。

其實，武王軍隊的訓練水準，還不如現在大學生軍訓時踢正步、齊步走的水準，至少大學生踢正步不用走七步就整理隊形。不過，雖然1.0版本戰術呆板，前進速度慢，又需要經常整理隊形，機動性差，但是只要隊形不亂，參戰的人越多，陣形的排面就越大，部隊方陣可以像一臺壓路機，碾向任何沒有良好組織紀律的敵人。

鄭莊公一直想不到可以替代1.0版本的更好戰術。直到有一天，大臣子元請鄭莊公來聚餐。子元知道鄭莊公愛吃魚，特意讓廚師做了好幾種以魚為主的菜，讓鄭莊公吃得很開心。席間，子元還為鄭莊公吟唱了一首貴族流行歌曲〈魚麗〉：

魚麗於罶，鱨鯊。君子有酒，旨且多。

魚麗於罶，魴鱧。君子有酒，多且旨。

魚麗於罶，鰋鯉。君子有酒，旨且有。
物其多矣，維其嘉矣！
物其旨矣，維其偕矣！
物其有矣，維其時矣！

歌詞的意思是：魚兒鑽進竹簍裡，是黃頰魚。君子有美酒，酒多味道好。魚兒鑽進竹簍裡，是魴魚和黑魚。君子有美酒，酒多味道好。魚兒鑽進竹簍裡，是鯰魚。君子有美酒，酒多味道好。食物很豐盛，非常棒。食物很美味，品種很齊全。食物應有盡有，供應很及時。

聽著子元的歌聲，鄭莊公突然靈光閃現，腦洞大開，發明了戰術2.0版本。

過去戰車與步兵兩線線配置，戰車與步兵脫離，缺乏靈活度。每輛戰車之間還有巨大的縫隙，得不到掩護。要想讓戰車發揮核心作用，就需要戰車得到很好的保護，就像魚簍裡面的魚，時時刻刻被魚簍保護著。

如果把步兵分散在戰車的左、右、後三個面，每個面安排一個「伍」，也就是五個人組成的最小步兵單位，那麼戰車向前衝時，步兵也能填補戰車之間的縫隙，掩護好戰車，這就提升了戰術的靈活度。

戰車三面的步兵像魚簍一樣保護著戰車，這種以戰車為核心、步兵在戰車三面掩護的戰術，就是著名的「魚麗之陣」。

腦洞大開的鄭莊公迅速與子元交流想法，得到子元的支持。吃完魚後，兩人火速用戰術2.0版本對軍隊進行升級改造。升級後的軍隊，戰鬥力大大增強。

## 繻葛之戰

完成軍隊的升級後，鄭莊公看周圍哪個國家不聽話，上去就是一頓猛揍，還把周天子在魯國祭祀泰山的地盤從魯國手中換了過來。聞知此事的周桓王異常憤怒，直接提升鄭莊公的死對頭虢公為卿士，並把權力交給虢公。

鄭國畢竟緊挨著周王室東面，鄭莊公在周王室門口到處打架鬥毆，分明沒把周天子放在眼裡。周桓王看著家門口躺著一地被打死打殘的諸侯，內心不是個滋味，總覺得搞不好下一個躺地上的就是自己。

數年過去了，周桓王對鄭莊公的恨越來越深。滿懷中興理想的周桓王心想，與其苟且偷生，不如一決雌雄，於是他火速罷免了鄭莊公的卿士身分，並且聯絡各諸侯，準備一起攻打鄭國。

理想很豐滿，現實很骨感。周桓王萬萬沒想到，下一個躺地上的還真是自己。

鄭莊公也明白，撕破臉的時刻終於到來了，卿士身分不要也罷，反正也不能多長一斤肉。雒邑是

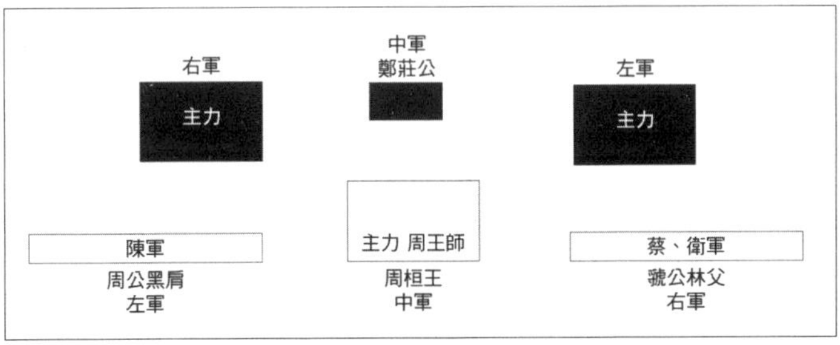


**圖2　繻葛之戰周鄭兩軍布陣圖**

不能再去了，去了估計回不來，還是趕緊整軍備戰，迎接周天子的聯軍吧。

西元前七〇七年秋天，周桓王以鄭莊公不來朝見為由，率領聯軍殺向鄭國。

這是歷史上最後一次「禮樂征伐自天子出」。但是這天子出得有點寒磣，能來幫忙的只有陳、蔡、衛三國，實力還都不怎麼樣。而且，這三國都是之前被鄭莊公按在地上反覆教訓過的。與其說是天子帶著聯軍征討鄭國，不如說是一個大受氣包帶著三個小受氣包去討公道。

但是一向具有「迷之自信」的周桓王相信，雖然我個人實力不如你鄭莊公強大，但是我們聯合起來就人多勢眾，一定能壓倒你。

周天子率領的聯軍與鄭國軍隊在繻葛（今河南長葛市北邊）爆發了會戰。

周桓王依然採用老祖宗1.0版本的戰術，將戰車與步兵兩線線配置。周王師作為主力，周桓王自己坐鎮中軍，他的左膀右臂擔任戰線兩翼的指揮。蔡、衛兩國組成的右軍由新任的虢公林父指揮，陳國組成的左軍由周公黑肩指揮。

這次周王室聯軍人多勢眾，陣線拉得長，而鄭國軍隊人數沒有聯軍多，陣線就沒有聯軍長。看到此景，周桓王得意地想，只要自己陣形不亂，穩步壓過去，讓自己寬大的兩翼把鄭軍包圍起來，自己就能打贏這場仗！但幼稚的周桓王忽略了一點：雖然聯軍兩翼寬大，但實力卻不強！

鄭軍之中，大臣子元看見周王室聯軍陣線拉得那麼長，己方兩翼有被包抄的可能，於是急中生智，就此發明了戰術3.0版本——側翼擊戰術。

子元趕緊把自己的想法告訴鄭莊公。子元說：「周軍左翼陳國經歷過內亂，毫無鬥志，右翼蔡、衛兩國實力薄弱。我們鄭軍應將兵力重點放置在戰線兩翼，用鄭軍兩翼強大的兵力去打擊周軍孱弱的兩翼。周軍為了保持隊形，行動遲緩，在我們擊潰他們兩翼前，周軍中軍很難迅速對兩翼做出救援。」

鄭莊公聽完後，立刻批准了子元的想法，馬上對軍隊進行戰術升級。之前鄭軍已經升級到2.0版本，能熟練操作魚麗之陣系統。由於魚麗之陣系統靈活性與兼容性好，軍隊陣形得到迅速調整，主力配置到陣線兩翼，因此鄭軍的戰術3.0版本得以順利升級完成。

不要小瞧這個側翼擊戰術。在繻葛之戰三百年後，古希臘爆發了著名的留克特拉戰役。打遍希臘無敵手，終結雅典霸權的斯巴達，竟然被實力較弱的底比斯徹底打敗。底比斯能取勝，就是因為在自己戰線的一側重點配置兵力。這種在戰線一側重點配置兵力的戰術，國外叫作斜線戰術，被西方軍事史吹捧了兩千年。其實，繻葛之戰中，子元的側翼擊戰術就是升級版的斜線戰術——雙斜線戰術。

戰鬥開始了。鄭莊公一揮大旗，鄭軍迅速殺入正在踢著正步緩緩前進的周王室聯軍中。3.0版本的鄭軍對1.0版本的周軍，這是一個高維度軍隊在對低維度軍隊進行降維打擊！很快周軍兩翼就崩潰了。兩翼得手後，鄭軍主力又開始向周王室中軍夾擊。

周桓王看著自己的軍隊面臨崩潰，一臉驚恐。周桓王想阻止如潮水般潰敗的軍隊，他大聲地呵斥潰軍，拚命地敲擊戰鼓，可是身邊沒有一個人理他，所有人都在爭相逃命。周桓王在華麗的戰車上手舞足蹈，上躥下跳，目標顯眼的他很快就被鄭軍裡的一個人盯上了。

這個人叫祝聃。他做了一件驚天動地的事——朝周桓王射了一箭！這一箭差點把周桓王殺死，也把鄭莊公嚇個半死。

祝聃射出的箭直接命中周桓王的肩膀，差點就射中腦袋。中箭的周桓王瞬間被箭頭強大的力量擊倒在戰車上。命大的周桓王此時方知大勢已去，再不跑路自己就要被鄭軍當肉餡包餃子了。他勉強站立在戰車上，帶傷指揮殘兵敗將趕緊撤退。

鄭莊公看見周桓王被自己手下射中，也嚇得半死，火速命令鄭軍停止追擊。雖說他從來沒把周天子放在眼裡，但周天子畢竟名義上是天下共主。這場戰爭只要打贏就行，沒必要置人於死地。如果真把周天子打死了，自己就是弒殺天子的大罪人，這罪名可大了！以後誰想打鄭國，藉口都不用編，直接用弒君之罪這根道義的大棒，就能把鄭國打死。

造成如今這個局面，只能怪鄭莊公戰前思想工作沒做好。闖了大禍的祝聃接著又展現出政治低能兒的一面，他主動向鄭莊公請纓，要繼續痛打落水狗周桓王，直到弄死他為止。鄭莊公聽完差點沒把一口老血噴在祝聃的臉上，他大罵道：「做人不能欺人太甚，你哪能殺死周天子呢！」如果傻乎乎的祝聃真殺死了周天子，鄭莊公第一個宰的就是他。

鄭莊公停止追擊周桓王，既是為了周桓王的安全考慮，也是遵守當時交戰的規則。那時的打仗很像一場講究禮儀的體育比賽，打仗的主力隊員都是貴族，還是很講究貴族精神的，只要把對手打服，決出勝者，戰爭就結束了。雙方打仗通常一天時間就打完了，勝利一方追擊失敗一方，一般也不會窮追猛打。畢竟王公貴族之間是通婚的，相互之間都是大表哥、大表弟，不能像老百姓一樣打架下黑手。

鄭莊公站在戰車上目送潰散的周軍向遠處奔逃，內心十分忐忑。此時，他突然無比牽掛周桓王，希望周桓王只是受了點輕傷。如果周桓王重傷不治，自己的冤屈就是跳進黃河也洗不清了！

當晚，暖男鄭莊公派心腹大臣祭仲帶著豐厚的慰問品去看望周桓王。祭仲對周桓王嘘寒問暖，關愛備至。好在周桓王傷勢不重，祭仲也替鄭莊公放寬了心。

當著天子與眾人的面，祭仲表示，鄭國一直以來對周天子都是忠心耿耿的，這次打仗純屬誤會，作為周王室宗親的鄭國，以後會始終擁戴周天子。

曾經自負無比的周桓王徹底被鄭莊公打服了。周桓王心想，自己還是回到雒邑，好好地學習爺爺周平王，當一個好宅男吧。

祝聃朝周天子射出的一箭意義重大。自打周平王東遷後，天下大亂，一直沒有出現能真正稱霸中原、號令群雄的老大。而祝聃射出的一箭正式宣告：誰胳膊粗誰就是老大！

鄭莊公在繻葛之戰後已經是事實上的中原霸主，周邊國家唯命是從。能力越大責任就越大，作為霸主的鄭莊公還得義務為小弟們充當保護傘。齊國在繻葛之戰後的第二年受到北戎侵略，眼看要撐不住了，鄭莊公立馬帶上中原諸侯們去救援齊國，很快打敗了北戎。

西元前七〇一年，鄭莊公舉行諸侯會盟，齊、衛、宋國都來參加，一致推薦鄭莊公為「伯主」，意思是天子任命的諸侯長，也就是霸主的意思。鄭莊公正式成了中原老大，中原諸侯都緊密圍繞在鄭莊公周圍。他們知道跟著鄭莊公有肉吃，不聽話的就要吃他的棒子。

鄭莊公掀起了一個新時代的帷幕，這個新時代的主旋律就是「禮樂征伐自諸侯出」！眾多諸侯都想代替周天子成為天下霸主，用自己的理想與武力，重新構建新的天下秩序。

月盈則虧，水滿則溢。鄭莊公會盟諸侯後不久就去世了，鄭國陷入長達二十年的王位爭奪戰，君主走馬燈似的換個不停。鄭莊公的後繼者們沒有一個繼承好鄭莊公傳下來的家業。最終，鄭國內亂結束時，家業也敗光了，最後的勝者鄭厲公（鄭莊公次子）想再次振興鄭國，卻沒有時間去施展抱負了。

從鄭莊公稱霸到他死後內亂的這幾十年間，天下這張即時戰略遊戲地圖四個邊上的幾個大國一直在努力兼併，發展國力，沒有摻和中原的爛局。而當鄭國內亂結束時，他們也完成了自我壯大，開始向中原進發。

中原地區是天下的熱門地段，那裡歷經夏、商、周三朝的開發，教育資源豐富，農業興旺，交通發達，經濟繁榮。中原聚集著眾多諸侯，而且有好幾個是經營了上百年的公爵級「老店」。雖然他們之間征戰不休，但如果沒有超強的實力，也根本不可能吃掉對方。即使鄭莊公在中原不停地打這個打那個，也始終沒有把宋、衛、曹、陳、蔡、許、魯等國徹底吃掉。

地圖的四個邊上，是春秋時期農耕文明的邊緣，那裡不是荒郊野嶺，就是有慓悍蠻夷。但是邊緣地域有一個巨大的好處，就是好開發。地圖四個邊上的國家，主要對手就是周邊的小國和落後的蠻夷，競爭激烈程度遠不如中原，只要自己穩紮穩打，努力經營，成為一方霸主只是時間問題。

歷經時間的磨煉，四大國從地圖邊緣脫穎而出，成為春秋歷史舞臺上的「霸主」。這四大國分別是東齊、南楚、西秦、北晉。春秋四國爭霸的故事就是圍繞中原展開的。

跟後世那些霸主比起來，鄭莊公只能算是小霸主，因為他的影響力也只限於中原地區，而後世霸主的影響力卻是全天下！接下來，春秋五霸將會相繼登場，他們分別是齊桓公、宋襄公、晉文公、秦穆公、楚莊王[1]，這五位將會各自演繹屬於自己的傳奇故事。

---

1 關於「春秋五霸」是誰有不同的説法，此種説法出自孔子刪訂的《春秋》。

# 伍

# 蠻夷的崛起

# 九頭鳥

西元前七一〇年的秋天，被中原霸主鄭莊公震懾怕了的蔡桓侯，邀請鄭莊公聚會。

聚會期間，不僅有美酒佳餚，更有婀娜多姿的侍女翩翩起舞。就在鄭莊公喝酒觀舞的興頭上，蔡桓侯畢恭畢敬地對鄭莊公說：「大哥，問您件事。」

被攪興的鄭莊公不耐煩地說：「什麼事？」

蔡桓侯認真地說：「大哥，您聽說過楚國嗎？」

鄭莊公愣了一下，把目光從侍女身上收了回來。鄭莊公抬起頭來，認認真真想了半天，說：「我只記得我爺爺鄭桓公提起過楚國。那是個南方國家，在遙遠的長江、漢水邊上。楚人都是未開化的蠻夷，說話很難聽懂。但是楚國民風慓悍，經常惹是生非，攪得南境不得安寧。當年周王室為了平定楚國，周昭王御駕親征，結果竟死在那裡。最後還是我爺爺的哥哥周宣王把楚國打老實了。如今很多年都沒有聽說楚國的消息了！」

蔡桓侯說：「大哥，我這裡有些南邊逃過來的難民，他們說楚國現在在南邊的勢力可大了。」

鄭莊公不屑地說：「楚國勢力再大，能大到哪裡去啊？江漢地區有周朝歷代先王分封的眾多姬姓諸侯國，他們實力都不弱。有江漢諸姬擋著，楚國難道還能跑到中原來？」

蔡桓侯看到鄭莊公如此不屑，面露驚恐。他提高嗓門說道：「現在楚國的領地比我們中原幾個國家加起來都要大！現在江漢諸姬被楚國像小雞一樣宰，已經宰得差不多了！萬一有一天，楚國衝到中原來宰我們中原諸姬怎麼辦？大哥，你姓姬，我也姓姬，大家都是親戚，到時候你可不能不管啊！」

鄭莊公聽完後，頓時也非常驚恐。他實在想像不出來，一個國家的領地竟然能和中原一樣大！不過驚恐歸驚恐，中原霸主的面子還是要撐的。鄭莊公很快就又面露笑容，和藹可親地安慰蔡桓侯：「兄弟，沒事。大哥我對天發誓，只要大哥我在一天，中原就沒有人敢造次！就是我不在了，到時候還有我的兒子在。你就放一百二十個心吧！」

蔡桓侯聽完後，放寬了心。

然而，誓言聽聽就好了。戲精鄭莊公的話，更不能信。

鄭莊公在中原不停折騰時，楚國在南邊也一直沒有閒著。二十多年後，作為「宰姬」專業戶的楚國果真衝到了中原。蔡桓侯的繼任者蔡哀侯被楚國當人質綁走了，鄭莊公的兒子鄭厲公則被楚國兵臨城下！

下面我們來隆重介紹這個令人生畏的楚國。

東周時期，男人稱氏不稱姓，女人稱姓不稱氏。例如熊氏、呂氏的貴族男子稱自己熊某某、呂某某，子姓、姜姓、嬴姓的貴族女子就稱自己為某某子、某某姜、某某嬴。而楚國王室是芈（ㄇㄧˇ）姓，熊氏。

楚國的圖騰很特別，是鳳凰。中國歷代王朝的圖騰都是龍，很多皇帝生怕別人不知道自己是真龍天子，拚命往自己的袍子上繡龍，而楚國從一開始就不走尋常路。楚國在歷史上一直不怎麼理會周天子和中原諸侯，就是因為他們崇拜的是神鳥，跟中原那些崇拜龍的國家不是一路人。

楚人剛建國時，具備「草根」兩大基本屬性：一是窮，二是地位低。楚人是深居在荊山（今湖北省境內）一帶的山民，遠離中原核心文明區，貧窮落後，一直被中原地區看不起。由於楚國屬於南邊的蠻夷，連個爵位都沒有，所以地位也極其低下。但山民的性格像大山一樣粗獷豪邁，生存環境的艱苦，造就了他們精於算計的性格。

熊繹是楚國第一任國君，說白了就是山民代表。熊繹為了擺脫草根的命運，必須找一個能賞識自己的大靠山，對自己進行「天使投資」。正巧的是，天下共主周成王剛剛在周公旦的輔佐下平定了三監之亂。周成王為了更好地體現自己「武林盟主」的地位，向天下廣發英雄帖，歡迎各路諸侯到岐陽（岐山的南面）參加會盟。

熊繹聽說後異常興奮。他想，如果自己能見到周天子並得到周天子的賞識，那麼升爵發財、分封小諸侯、出任大卿士、迎娶白富美、一步步走上人生巔峰，都是遲早的事。於是，山民代表熊繹帶上僅有的土特產——濾酒用的苞茅，穿著自己民族的服裝楚服，走出大山，奔向岐陽。

等待山民熊繹的岐陽會盟，是一場規模空前的大會議。主持人周成王和與會的天下諸侯共同制定天下新秩序，從此奠定了西周兩百多年的天下格局。

熊繹跋山涉水，走了很久，終於來到岐陽。雖說旅途勞頓，但第一次走出大山的熊繹算是真正開了眼界。他第一次看見巍峨的宮殿、碩大的青銅器、威武的周王師。原來天下是如此廣闊，自己是如此渺小。

到達岐陽後，熊繹想得到周天子的親切接見。在他心中，這是一場平等的會晤，但實際上，山民代表熊繹滾燙的熱臉即將貼上周成王冰冷的屁股。

大會期間，各個諸侯按照級別高低依次落座。而山民代表熊繹卻發現自己沒有地方坐，因為他沒有爵位。沒有爵位不要緊，反正會議事情多，很多地方需要幫忙，大會「組委會」給熊繹安排了一個光榮的差事——守燎。

守燎其實就是看守會場前的主火炬，該加柴時就加柴，別讓火熄滅，就和現在奧運會場看管主火炬的工作人員一樣。熊繹心想，雖然差事簡單，但看管火炬光榮呀！

等到熊繹走到火炬旁時，才發現已經有一個人在那裡添柴加火了。那人和自己一樣，也穿著不同於周人的服裝。他看見熊繹就熱情地向熊繹打招呼，而他也說著一口難聽懂的「鳥語」。熊繹頓時明白了，原來守燎這事在周天子眼中，就是用來打發蠻夷的！

會盟結束後，會議「組委會」代表周成王頒給了熊繹一個小紀念品——子爵的爵位。子爵既不能當飯吃，也不能當工具使，和中原諸侯的爵位比起來，實在太寒磣了，無非就是周天子籠絡蠻夷的小伎倆。

具有山民務實性格的熊繹對此表示不屑。

內心無比憤怒的熊繹只想找周天子好好聊聊，可是始終沒有找到機會。會後，周成王率領諸侯在岐陽舉行了「大蒐禮（軍事大演習）」。旌旗獵獵、戰馬嘶鳴，一眼望不到邊的周王師如同潮水般地從觀演的諸侯與蠻夷面前湧過。

周王師的軍演是對天下諸侯與蠻夷的震懾。熊繹被徹底震撼了。他明白，在沒有實力的前提下，提出任何要求，換來的都只會是被周天子暴揍一頓的下場。

熊繹回到老家後，內心極其矛盾。他既羨慕周朝的繁榮，又對周朝充滿敵意。他心想：「今天你周王室對我愛搭不理，明天我讓你周王室高攀不起！我熊繹要的不是子爵的虛銜，而是和你周天子一樣大的領地，和你周天子一樣強大的軍隊，和你周天子一樣尊貴的地位……。」

要提高國力，楚人就必須開採手上的資源。楚國手中的資源只有荊山，但是這荊山卻不得了，山上擁有春秋時期最重要的戰略資源——銅。那時，銅既可以做農具、日用品，也能做成武器，是一種重要的戰略資源。

為了開採這一重要戰略資源，首先要修路，有了路才能把銅運出去。熊繹扮演了「基建狂魔」的角色，他和山民一樣穿著破爛的工作服，帶領山民推著簡陋的柴車，開闢山林道路。「篳路藍縷」這個成語就是這麼來的。

在熊繹的領導下，楚國銅礦業得到空前發展。無論是青銅的鑄造工藝還是青銅器的產量，楚國都是遠遠超越北方諸侯。

先秦時的鑄銅業就如同現在的重工業。據現在考古發現，楚國境內的銅綠山，光先秦煉銅剩下的爐渣就有四十萬噸之巨，可見當時開採的規模之巨大。楚國有如此驚人的銅礦石供應量，就可以大量地鑄造兵器與農具了。

不過，銅礦產業再怎麼發展，也不能當飯吃。於是熊繹又在江漢平原上發展農業、促進生產，

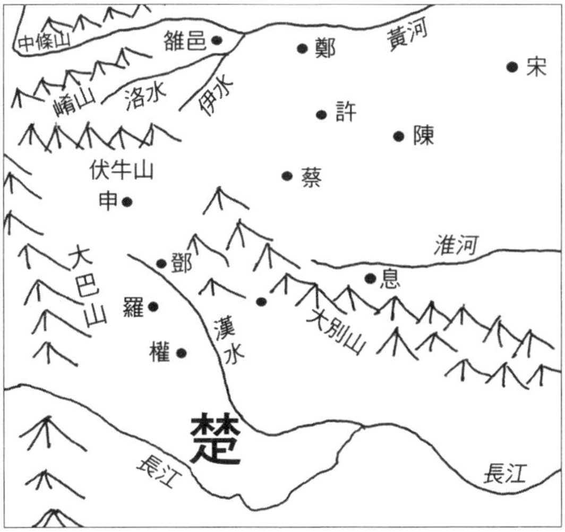


**圖3　春秋前期楚國形勢圖**

拚命提高糧食產量。有一次，國家舉行重要祭祀活動，需要用牛來當祭品。熊繹捨不得耕田的牛，就做了一件讓人瞠目結舌的事：讓手下人去隔壁鄀國偷了一頭牛回來。

只要能提高國家綜合實力，無論多苦多累多卑鄙，熊繹都無怨無悔地去做。經過老熊家幾代人的奮鬥，楚國在南邊迅速擴張。很久之後，周王室才反應過來，南境竟然出現了這麼恐怖的傢伙。

楚國人既聰明又狡猾，生命力像九頭鳥一樣頑強，經常在南境惹是生非。「天上九頭鳥（楚國人崇拜的九鳳神鳥），地上楚國佬」，楚人骨子裡就自命不凡，就是不服周朝。

只要是姓姬的，就是楚國的敵人，楚國有事沒事就要上去打一頓，能打死最好，打不死也要讓周人不得安寧。楚人這個不服周的心理，深深融入了他們的基因裡。現在湖北人在不服氣、不甘心時，還會說一句話：「不服周！」

周王室對南蠻楚國十分頭疼，為此在江漢地區分封了不少姬姓親戚去那裡當諸侯。說好聽點是去當諸侯，說難聽點就是去當肉牆擋著楚國。而分封到江漢地區的「肉牆們」，經常被楚國打得滿頭包。

為了徹底解決邊境安全問題，周成王的孫子周昭王親自率領大軍，以江漢諸姬的地盤為前進基地，連續三次發動戰爭，想要滅掉楚國。結果在第三次滅楚戰爭中，楚國沒滅，周昭王所率領的六師全軍覆沒，自己也溺死在漢水裡。

不服周的楚國人，把西周打得內心充滿陰影。在戰勝周朝後，楚人的領地與自信心不斷膨脹。到了楚國第六任國君熊渠即位時，楚國已經控制了江漢平原大部分區域。這已經不是楚國與周朝的對抗了，而是長江流域文明與黃河流域文明的碰撞了。

熊渠雖然自信心爆棚，但也知道自己在經濟、文化、軍事上與西周還是有點差距。為了彌補這一差距，熊渠使出了精神勝利法。

熊渠充分掌握了精神勝利法的兩大原則：老臉皮厚、妄自尊大。

熊渠說出了楚人的千古名言：「我蠻夷也，不與中國之號謚。」言下之意，老子就是野蠻人，就是流氓，我就是不用你們的稱號，你能把我怎麼樣？熊渠的這句話，一直被楚人用作欺負其他諸侯的口頭禪。

後來到了周幽王時期，西周滅亡了，楚人也迎來了春天。一個奠定了楚國未來發展格局的君王也隨即誕生。

# 楚國公族俱樂部

西元前七四一年，楚厲王熊眴去世，他的弟弟熊通殺死自己的親侄子，奪取了王位，這就是楚國歷史上著名的楚武王。

楚武王採用暴力的方式幹掉了自己的親侄子，其實在楚人看來沒什麼不妥。楚國王室經常上演著子殺父、弟殺兄的家庭血案，楚人已經習以為常了。

楚國在很多方面學習周朝文化，如君主繼位採用嫡長子制度。但規矩是立了，王室遵不遵守，可就不好說了。如果繼位的嫡長子年富力強那最好，如果繼位的是個年少的嫡長子，那就不好意思了。如果小朋友不能讓熊氏一族天天有肉吃，這個年少的君主就很有可能被熊氏自己人吃掉。反正熊氏家族裡的孩子多的是，誰能讓大家有肉吃，誰就是國君！

熊氏家族眼中，沒有永恆的親人，只有永恆的利益，誰能耐大，誰就是老大！熊通作為熊氏家族中的有為青年，自然是當國君的不二人選。

熊通本來並不想用暴力的方式達到當國君的目的，畢竟那是自己的親侄子。但在楚國，楚王最大的敵人都是自己血脈相連的至親。如果自己在楚國國君位子上做得不好的話，下一個躺在血泊之中的就是自己。即使自己做得好，能壽終正寢，萬一哪個子孫做得不好，他們也要躺在血泊之中，想想都可怕！所以，楚國國君是個相當辛苦的職業，每天都要把腦袋別在褲腰帶上。

青年熊通能怎麼辦呢？他不上位，也會有別的熊氏上位，幹掉自己和侄子。既然侄子遲早都是死，況且親戚都支持自己，那就殺了侄子，自己上位吧！

新繼位的楚武王熊通心裡明白，自己只是符合公族自身利益的代表，公族尊他為國君，只是給個面子罷了。公族是王室成員裡和楚王血緣最近的人，他們是能左右楚國命運的一股力量。楚國很多國君能成功篡位，跟公族暗地裡的支持是分不開的。

楚國公族經過多年的發展，已成為一個「俱樂部」，因為它實行「會員制」，不是隨便誰都能加入的。公族的入會條件只有兩條，可這兩條對普通人來說卻是難於上青天。

楚國公族俱樂部章程：

一、會員入會條件

1.姓必須是「羋」。

2.本人必須與在位國君是直系血親關係。

二、會員的權利

1.可以參與國家方針政策的制定。擔任國家重要職務。

2.享受國家紅利。

3.選擇合適的會長，也就是國君。

三、會員的義務

1.必須參加國家對外軍事戰爭。

2.必須參加政事，不能坐享其成。

四、會長當選方式

1.必須是王室成員，採用嫡長子繼承制。如果對在任俱樂部的會長不滿意，可以參看下一條。

2.如果你可以帶領全體會員吃香的喝辣的，又是王室成員，在其餘會員表示默許的情況下，可以選擇暴力方式幹掉會長，自己來擔任會長。

五、退會方式

1.本俱樂部會員身分不是永久性的。如果該會員傳了五代，和在任君主不是直系血親，應退出俱樂部，因為你已經不屬於王室了。

2.屆時本俱樂部會考慮到該會員沒有功勞也有苦勞，允許保留該會員的芈姓身分。

六、轉會方式

1.退出公族俱樂部成員，可申請轉會到卿族俱樂部。鑒於你不再具有王室身分，而是卿大夫的身分，王室就不養你了，你就得靠自己了。

2.加入卿族俱樂部的會員，無論你願不願意，都要取全新的氏。新的氏可參照父輩的字、自己的官職、自己的封地（邑）。已經新取的氏，有蒍（ㄨㄟˇ）、屈、申等。

3.加入卿族俱樂部後，可以和其他卿族一樣擁有官職、封地，但是權力的核心圈子你就別想擠進來了，安心在外面當吃瓜群眾吧！

楚國公族俱樂部入會難，會員少，但是它像金剛石一樣穩定與堅硬。公族牢牢地將楚國所有大權攥在自己手中。

同時，公族退會與轉會的方法是一種低成本高效率的養人方式，畢竟國君家也養不起那麼多親戚，血緣關係遠的謀生就靠自己吧。到了兩千多年後的明朝，窮苦出身的朱元璋就沒有轉過這個彎，認為只要是老朱家的人全都不用幹活，讓國家財政來養。不用為吃穿發愁，那就生孩子吧，於是老朱家人數像躥火箭一樣飆升，到了明朝後期，已經高達一百多萬人，給國家財政帶來巨大的負擔。結果明朝末年，老朱家絕大部分子孫都被戰爭無情地屠戮了。

公族俱樂部把楚國變成了「股份有限公司」，每個公族成員都是「股東」，楚國國君只不過是股份最多的大股東而已。楚人雖是中原人眼中的蠻夷，但是卻有中原人不具備的超遠眼光。楚國公族明白，絕不能讓熊氏以外的卿族擁有楚國公司的股權，卿族在楚國永遠只能是打工仔。股份有限公司確保了楚國在整個春秋戰國時期的政權穩定。

春秋時，受周朝分封制荼毒的諸侯國，都讓卿族也擁有了國家「股份」，最後不少國家都死在了卿族手上。到了春秋末年，作為與楚國相愛相殺的死對頭，超級大國晉國股份有限公司就是因為讓卿族做大做強，結果被卿大夫趙氏、魏氏、韓氏拆分成三家獨立公司，另一大國齊國股份有限公司的最大股東也換成了卿大夫田氏家族。

這裡順帶提一下，還有一個政權超級穩定的國家，那就是秦國。秦人在西陲天天和野蠻人打得你死我活，他們外表看是文明人，但扒開內心看，個個都是超級野蠻人。

如果春秋時你在秦國當官，因為才華橫溢，能力超群，成績突出，國君對你說：「小夥子，我很賞識你哦！」你可千萬不要為此得意。不要以為你會平步青雲，登上人生巔峰，你其實已經半截身子入土了，因為你很有可能被選為國君的陪葬品。當這位誇你的國君駕崩時，你就要殉葬了。

既然卿族以後會做大做強，那死掉的卿族才是好卿族。在秦國，卿族生是君主的人，埋進殉葬坑還得接著為君主效力！

在權力壟斷上，楚國公族的做法相比秦國就太人性化了。

## 我自尊王

作為公族俱樂部會長，楚武王的一生就是在打打打。他把擴大楚國利益作為一生的奮鬥目標。如果把楚國比作一棟摩天大樓的話，楚武王就是為楚國這棟大樓打下堅實地基的人。

楚武王剛上臺的時候，楚國的疆域主要在長江中游江漢平原的廣大土地上。除了北邊是可以打劫的江漢諸姬，東、西、南三個方向，要麼是田都不好種的山區，要麼是比自己還落後的蠻夷，在這三個方向擴大地盤成本極高，搞不好還會虧損。只要頭腦清醒，楚武王就該瞭解，能讓楚國獲利的只有北邊！

楚國北面杵著一道巨牆，死死地擋住楚國北去中原開疆拓土的道路。江漢諸姬就趴在這道牆上衝著楚國笑，喊著：「你楚國有本事就來啊！」巨牆左側是南陽盆地，蝸居在盆地裡的是實力較強的南申國。這個南申國國君是姜姓，與周王室是親戚，與滅了西周的申國不是一回事。

盆地門口有權、鄧、羅三國守著，盆地的身後正是天下政治中心雒邑與天下交通中心鄭國。巨牆右側是大別山，盤踞在大別山的諸侯有隨、唐、息，其中隨國是老大。大別山的身後是靠近中原的淮河流域，蔡國就在那裡。

楚國歷代國君面對一盆一山很是頭疼，進盆容易出盆難，爬山攻堅難度又大。但是再難的骨頭楚國國君也得啃，再高的風險也必須承擔，因為風險越高，回報越高。楚武王選擇了攻打南陽盆地，因為這裡離中原最近。只要拿下南陽盆地，就能在一馬平川的中原大地上縱橫馳騁。南陽在手，天下我有！

楚武王為了降低擴張風險，更輕鬆地進入盆地，也要做出點犧牲。他迎娶了南陽盆地門口鄧國的公主鄧曼，楚國與鄧國做起了好朋友，楚軍便可以毫無顧忌地進入南陽盆地。

西元前七三八年，楚武王攻打盆地裡的申國，但是由於申國死扛，楚國並沒有得手。既然摟了草，就順帶打隻兔子吧，總不能讓此次出征一無所獲。這隻肥兔子就是南陽盆地門口另一個國家權國，楚武王班師回朝途中，順手滅了權國。

國好滅，但怎樣處理這個國家，就是擺在楚武王面前的一個難題。別的諸侯國都是封給有功勞的人，作為功臣的地盤。精明的楚武王則打起了小算盤：自己做得再好也是為公族做的，在為公族打拚的同時，也必須為自己留點可以制衡公族的好東西。權國這塊剛吞併的地，絕不能賞賜給他人。

於是楚武王做了一件在中國歷史上開天闢地的事——把權國設置為權縣，這是中國歷史上第一個縣。楚武王想，與其把好東西給別人，還不如揣自己兜裡踏實。權縣成為獨立於楚國「股份有限公司」以外的「獨資公司」，而這個「獨資公司」的「股東」只有一個，就是楚國國君。

大家千萬別把楚國的縣和現在的小縣城聯想在一起。楚國的縣規模大、地位高，很多縣的前身都是被滅掉的諸侯國。實力強的縣，戰爭動員時可以出動數百乘戰車。縣的長官叫縣公，是僅次於王的爵位，由楚王直接任免，不世襲，他人無權干涉。為了不讓公族覺得國君吃獨食，縣公的人選通常從王室近親裡選拔，但他們來到縣這個「獨資企業」做官，只是擔任「專業經理人」，一點「股份」都沒有。

縣就是楚王兜裡的私人財產，概不外借。楚國縣的武裝既是國君的私人保安力量，也是國君豐厚的小金庫，更是國君制衡他人的重要利器。兜裡的縣越多，國君在公、卿兩族面前說話的底氣也就越足。以後，歷代楚國國君都把吞併的諸侯國設置為縣的做法當作祖傳祕籍，持續使用。

楚武王在南陽盆地擴大地盤碰了壁，只能轉向北方巨牆東側的大別山。那裡雖然不如南陽盆地離中原近，但也不算太遠。大別山盤踞著隨國（今隨州市），又稱曾國。隨國是西周初年分封的姬姓諸侯國。楚人看著姓姬的隨國，嘴裡的口水止不住地流，因為隨國有豐富的有色金屬資源。

春秋時代，每個國家唯一的重工業就是青銅器製造。當時的兵器、農具、日用器皿都是青銅鑄造，而製造青銅器不光需要銅，還需要其他金屬元素，所以礦產資源是春秋時各個國家的工業命脈所在，就如同現在石油對國家經濟的重要性一樣。

隨國的運氣好得爆表，不光產銅，還有金、銀、鐵。有了這些重要的金屬資源，隨國也算得上小強國。一九七八年出土的曾侯乙墓（隨國也叫曾國，曾侯乙就是隨國國君）出土的青銅器，數量眾多，規模巨大，造型精美。曾侯乙編鐘堪稱中國青銅樂器巔峰之作，舉世無雙。

楚武王看隨國，看得口水直流，只想一口吞進嘴裡。不過楚武王還是很高明的，他不急於直接攻占，而是希望隨國成為自己的附庸國，這樣既省成本，也同樣能攫取資源。

西元前七〇六年，隨國糧食歉收，楚武王抓住機會，率領大軍攻隨。隨國避戰不出，楚國就一直圍困隨國。隨國國君被圍得實在受不了了，主動找楚武王和談。此次和談也讓隨侯算是明白了什麼叫弱國無外交。

隨侯說：「我無罪。」言下之意，我從來沒做過對不起楚國的事，你打我好歹要有理由吧？

楚武王祭出了祖先熊渠使用過的精神勝利法第一大招——臉皮厚。他說：「我蠻夷也。」這句話直接把隨侯噎死。楚武王簡單粗暴地告訴他，我就是野蠻人，就是不講理，我打你需要理由嗎？隨侯算是明白了，和流氓講不了道理，只要能把這個大魔頭送走，什麼都好談。

楚武王接著說：「今諸侯皆為叛相侵，或相殺。我有敝甲，欲以觀中國之政，請王室尊吾號。」意思是，現在諸侯都不理會周王室，都在相互殘殺搶地盤，我有軍隊，也想摻和中原的政事，但是我的子爵級別太低了，請隨侯幫我跟周王室溝通一下，給我一個級別高的爵位。這就是歷代楚國國君的終極夢想。

隨侯馬上答應。只要楚武王能走，哪怕讓我隨國和外星人溝通都可以，反正成不成另說。但是隨侯也有一個附加條件：我隨國離雒邑比較遠，來回一趟時間比較長，您楚王要耐心地等一等。

於是，楚武王一等就是兩年，終於隨國傳來周天子回話，一個字：「滾！」當時在位的周天子正是驕傲的周桓王，在他眼中，你楚國就是一群蠻夷，還想問我天子要爵位，你夢想有多遠，就給我滾多遠！

感到羞辱的楚武王為了找回面子，祭出精神勝利法第二大招——妄自尊大。暴怒的他做了一件震驚天下同時氣死周天子的事——稱王，並且發表了稱王宣言：「我的祖先鬻（ㄩˋ）熊是周文王的老師，而我楚國開國國君熊繹卻只被授予了子爵的低級爵位。我們居住在楚地，周邊部落都歸順了我們，你不給我加爵位，我就自尊為王！」

其實，楚武王說的這些話，完全是給自己臉上貼金。楚國人說的話很難聽懂，到了戰國時期，孟子都嘲笑楚國人是「南蠻舌之人」，意思是說楚國人說話像鳥叫一樣難聽。如果楚武王的祖先鬻熊真給周文王當老師，估計周文王也聽不懂。

楚武王還做了一件令人瞠目結舌的事，就是給自己加諡號「武」。諡號都是人死後才加上去的，哪有活人給自己加諡號的。這在中原諸侯眼中，相當於活人身上穿壽衣，太晦氣了。而在楚武王眼裡，只要是能噁心周王室的事，他都能做出來。你周朝開國國君是武王，那我也是武王。

面對楚武王稱王的事，全天下的諸侯都感覺不可思議。在諸侯們看來，天下只有一個王，就是周天子。雖然現在周天子只是一隻紙老虎，但自己祖上的爵位與地盤都是周王室分封的，具有合法性。你熊通稱王，難道是想當我們天下諸侯的老大嗎？你分明就是假冒偽劣產品！九鼎你有嗎？天命你有嗎？

中原諸侯就此對楚國產生了巨大的對立情緒，而這在楚武王看來無所謂。既然你們不帶我玩，那楚國就自己逐鹿中原，做你們的老大！

楚武王學起了周天子，召集周邊諸侯來會盟。然而隨國沒有來，剛稱王的楚武王感覺臉掛不住了。現在隨國不服自己，那就繼續打，打服為止。於是他第二次攻打隨國，隨國大敗，簽訂盟約，表示順從楚國。

轉眼間，楚武王在位已經有五十一年了。此時他已經是一個七十多歲、風燭殘年的老人，這個歲數在春秋時期已經算是老壽星了。周邊一些零星的小國，能吞併的他都吞併了，整個江漢地區徹底被納入楚國版圖內。楚國境內太平祥和，銅礦產業蒸蒸日上，肥沃的江漢平原讓楚人衣食無憂。

按理說楚武王該頤養天年了，可這時隨國又出問題了。周天子把隨侯找了過去，痛斥隨侯叛變周王室。倒楣的隨侯夾在周天子與楚武王之間，對周王室念念不忘，對楚武王態度曖昧。

楚武王不允許隨國和周王室有一腿，隨國只能一心一意做自己的人，不能玩曖昧。於是，西元前六九〇年三月，楚武王第三次舉兵攻打隨國。

在出兵前，楚武王做了一件重要的事，就是對部隊武器進行換裝升級，用戟替換戈。戟是戈與矛的複合體。戈是一種橫刃武器，就像一把鐮刀一樣，作戰時可以鉤、啄敵人，是中國獨有的兵器。矛是一種直刺武器，破甲能力好，軍隊中有個說法叫「刺死砍傷」，形容直刺武器殺傷力巨大。戟則同時具有矛和戈的優點，但春秋時，戟的鑄造成本比矛和戈高很多。因為青銅器較脆，如果武器過長，在交戰過程中容易斷裂，想製造不易斷裂的長武器就需要有極其精湛的青銅鑄造工藝。但這些難題對於楚武王來說都不是事，因為現在楚國最不差錢的就是青銅鑄造業。

然而就在這時，楚武王發現自己身體快不行了，但明知將死的他，依然最後一次踏上征途。路上旅途勞頓，年邁的楚武王想找個地方歇歇，正好路邊有一棵樠木樹，他就背靠樹坐了下來，小睡了一會兒。然而這一睡，楚武王就再也沒有醒來。對於為楚國勞累了一輩子的楚武王來說，這就是最好的休息。一代江漢霸主，就這樣在樠木之下隕落了。

隨軍出征的楚國大臣們決定祕不發喪，帶著楚武王的遺志進攻隨國。隨國國君不知道楚武王已死，看見楚國大軍立馬就屈服了。從此，隨國徹底臣服於楚國，只要隨國敢造反，楚國立馬能滅了它。不過楚國也沒有虧待隨國，而是一直罩著這位小弟。隨著時間的推移，隨國和楚國產生了深厚感情。兩百年後，吳國痛打楚國，楚國差點被滅，難民楚昭王逃難的首選地就是隨國。最終，隨國竟然成了楚國復國的基地。

數百年前，楚人還在荊山上吃土，而到楚武王死時，楚國已是一個規模龐大的國家機器：王權空前強大，國家經濟發達，軍事實力強盛，具有碾壓中原諸侯的彪悍能力，大別山的隨國也已經掌握在楚國手中。只要翻過大別山，楚國就可以看見淮河流域的中原土地了。可惜楚武王沒有看見進軍中原的那一天，「欲觀中國之政」的夢想只能由他的子孫實現了！

就在楚國南邊獨大時，東邊的齊國也迎來了大國崛起。

# 陸

# 王位爭奪賽

# 亂局

西元前六九四年，春夏之交，天氣開始熱了起來，空氣裡瀰漫著躁動的氣息。在齊魯兩國邊境上，一隊裝扮華麗的馬車，從魯國向齊國浩浩蕩蕩地進發。車隊最豪華的馬車裡，坐的就是魯國國君魯桓公姬允和夫人文姜。夫妻倆即將對齊國進行友好訪問，交流探討共同關心的話題。齊國國君齊襄公呂諸兒為迎接魯桓公的到來，已經在邊境等候多時。

這一場看似再普通不過的外交訪問，實則暗藏玄機。齊襄公盼星星盼月亮，盼著魯桓公能來齊國，這倒不是因為齊襄公與魯桓公是什麼鐵哥們兒，而是因為魯桓公把他朝思暮想、闊別十五年的老情人文姜也帶來了。

齊襄公看到車隊緩緩駛來，感覺自己像是回到了十五年前。他再也顧不得什麼國君的禮儀，反而像一個桀驁不馴的少年一般，迫不及待地朝主車飛奔過去。他只想看看昔日愛人是否容顏依舊。

當齊襄公跑近主車旁，看見魯桓公身旁文姜那熟悉的倩影時，他激動不已，熱血不停地往大腦湧。而文姜看見老情人齊襄公突然出現，自己的春心也瞬間激盪了起來。傻乎乎的魯桓公完全被蒙在鼓裡，一個勁向車旁的齊襄公打招呼，而齊襄公卻不正眼看他，一直飽含深情地凝視著文姜。

估計有讀者會腦補出一個苦命鴛鴦的故事：少年齊襄公與少女文姜相戀，而文姜卻被政治婚姻裹挾，被迫嫁給了魯桓公。齊襄公苦苦思念愛慕文姜十五年之久。

但事實的狗血程度，超出了普通人的想像。他倆的愛情說難聽點叫姦情，說準確點就是亂倫，因為齊襄公與文姜是親兄妹。

這一切的始作俑者，就是齊襄公與文姜的父親齊僖公。

齊國王室是姜姓呂氏，是姜子牙（呂尚）的後人。春秋早期，齊僖公在位，此人表現一般般，經常跟在「中原一哥」鄭莊公後面混。

齊僖公十分溺愛自己的子女。心理學家佛洛伊德說過一句話：「性和攻擊是人類的兩大基本動力。」人與人在社會交往的過程中慢慢學會如何約束自己的行為，而被嬌慣的孩子從來都是無限制地被滿足，他們在性與攻擊上只會比其他人更危險，自私、任性是他們的標籤。齊僖公的子女就是這類典型。

齊僖公有兩個女兒——文姜和宣姜，他視她倆為掌上明珠。這兩位公主是當時的大美女，乍一看都是歲月靜好、人畜無害的好姑娘，但是千萬不要被她倆的美麗外表所迷惑，她們有著陰險歹毒的蛇蠍心腸。

很多國家的公子為這兩位公主的容顏所傾倒，有事沒事就來齊國獻殷勤。在眾多前來相親的公子中，齊僖公看中了鄭莊公的大兒子公子忽，想把最漂亮的文姜許給公子忽。這樣既能拉近與「中原一哥」的關係，也能讓女兒有個好歸宿。

但公子忽只是過來湊熱鬧的，他繼承了父親鄭莊公的情商。看到文姜後，公子忽內心堅定地認為，這女人私生活無比混亂，於是他主動推辭說：「齊國是大國，我們鄭國是小國，我實在配不上文姜。」

齊僖公的如意算盤沒打響，搞得他很沒面子。但婚姻畢竟是雙向選擇，齊僖公也不能強求公子忽。不過只要公主偽裝得清純可人，「老實人」總會有的。

很快，真正的「老實人」來了，這個人便是剛剛繼位的青年魯桓公。魯桓公自小在哥哥魯隱公的庇護下成長，後來魯隱公被大臣殺死，魯桓公被推舉成魯國國君。

魯桓公涉世未深，戀愛與政治經驗都比較匱乏。西元前七〇九年，魯桓公一見到文姜就被她的容貌所俘獲，於是主動向齊僖公提親，齊僖公立馬答應。

按照周禮，護送文姜出嫁去魯國的人應該由卿大夫來擔任。齊僖公因為捨不得寶貝女兒，一把鼻涕一把眼淚地親自護送。而更捨不得文姜的人，就是文姜的情人，也就是當時還是太子的呂諸兒，但他也只能看著文姜遠去，什麼事也做不了。

十五年過去了，韶華已逝，齊襄公與文姜青春不再，但他們的激情卻依舊不減。文姜到達魯國後，與齊襄公火速私通，隔三差五地約會苟且。但姦情總有敗露的一天，老實人魯桓公終於發現了不對勁。

一般面對姦情敗露的事，出軌者要麼死不承認，要麼殺人滅口。文姜告訴了齊襄公姦情敗露的事，心狠手辣的兩人一致選擇了殺人滅口的選項。

通常，殺人手法無非是毒死、勒死、刺死、砍死等，而齊襄公殺魯桓公的方法十分殘忍。

有一天，齊襄公請魯桓公吃飯，魯桓公傻傻地來了。齊襄公在酒席上把魯桓公灌醉後，就開始動手。他命令手下的大力士彭生把魯桓公抱上馬車，然後使用各種蠻力手法，反覆暴擊。當魯桓公被抬出馬車時，已經肋骨盡斷，這個「老實人」就這樣在醉夢中糊里糊塗地死了。齊襄公用這種變態的方式，發洩了對情敵的刻骨仇恨。

齊襄公為了擺脫自己的嫌疑，就殺了彭生，讓他背黑鍋。魯國人也沒辦法，立了魯桓公與文姜生的公子同當國君，這就是魯莊公。兒子在魯國辦公，文姜則在齊國遠程遙控兒子，因此，魯國成了齊國的小弟。

魯桓公雖然死了，但他只是一個人當了「老實人」，而齊僖公另一個女兒宣姜嫁到了衛國，讓整個衛國都成了「老實人」。

宣姜原本嫁給了鄰國衛國的太子，可她長得太漂亮了，竟然被公公衛宣公看上，把她收為自己的小老婆。而宣姜也不是省油的燈，她為了讓自己兒子當上太子，使盡陰謀詭計，引發了衛國長達數年的王位爭奪戰。

魯、衛兩國作為齊國西邊公侯級的國家，被齊國兩位公主荼毒得夠嗆。齊僖公子女教育的失敗，反而讓齊國就這樣兵不血刃地搞定了西邊國家，保證了西邊局勢的穩定，也算是因禍得福。估計九泉之下的齊僖公看到這個局面，心裡能樂開了花吧。

不過，天道有輪迴，蒼天饒過誰，齊襄公的報應也來了。

齊襄公十一年（西元前六八七），齊襄公派連稱、管至父兩人去葵丘駐防。本來說好第二年瓜熟的時候就換防，兩人都要把瓜吃完了，也沒見齊襄公派人來接替。面對言而無信的君主，兩人惱羞成怒要復仇。趕巧也有一個人想找齊襄公麻煩，這個人叫公孫無知，是齊襄公的堂兄弟。齊僖公在位的時候很喜歡這個侄子，給他太子的待遇，結果齊襄公一上位就剝奪了他的待遇，讓他很生氣。於是這三人組成了「復仇者聯盟」。

齊襄公十二年（西元前六八六年），「復仇者聯盟」殺了齊襄公，並立公孫無知為國君。

很多人都知道，齊襄公荒淫無道，遲早會面臨樹倒猢猻散的局面。在齊襄公死前，他的三弟公子小白就提前跑路了。齊襄公死後，他的二弟公子糾也跑路了。齊襄公費盡心機，最終距離春秋第一霸主僅一步之遙，而這決定性的一步他沒有跨過去，三弟公子小白卻成功跨過去了。

## 射偏的一箭

新任的齊國國君公孫無知可能太無知了，不知道國君的位子風險係數有多高。西元前六八五年的春天，公孫無知上位還沒幾個月，就在去雍林遊玩的途中被大夫雍廩殺掉了。

雍廩建議國內大夫們重新找個公子來當國君。雖然連續兩任國君都是非正常死亡，但仍然擋不住人們對權力的渴望。此時，死去的齊襄公有兩個兄弟流亡國外。一位是公子糾，他由管仲與召忽輔佐。因為他的母親是魯國人，所以他首選的流亡地就是魯國。另一位是公子小白，由鮑叔牙輔佐。他的母親是衛國人，但他的流亡地卻是莒國，這一點很值得玩味。更有趣的是，作為下層貴族出身的管仲與鮑叔牙，早在輔佐兩位公子前就已經是鐵哥們兒。鮑叔牙輔佐公子小白，就是管仲極力推薦的。

面對齊國國君職位空缺的情況，公子糾與公子小白展開了王位爭奪賽。這是一場與時間競爭的賽跑，誰跑得快，誰就能取得王位。

公子糾為了能在王位爭奪賽中獲勝，選擇了作弊。他讓自己的心腹管仲帶領一隊兵馬半路截殺公子小白。管仲為了對主公表忠心，馬不停蹄地趕到公子小白之前，並以精湛的射箭技藝，朝馬車內的公子小白射了一箭。好在公子小白命大，這一箭只射中了他的衣帶鉤。反應迅速的公子小白咬破舌頭，吐了口血，即興表演了裝死技能。管仲以為射死了公子小白，趕緊駕車逃走。公子小白則繼續高速駛往齊國，到達齊國後，被擁立為國君。

管仲回去後便將公子小白已死的假情報告訴了公子糾，公子糾很開心，以為大局已定。他表現出了和「龜兔賽跑」裡兔子一樣的驕傲情緒，路上邊走邊玩，六天才到齊國。當他到達齊國後，公子小白已經上位成為齊桓公，正在等待他。

公子糾背後有個愣頭青魯莊公，魯莊公原本想扶持公子糾上位，好進一步控制齊國，結果事與願違。不甘心失敗的魯莊公在國力明顯弱於齊國的情況下，主動幫助公子糾挑起王位爭奪戰。結果魯莊公露多大臉，現多大眼，魯軍在乾時這個地方被齊軍打得大敗，魯莊公本人差點被俘。

齊桓公命令魯莊公殺死公子糾，並要求魯國將管仲與召忽押回齊國，自己親自處死。魯莊公把公子糾當「潛力股」養了那麼多日子，浪費了不少糧食，只為最後獲得高回報，結果不但損兵折將，自己還差點當了俘虜。面對已成「垃圾股」的公子糾，魯莊公只得按照齊桓公的意思，痛殺公子糾解恨。

公子糾被處死後，召忽自殺，管仲卻主動請求把自己押送回齊國。他一到齊國邊境，就受到鮑叔牙的隆重迎接，並被鮑叔牙主動向齊桓公舉薦。齊桓公二話不說，讓管仲擔任相國主持政務。

這個故事有個有驚無險的結局。齊桓公驚險上位，最終成為一代明君。但是歷史的真相並不簡單。其實，公子糾從一開始就輸了，他即使到了齊國，也不可能成功，因為公子小白早已和齊國政壇的「天子二守」串聯在一起。

在齊國政壇，「天子二守」是讓國君都害怕的角色。

## 天子二守

對於「天子二守」，《史記》是這麼記載的：「高、國先陰召小白於莒。」意思是高氏、國氏搶先暗中從莒國召回小白。高、國二氏的首領分別叫高傒、國懿仲，在齊國歷史上，這兩家被稱為「天子二守」。

「天子二守」的稱號可是西周時周天子賜予的，並且世襲罔替。周天子封這兩家為齊國上卿，讓他們作為周天子的代理人輔佐齊侯。但凡重要政務，齊侯必須與高、國二氏共同討論後才能做出決定。齊侯要是做不好，這兩家可以讓他下臺，因為他們的「老闆」是周天子而不是齊侯。「天子二守」趕你齊侯下臺，只是代替周天子對齊國進行「人事調整」，不存在什麼大逆不道！

而「天子二守」的設立，源於周王室對老姜家發自內心的恐懼。齊國第一代國君就是呂尚，他是姜姓，也就是神話故事裡的姜子牙。在神話故事裡，姜子牙很生猛，身騎四不像，手拿打神鞭，上通元始天尊，下打妖魔鬼怪，在姜子牙的輔佐下，周武王才打敗了大反派紂王與狐狸精蘇妲己。

神話畢竟是神話，不能當真，但呂尚在現實生活中也是個猛人。從周武王草創西周時期的孟津會盟，到牧野之戰，再到周成王平定三監之亂，呂尚展現了卓越的政治與軍事才能。作為周武革命的功勛大臣，他一直被周王室視為「核武器」，一旦投入使用，就可以給予敵人毀滅性打擊。

周王室也害怕，萬一哪天老姜家的呂尚或者他的子孫後代叛變，也對自己搞個姜呂革命，這顆「核彈」砸自己頭上，自己肯定被炸得連灰都沒有了。周王室也想卸磨殺驢，無奈呂尚太猛，老姜家勢力太大，只能將他封得越遠越好。所以老姜家的齊國被封到東方的大海邊上，與中原被泰山隔開。泰山的西邊還設有一個監視者——魯國，魯國的所有者是和呂尚一樣生猛的周公旦。

周王室覺得齊國外部有魯國這一道封印還不夠，於是又祭出了第二道封印。周王室祭出了領導慣用的管理藝術手法——內部分化，常見辦法就是給你的下屬安排一定的職位與權力來架空你。周王室很巧妙地選擇了高、國二氏。這兩家以前是呂尚的子孫，同屬姜姓大家庭，只不過繁衍了幾代後，這兩家和在位國君已經沒有直系血緣關係，就被踢出公族，進入卿族。

呂氏不能再用，但姜姓得以保留，這兩家分別選擇高、國兩個字作為自己的新氏。周王室選擇這兩家作為自己的代理人，給予他們極大的權力，這樣就可以對老姜家進行內部分裂。你老姜家再怎麼鬥，消耗的都是你們的內部實力。

分化瓦解的策略很成功。「天子二守」作為齊國卿族的兩位大佬，只要看齊侯不爽，便可隨時轟他下臺。連稱、管至父、雍廩有個共同的身分——大夫，而管仲與鮑叔牙也都是大夫家庭出身，這些卿族的大夫都只是「天子二守」的手下。

周王室這兩道封印成功封住了齊國這枚「核彈」數百年。

但作為第二道封印的「天子二守」，既矛盾又統一，既是齊國動亂的製造者，同時也是齊國王室的捍衛者。

高、國兩家雖然在齊國一手遮天，但讓呂氏子孫繼承國君之位，是他們的共識。因為「天子二守」存在的目的是替周天子看守齊國國君，呂氏國君要是換成別人，那自己去看誰呢？所以齊國歷史上，只要國君不亂來，能保證高、國兩氏的既得利益，那麼反正大家都是老姜家的人，和諧共處還是可以的。

「天子二守」在齊國國君眼中是周天子的狗腿子，對自己的位置威脅極大。可是大家都姓姜，有矛盾也是內部矛盾。一旦外敵入侵，「天子二守」與國君還是會一致對外。

齊國歷次重大事件中，「天子二守」還是捍衛了齊國國家利益。尤其是春秋後期，「天子二守」與從陳國來的外來戶田氏進行慘烈的生死決鬥，充滿野心的田氏利用陰謀詭計，最終將高、國兩氏全滅。從此，失去「天子二守」後，齊國王室也如同被砍去左膀右臂的廢人，田氏要幹掉齊國王室並取而代之，也僅僅是時間問題了。

齊國核心權力被清零後，齊桓公作為新國君上位，管仲、鮑叔牙輔佐管理。此時齊國權力核心煥然一新，它要開始新的運作。

# 柒

# 「穿越者」管仲

# 齊國大改革

齊國政局的幕後操盤手是「天子二守」，而齊桓公具體政策的操盤手是管仲。

管仲，姓姬，氏管，名夷吾，字仲。超級英雄電影中，主角都有個固定成長套路，就是早年親人過世，自己過早地步入社會，受盡挫折，歷經磨難。而在主角最慘的時候，會有一位貴人來幫助他，讓主角正視自己，激發潛能，最終成為英雄。管仲的經歷就是按照這樣的超級英雄成長套路走的。

管仲父親管莊是齊國大夫。由於出身貴族，管仲接受過良好的教育。但不幸的是，管仲在年少時，父親就死了，家道也從此中落。管仲沒時間去傷心，因為他還有個老母親要贍養。為了養活老母親和自己，他早早步入社會，成為一名社會人。很多從窮苦家庭走出的人對賺錢有著莫名的執念，管仲也不例外。貧窮一直是籠罩在他頭頂上的烏雲，而這也鍛鍊了他超越常人的理財能力。

社會是所大學，管仲在這所大學裡，體會到了人情冷暖，也體會到了生活的不易和友情的珍貴，他的社會經驗得到了極大提高，這些在書本上是學不到的。作為社會大學的優秀畢業生，管仲對老百姓生存的艱辛有充分的認識。他知道，如果自己以後成為政策制定者，絕不能像那些貴族老爺們一樣，腦門一拍就去制定政策，不管百姓死活。

管仲明白，上位靠「天子二守」，施展才華則要靠君主，只有成為君主的左膀右臂，才能爆發自己的小宇宙。而齊桓公對管仲極其信任，稱管仲為仲父。

想要成就一番霸業，首先就得有稱霸的實力。齊國和周王室一樣，已經經營了好幾百年，內部組織架構都是分封制，土地、人民、軍隊就是「股份」，國君和卿大夫都「持股」。現在競爭這麼激烈，周王室都已經玩不好這套制度了。為了適應新發展，齊國必須改革，否則沒落只是時間問題。

管仲內心很清楚，對於處在十字路口的齊國，任何一次政治變革都是牽一髮而動全身。變革得好，國家煥發活力；變革得不好，政策推動者就得玉石俱焚。齊國內部的利益關係錯綜複雜，管仲得多方統籌考慮，不能激進。

利益的重新分配與內部「組織架構」的重新設計，是這次改革的兩大核心問題。

在利益分配的這塊大蛋糕上，體現著以國君為首的公族與卿大夫組成的卿族之間的零和博弈。春秋另外三大國，國君都有壓制卿族的辦法。

楚國國君依靠強大的公族，想要碾壓卿族也就分分鐘的事。

秦國公族壓制卿族，方法簡單，態度粗暴。國君一死，就把能力強的卿大夫直接埋殉葬坑裡。

晉國後來的卿大夫多如牛毛。只要國君能力強，就可以拉一派打一派，分化瓦解，各個擊破。無論哪派被削弱，都要尋求國君的支持。晉國只要能統合國家內部各派力量，成為超級大國是沒有問題的。

而齊桓公很悲慘，自己的公族本來就不強，兩個親哥哥和一個堂哥還都被卿族清洗了。想學楚國碾壓卿族或是秦國埋了卿大夫，還是算了吧。更尷尬的是，齊桓公面對的卿族是「天子二守」，其餘大夫都是高、國兩家的手下，只要這兩家抱團，根本沒法分化瓦解。

「天子二守」是力推齊桓公上位的功臣，也是管仲的貴人，更是齊國政壇的大老闆，管仲必須讓他們在這次改革中獲益，餵飽他們，讓他們與自己成為利益共同體。同時，管仲還需要握有能制衡「天子二守」的第三方力量。這個第三方力量最好毫無政治根基，容易操縱，並依附於君主。

管仲經過深思熟慮，向齊桓公提交了一套可行方案。

**齊國改革方案**

一、齊國基本情況

1. 歷史沿革

齊國歷史悠久，實行分封制。齊侯把土地分封給卿大夫，卿大夫再把土地分封給子孫與家臣。分封制讓國君與大臣都有土地與百姓，既合理又合法。

2. 改革的必要性

當前外部環境惡劣，周王室衰落，禮崩樂壞，各諸侯國戰爭不斷，吞併不止，各國弒君現象層出不窮。為了提升齊國的競爭力，確保國君身分的安全性，必須進行改革。

3. 改革原則

(1) 堅持分封制不動搖，確保卿大夫人心穩定，工作積極（主要是確保「天子二守」穩定）。

(2) 由於齊國數百年採用分封制，存在經濟利益與政治權利不分的情況，影響辦公效率，不適合時代發展，需要對經濟和政治利益進行明確劃分。

(3)提高國君的地位，讓國君充分掌握行政權、人事權、財產權等。

## 二、利益重新分配方案

### 1.土地劃分

土地作為重要財產，必須按照區域清晰地劃分。這樣既方便國家收稅，也方便管理。

管仲做了一個大膽創新，將土地與戶籍捆綁在一起進行劃分。士、農、工、商分開居住，不能混雜在一起。齊國全國被畫成二十一個鄉，作為社會中堅力量的士、農占有十五個鄉，工、商占有六鄉。那時商品經濟不發達，工商六鄉遠不及士農十五鄉值錢。

士、農的十五個鄉可以說是齊國的絕大部分土地資產，是極其重要的固定資產。因為士農鄉既是產糧食的地方，也是徵兵的穩定來源，沒有糧、地、兵的國君與卿大夫，什麼分量也沒有。齊桓公、高氏、國氏各統領其中五個鄉，這三家均分了齊國絕大部分財產。

為了彰顯齊桓公國君的重要地位，管仲把土地資產較少的工商六鄉也交給了齊桓公。

透過土地劃分，管仲確保了齊桓公占有多數土地，同時也讓高、國兩家嘗到了甜頭，成為齊國改革的既得利益者，他們也就成為齊國利益的捍衛者。

不要小看這個區域劃分，它很大程度上有利於士、農、工、商這四個社會階層的穩定，能為國家提供穩定的勞動力與產品，對後世影響很大。

### 2.軍隊劃分

管仲的思路是寓兵於民，每家出一人當兵，然後按照居住地編成武裝組織。齊桓公、高氏、國氏每人手裡的五個鄉都可以徵召出一萬人，這一萬人就叫一軍。全國十五個士農鄉總計可徵召三萬人，統稱三軍，分別由齊桓公、高氏、國氏統領。

按照居住地編組的士兵，戰鬥力是很強的。上戰場時，每個士兵周邊的戰友都是自己的親朋好友，誰的侄子被敵人砍了，誰的叔叔被敵人射死了，都會使其他人同仇敵愾。撤退時，士兵也會相互照應，不會丟棄戰友。用血緣捆綁的軍隊，戰鬥力是極強的，後世曾國藩的湘軍組織體系和這很像。

軍隊的劃分，給予高、國兩家對國君的否決權。兩家手上的兵力對齊桓公手上的兵力是二比一，兩家要是看齊桓公不爽，趕他下臺一點難度也沒有。但是只要齊桓公不胡來，能給貴族帶來紅利，「天子二守」也不會亂來。管仲想要的是「天子二守」當好「股東」、拿好「分紅」，至於具體的行政事務，你們不要插手。

## 三、行政結構改革方案

### 1.創建相國領導的五官制

中央必須集權。相國管仲作為齊國二把手，負責制定和執行齊國的重大方針政策，而且只向齊桓公一人負責，其他貴族不得干涉具體政務。

為方便相國管仲展開各方面工作，齊國選擇有能力的人出任五大部門長官，五官由相國管仲親自領導。這就是「制令傳於相，事業程於官」，和現代西方政府採用的內閣制相似。

2. 五大部門長官選拔標準

(1) 個人出身：大臣必須是完全依附國君公族或者毫無政治根基的人，堅決杜絕「天子二守」插足齊國政務及擔任重要職務。

(2) 效忠服從：五大部門長官完全效忠齊桓公，並且服從相國管仲管理。

(3) 建立選拔機制，歡迎廣大條件符合者應徵報名，一經錄用待遇從優。

3. 五大臣組成

(1) 大行（主管外交），擔任者隰（ㄒㄧˊ）朋。

出身：齊桓公的親戚。

特點：知書達禮，儀表堂堂，且口才極佳，天生適合擔任國家形象代言人，出席各種外交活動。

大司田（主管農業），擔任者寧戚。

出身：「草根」。

特點：種田小能手，畜牧小行家。

大司馬（主管軍事國防），擔任者王子成父。

出身：周王室親王。

特點：外籍軍事專家，齊國第一打手。此人身分尊貴，從小接受正規軍事教育，具有很強的指揮作戰能力。由於周王室裡的兄弟為奪家產打得面紅耳赤，自己離家逃難到齊國。

大司理（主管司法），擔任者賓須無。
出身：下層貴族。
特點：鐵面無私，寬厚仁慈，不濫殺無辜。
大諫（主管監察），擔任者東郭牙。
出身：「草根」。
特點：只要存在違法問題，就算對方是天王老子，也要上去手撕。

四、改革小結

此次改革獲得巨大成功。齊桓公、「天子二守」、管仲領導的五官形成了穩定的政治三角。

這是春秋時代諸侯第一次對封建制大刀闊斧地重塑，管仲讓齊國重新煥發了活力。「天子二守」吃飽了，至少在齊桓公一朝，這兩家都很老實本分。同時，管仲領導的五官乃是齊桓公與「天子二守」博弈的第三方力量。第三方的介入，讓齊桓公有了政治博弈的底氣，也幫齊桓公把行政權搶到手裡。

五官制的實行，讓公族和毫無根基的能人可以施展才華，這符合歷代君主的用人原則。自己親戚辦事比較放心，毫無根基的人則容易依附自己，便於掌握。用這種人來打擊樹大根深的大貴族很划算，打贏了就賺，打輸了也不賠本。而且這種人一抓一大把，屬於政治打擊的廉價消耗品。

雖然出身卑微、毫無根基的人在政治鬥爭中會被當作棋子，但這也為下層人士提供了施展抱負的平臺，提升了國家競爭力。管仲為國家選賢舉能，讓有能力而非有背景的人擔任國家重要職務，這在看中出身的春秋時代是破天荒的。

管仲在用人重要性上說過：「一年之計，莫如樹穀；十年之計，莫如樹木；終身之計，莫如樹人。」說通俗點，就是「十年樹木，百年樹人」。

改革成功後，就要開始提高財政收入，否則，齊國想成為天下的主宰者將是痴心妄想。這就是作為國家二把手的管仲要為齊國創造營收的重要目的。

## 齊刀食鹽霸權

想給國家增加收入，這比搞政治創新還要難。收不上錢，國家窮得連打仗自衛的錢都沒有。但收錢太多，國家就成了土匪、強盜，老百姓也會揭竿而起推翻你。

春秋時，中原諸侯國提升實力的方法簡單粗暴，就是拚命種田、收稅，有錢了就出去打仗搶地皮，這些方法在管仲看來都是很低級的。他想出來的點子都是反其道而行之，充滿了現代經濟學色彩。

平原地區平坦的地形把人們束縛在土地上，讓他們捲入對土地無窮的依賴中。管仲則要把齊桓公的霸權打造成商業霸權，而非中原的農業霸權。管仲建立商業霸權的基礎，就是強勢貨幣。齊國是個沿海國家，大海邀請人們去征服掠奪，同時也鼓勵人們從事商業，追求利潤。

因此，齊桓公作為春秋第一霸主，在稱霸過程中竟然沒有打過一場大規模的爭霸戰爭。我齊國要對付你，直接透過經濟戰制裁你，何必要那麼暴力地打打殺殺，一下死個幾萬人呢？

齊國的商業霸權體系，我可以稱它為「齊刀食鹽體系」。

在春秋早期，市面上流通的貨幣是貝殼。那時大家拿貝殼當錢，實在是沒辦法，因為當時最值錢的是銅，但大家都捨不得把銅當貨幣，只用來鑄造珍貴禮器與武器。春秋時，君主打賞大臣用的所謂黃金，其實也就是銅。因為中國古代產金、銀極少，而純銅是金燦燦的，所以可以用來替代黃金。

為了規範國家金融市場，管仲開始大規模鑄造和發行法定金屬貨幣，成為春秋鑄幣第一人。齊刀就是管仲發明的貨幣。

管仲不光鑄造了金屬貨幣，更是發動了中國歷史上的第一場貨幣戰爭。

管仲造貨幣的原材料就是珍貴的銅。齊國貨幣外表精美，是把小砍刀的樣子，所以被稱為「齊刀」。因為齊刀貨真價實、童叟無欺，所以一出現就把貝殼擠出了歷史舞臺。齊國率先造出金屬貨幣，也就操縱了金融市場，進而可以對他國進行經濟打擊。

齊刀的橫空出世，使得各諸侯國爭先恐後與齊國進行貿易以換取齊刀。當各諸侯國用齊刀用得不亦樂乎時，管仲又開始了有針對性的經濟打擊。方法很簡單：故意大肆收購鄰國稀少產品，提高其價格，反正自己有的是齊刀，不缺錢。

當鄰國百姓紛紛放棄種田，轉而生產賺錢快的「出口產品」時，齊國突然拒絕購買。這就嚴重打擊了鄰國的經濟，因為百姓沒有糧食吃了，手裡只有啃不動的齊刀。人是鐵，飯是鋼，當餓著肚子的百姓想要造反時，齊國正好透過援助的方式控制該國。

在穩定國內糧食價格方面，齊刀又起到了平抑物價的作用。當農民豐收時，國家開始大量收購糧食，避免「穀賤傷農」；當莊稼歉收，糧食價格上漲時，國家再低價拋售手中糧食，避免「穀貴傷民」。

要建立商業霸權，光有齊刀是遠遠不夠的，必須有強勢貨幣支撐，齊國的強勢貨幣就是食鹽。雖然齊國被周王室趕得遠遠的，但是靠近大海，就可以用海水煮鹽。鹽是人類的必需品，人如果十天不吃鹽，就準備進醫院搶救吧！春秋時，食鹽的地位就相當於現在的石油，每個國家都缺不了。而各國要吃鹽，就都要從齊國進口，那時的齊國就像現在的中東產油國一樣富得流油。

在此之前，齊國從來沒有想過要把食鹽當作一項戰略資源來使用。嗅覺靈敏的管仲自然不會放過這一暴利行業，他把食鹽這個行業徹底交由國家壟斷經營。絕對的壟斷也就產生了絕對的暴利。

任何國家要想實現大國崛起，都要保證錢包裡不差錢。如何讓錢包快速鼓起來，又不能民怨沸騰，這是一個大難題。齊桓公為此諮詢過管仲。

齊桓公：仲父，我想徵房屋稅！

管仲：不行，百姓會不敢蓋房子，你這是逼人拆房！

齊桓公：我想徵林業稅！

管仲：不行，百姓為了合理避稅，肯定會拚命砍樹，破壞綠化！

齊桓公：我想徵牲畜稅！

管仲：不行，百姓會宰殺幼畜來避稅，這樣不利於畜牧業的發展！

齊桓公：我想徵人頭稅！

管仲：不行，生一個娃就要交稅，這比絕育手術都猛！

齊桓公：這也不行，那也不行。沒錢，那我齊國怎麼運行，直接關門吧！

管仲：拔最多的鵝毛，聽最少的鵝叫。你拔老百姓毛太多，老百姓沒錢了，到時候他們就不管禮義廉恥，直接造反了。咱別搞得跟土匪打劫一樣，不如寓稅於價。對重要物資進行國家壟斷經營，控制山海資源，山裡有礦、海裡有鹽。人每天雖然吃鹽不多，但是始終有需求，全國老百姓向國家來買鹽，這能創造多少國家收入？讓老百姓主動交錢，總比橫徵暴斂強多了。

齊桓公：聽仲父一席話，顛覆人生觀啊！就依你。

光壟斷還不夠，管仲還要對食鹽進行出口管制。齊國看周邊哪個國家不順眼，就直接實行食鹽禁運，不讓他吃鹽。這樣一來，即使是山珍海味，對方也如同嚼蠟，而且長期不吃鹽，打起仗來不戰而敗。被齊國實行食鹽制裁的國家，只能屈服於齊國，這比直接去打仗省事多了。

齊刀的大範圍流通與齊國對食鹽貿易的壟斷，使黃河中下游各國都不自覺地被納入這個「齊刀食鹽體系」。誰不聽話，管仲就會發起貨幣戰爭與食鹽禁運。

不費一刀一槍，齊國的霸權已經悄然建立。

管仲作為齊國的國相，必須抓住國家核心命脈，如食鹽、礦，有個專有名詞叫「官山海」，一直被後世的王朝當作高超的斂財手段。只有手裡有錢，才能在國家建設和打仗上不差錢。而對於能提高老百姓生活品質與滿意度的商業行為，管仲不去管。

管仲在春秋早期提出了極為先進的施政理財思想，在國家理財方面運用了現代的金融思想。他似乎早已清楚了歷史的每一步走向，在命運的每個十字路口都能選對方向，這讓人懷疑管仲是不是從現代穿越到過去的經濟管理專業高材生。後世很多管仲的粉絲在他的思想基礎上寫了很多文章，然後把這些文章合成一本書叫《管子》。

經過管仲改革，齊國煥然一新：內部空前團結，「國內生產毛額」快速增長，國力大增。有一項指標可以作為證明，那就是齊國軍隊的行軍距離。過去，春秋諸侯國打仗都是鄰里矛盾，只能在家門口打，不會跑太遠，因為後勤跟不上。而齊桓公時期，齊軍行軍最遠距離達五百多公里，這在春秋早期是很驚人的。

昔日周天子在齊國身上貼有兩道封印，其中一道是「天子二守」。如今，「天子二守」與齊桓公緊密團結，這道封印已經被管仲改革給解除了。另一道封印是魯國。年輕的齊桓公急於成就霸業，迫不及待地要自己去解除封印，結果捅了大婁子。

# 捌

# 尊王攘夷

## 曹劌論戰

「君二代」齊桓公和眾多紈褲子弟一樣，整天吃喝玩樂，私生活混亂，什麼壞習慣都有。但自從被仲父管仲調教後，齊桓公收斂了不少，算是走上了正軌。不過他有一個壞毛病始終沒有改掉，就是愛出風頭。

很多君二代因為從來沒有吃過虧，總覺得自己能量大到可以呼風喚雨，遇到可以展現自己的機會一定要出盡風頭。上位才一年的齊桓公覺得，國內有管仲主政，再加上之前在乾時之戰打敗過魯國，就異想天開地想一次解決魯國，把齊國頭上第二道封印揭去。

對此，明白人管仲極力反對，因為自己的改革才展開一年，效果不會立竿見影。現在齊國最應該睦鄰友好，休養生息。只要國力強了，就可以透過經濟戰打服魯國，完全沒必要動刀動槍。

但齊桓公卻什麼都不管，他要的就是能出風頭。管仲拗不過這個任性的年輕人，只能任由他胡來。既然你不撞南牆不死心，那你就去撞一回吧，等撞得頭破血流，後面就老實了。

齊桓公二年（西元前六八四年）的周曆正月，齊桓公率領大軍浩浩蕩蕩地殺向魯國。

魯國如臨大敵，此時在位的魯莊公可以算是春秋史上最慘的外甥，沒有之一。親爹被大舅齊襄公弄死了，自己對二舅公子糾進行「風險投資」，結果虧得血本無歸，只能宰了二舅，現在三舅齊桓公又要來幹掉自己。

二十幾歲的魯莊公肩負著魯國的重擔。自從上次「風險投資」二舅吃過虧後，他就認清了自己的斤兩。

世道太險惡，他需要一個能人來幫助自己。

國難顯忠良，就在魯莊公一籌莫展時，一個叫曹劌（ㄍㄨㄟˋ）的人主動來求見他。

在曹劌求見魯莊公前，同鄉人調侃他：「齊國打魯國，這是那些吃肉的高級貴族該謀劃的事，你去幹嗎？」面對調侃，曹劌義正詞嚴地回答道：「高級貴族目光短淺，只為自己著想，不會深謀遠慮。」

在曹劌看來，凡人因沒有遠大夢想，而被現實所困，自己有著鯤鵬之志，必然要在這亂世中建功立業。

曹劌與魯莊公初次見面，按理說，應該是身為國君的魯莊公考考曹劌有什麼禦敵之策，但實際情況卻反過來，變成了新員工面試老闆。

曹劌：跟齊國打仗，可以依靠哪些東西贏得戰爭呢？

魯莊公：我有吃的有穿的，不敢獨享，都分給大家。

曹劌：小恩小惠，只能收買身邊的人，沒有得到實惠的老百姓是不買帳的。

魯莊公：祭祀用的羔羊玉帛，我不敢亂增加。

曹劌：一點誠心是不能打動神靈的。做事不要指望神靈，只能靠自己。

魯莊公：大小案件，我雖然不能仔仔細細查明，但都會儘量合情合理地去辦理。
曹劌：這是為老百姓辦實事辦好事，老百姓會支持你，這仗可以打。打的時候，請帶上我。

曹劌要的是一個在百姓中有威望的君主，因為即將與齊國展開的戰爭是一場正義的衛國戰爭。只有民心所向，才是勝利的基石。

齊軍馬上就要到達魯國。魯莊公帶上曹劌，同乘一輛車奔赴前線。此次是魯軍主場作戰，決戰地點在長勺（今山東省萊蕪市西杓山村），這是曹劌精心選擇的。長勺在泰山餘脈之南，地勢平坦，適合主力決戰。著名的長勺之戰即將在這裡展開。

剛翻過泰山的齊國大軍，驚奇地發現魯軍早已在這裡默默等著他們。齊桓公很感謝魯軍選擇這塊平坦的好地方，齊軍很快就擺好了陣形。面對等待多時的魯軍，爬完山已經快累趴下的齊軍只求速戰速決，趕緊打完收工。

齊桓公天真地以為，自己人多勢眾，衝垮魯軍是輕而易舉的事情。但是他萬萬沒想到，對面的敵軍陣中有個和自己乾爹一樣的「社會人」在坐鎮指揮。

魯莊公見到齊軍擺好陣形，下意識地拿起鼓槌，準備擊鼓進軍。就在魯莊公要擊鼓的那一剎那，曹劌阻止了他。曹劌要在敲鼓上耍個花招，這個花招直接改變了戰局——他要以不變應萬變，讓敵人自亂陣腳。

之前我們講過，春秋時貴族打仗都是講規則的。兩軍對壘，排好陣形，雙方敲鼓，大家踩著鼓點，踢著正步，保持隊形，朝著旌旗所指的方向開始進攻。這種打法，陣形整齊很重要，陣形一亂基本就輸了。

過去，葛之戰時，鄭莊公再怎麼提升戰術水平，還是要遵守交戰的規則，不鼓不成列，敵人陣形沒排好，就不會率先攻擊。鼓聲就相當於體育比賽的哨聲，誰率先攻擊，就是犯規，要重新比賽。

此時，排好陣形的齊軍開始擊鼓進軍。戰車上的車御開始揮起手中的轡繩，四匹馬開始慢慢奔跑起來，準備加速衝擊敵軍，步兵也緊隨戰車掩殺而來。就在齊國全軍亢奮、殺氣滿盈時，令他們疑惑的事發生了：魯軍並沒有敲鼓進軍，而是在原地一動不動。

主帥齊桓公想，這一定是魯軍沒有準備好，出了什麼狀況，如果這樣殺過去，自己就違反了交戰規則。於是保持貴族精神的齊軍退了回去，重整隊形。就這樣，齊桓公反覆擊鼓進軍三次，對面的魯軍如同木頭樁子一樣巋然不動，一絲鼓聲都沒有傳來。

齊軍如同被判了三次搶跑的運動員，內心無比崩潰，陣形也亂了起來。步兵還好，關鍵是馴馬戰車的馬兒被反覆折騰了三回，已經不聽話了，想再讓牠們聽話，比讓馬兒說人話都難。失去控制的戰車就喪失了重要的衝擊力，成了一個個大活靶子。而失去戰車戰鬥力的軍陣，也喪失了機動性，基本上就失去了獲勝的機會。

曹劌看到齊軍的陣形亂了，意識到他等待的時機終於來了。曹劌示意魯莊公擊鼓進軍，魯莊公興奮地敲起鼓來，靜候多時的魯軍如脫韁的野馬般朝齊軍衝殺過去。長勺平坦的地勢讓魯軍的機動性得到充分的發揮，一下子就把齊軍衝垮了。

潰散的齊軍開始往後撤。魯莊公想乘勝追擊，遭到曹劌的否決。社會經驗豐富的曹劌先是下車檢查了齊軍撤退的車軸印，他發現齊軍車軸印亂七八糟，沒有整齊劃一。隨後曹劌再登上車前橫木遠眺，發現齊軍的旗幟東倒西歪。這些跡象證明齊軍沒有設伏，而是確實潰不成軍了，曹劌這才同意魯莊公追擊齊軍。

其實他過於謹慎了。對手齊桓公是個毫無社會經驗的君二代、死要面子活受罪的貴族，讓齊桓公違反貴族精神設伏，這比要他命還難受。

長勺之戰以魯軍完勝告終。曹劌違反了交戰規則，用了不符合貴族精神的戰術，但他卻拯救了魯國。在那個動亂的年代，魯國作為小國，追求的不是開疆拓土、爭霸天下，而是不被吞併。長勺一戰打出了魯國此後四百年不被吞併的國運。而經驗不足的齊桓公，則在長勺之戰中交了巨額的學費，撞得頭破血流。

帶著殘兵敗將回到齊國的齊桓公，從此完全聽從管仲的決策。此後齊桓公在管仲的輔佐下，基本上順風順水，沒有出大的紕漏。看來這學費雖然貴，但是非常值得。

## 讓人上癮的會盟

如果用一句話來概括齊桓公的一生，那就是：他不是在搞會盟，就是在去會盟的路上，可以算是中國歷史上第一「會霸」。

會盟滿足了齊桓公愛出風頭的虛榮心，同時也是不得已的辦法。

過去，天下的老大是周天子。周天子分封諸侯，為了讓分封出去的諸侯不忘記自己是周天子的員工，周天子會讓他們常回家看看，這就是朝覲制度。但齊桓公不是周天子，沒辦法讓那些諸侯都往齊國首都臨淄跑，只能透過會盟的方式來彰顯自己老大的身分。

其實，諸侯過來開會完全是給東道主面子，不一定要有盟約。但一心想當霸主的齊桓公要求開會時必須要有盟約：我齊桓公讓你來開會是看得起你，你在我面前簽保證書，以後我作為老大一定會罩著你。

會盟是有一套標準流程的。

為了彰顯會盟的隆重，不能在平地上舉行。首先要搭個壇，然後大家一起草擬盟書。關於盟書的內容，參會的小弟就不用操心了，因為老大已經擬好了。盟書經過大家一致同意（老大草擬的盟書，小弟誰敢不同意），就可以頒布了。

各諸侯來到壇上，正式訂立盟約。為了見證這一偉大時刻，需要殺頭牛，而且老大會親自割牛耳、取牛血。不要小看那隻牛耳朵，這東西不是誰都能拿的。那隻牛耳朵在誰手裡，就代表誰是老大。取到的牛血，每個諸侯要喝下去。如果有諸侯嫌噁心喝不下去也不要緊，可以把牛血抹自己嘴上，這就叫作歃血。

接下來，祝史（祭司官員）會昭告各方神仙來監督，誰違背盟約就會遭到天打雷劈。隨後祝史當眾宣讀盟書。宣讀完畢後，盟書一式多份，一份放在被宰的牛背上，挖坑埋了，稱為「坎牲加書」。另外幾份由各諸侯分別帶回去一份，放置在宗廟裡，不能弄丟了。最後盟主邀請大家一起吃個飯，諸侯們就各自回家了。

齊桓公四年（西元前六八二年），齊桓公迎來了一次好機會：宋國內亂了。宋國在魯國西邊，處於中原腹地，是公爵級國家。如果齊桓公抓住此次機會，控制住宋國，便可將勢力深入到中原，還可以在魯國背後形成戰略威脅。

這一年的春天，齊桓公不請自來地幫助宋國平定內亂，並且扶持了宋桓公。為了確保宋桓公的君位，齊桓公在北杏（今山東東阿）召開了人生中第一次會盟。

然而齊桓公的第一次會盟極其慘淡，除了宋國以外，只有陳、蔡、邾（ㄓㄨ）三個小國來了。齊桓公第一次執牛耳，鬧得很不開心。一出道就想邁入人生巔峰的齊桓公被現實無情地抽了一記響亮的耳光。

會盟人氣不旺，就找個藉口來出氣。

大國想出氣，小國往往就是出氣筒。但是出氣歸出氣，可不能虧本，於是管仲為齊桓公挑了遂國做出氣筒。遂國收到了齊國的邀請，但是沒來參加會盟，這正好給了齊桓公拿他出氣的理由。遂國就在齊軍回國的必經之路上，因此齊國順手就將它滅了。而且，遂國在泰山背面，又是魯國的死黨，滅了遂國，齊國便可以從泰山背面直接攻擊魯國，不用再翻泰山了。

現在魯國遭遇了前所未有的戰略威脅，齊、宋兩面夾擊自己，身邊的遂國又被齊國占領，這相當於在自己枕頭旁裝了一顆隨時會爆炸的炸彈。被齊國死死扼住脖子，魯國只能乖乖屈服。

就在北杏會盟的這一年冬天，齊桓公邀請魯莊公到柯這個地方來會盟。

面對三舅齊桓公的盛情邀請，外甥魯莊公不敢不來。魯莊公去柯的隨行隊伍裡有一個叫曹沫的倒楣蛋，身材魁梧、力大無窮。他曾經三次擔任主將與齊國交戰，三次全負，割地賠款。這戰績換一般人都不好意思見人，自己引咎辭職算了，但是魯莊公並沒有罷免他，他依然待在將軍的位置上。

魯莊公知道，曹沫雖然打仗不行，但他也是一個社會人。之前魯莊公任用社會人曹劌，採用流氓戰術打贏了齊軍，這次則要用社會人曹沫完成一次著名的綁架行動。

魯莊公到了柯地，與等待多時的三舅齊桓公相見。在盟壇上，齊桓公與魯莊公訂立盟約。這下齊桓公終於搞定了魯國，就在他興高采烈的時候，一個黑影突然躥上盟壇，以迅雷不及掩耳之勢閃到了齊桓公身後。齊桓公還沒反應過來，曹沫已經拿著一把鋒利的匕首抵在他的咽喉處。周邊的齊國護衛看到這驚險的一幕，都不敢輕舉妄動。

被刀架在脖子上，齊桓公第一次嘗到了當人質的痛苦。他故作鎮定地問：「你要做什麼？」

曹沫嚴正地說：「齊國強大，魯國弱小。齊國作為大國老是欺負小國，你好意思嗎？這事你看怎麼辦吧？」

面對綁匪曹沫的質問，齊桓公既憤怒又緊張。他開始用理性思考：如果不答應曹沫，鬼知道這個五大三粗的曹沫會怎麼弄死自己。人一死，生前再多的努力都是白費的，還是保命要緊，先答應再說。

於是齊桓公說：「我把之前齊國侵占魯國的土地，都還給你們。」

曹沫要的就是齊桓公在盟壇上對天發誓，把魯國的土地吐出來。他一聽到齊桓公這話，就扔下匕首，回到壇下坐了下來，就跟沒事人似的。

要交這麼一大筆贖金，齊桓公內心極不情願。管仲安慰道：「如果想做天下霸主，就不能喪失對諸侯的信用，土地還是還給魯國吧。」齊桓公被曹沫抓住，被拚命敲詐了一把，但為了當霸主，也只能做出犧牲。

大國想稱霸必須講道義，否則別國不跟你玩；小國想生存，只能耍流氓、當無賴。春秋已經是一個禮崩樂壞的時代，在亂世中，大小國家和社會各階層都在選擇不同的生存方式。

曹沫後來位列先秦五大刺客排行榜第一人。其他四位刺客——專諸、豫讓、聶政、荊軻的下場都很慘，沒一個善終，而曹沫竟然在完成任務之後全身而退，不得不說是個傳奇人物。

柯地會盟後，齊桓公立起了誠信的招牌。有了這招牌後，齊桓公廣攬人心，處處充當正義使者，維護天下和平。西元前六八〇年，齊國在鄄（ㄐㄩㄢˋ）地會盟，宋、陳、衛、鄭這幾個中原核心國家都來捧場了，其中還有重量級的嘉賓，就是周天子派來的代表。

有了周天子的認可與中原國家的擁護，齊桓公終於登上了霸主之位。

能力越大責任越大，霸主不是那麼好當的，他要肩負起維護天下秩序的責任。當時天下的秩序並不穩定，其中的破壞因素就是蠻夷。

## 華夏文明的大危機

西元前六六一年某晚，正要入睡的齊桓公聽到一個從北方傳來的噩耗：狄人將攻破邢國（今河北邢臺市）。接到消息後，齊桓公大驚失色，連夜找管仲商量對策。

齊桓公與管仲焦慮的心情完全可以理解。邢國曾是周公旦第四子的封國，它北挨燕國，南接衛國，東臨齊國，是中原諸侯在黃河北岸的門戶和抗擊北邊蠻夷的最前線，地理位置極其重要。如果邢國失守，那麼黃河北岸將成為狄人的嘴邊肉，齊國能否保全都成問題，更不要談稱霸了。

西周時，周天子還是老大，中原周圍到處都是不聽話的蠻夷，分別是東夷、西戎、南蠻、北狄。這些蠻夷都以遊牧部落的形式在各諸侯國附近生活與打劫。即使暫時消滅一批蠻夷，很快又會有新的一批出現，為此周天子會定期有組織地統領各諸侯去征夷。

到了東周，周天子沒人理了，這清理蠻夷的事也就沒人管了。蠻夷在中原大地上撒歡橫行，如入無人之境，甚至連雒邑、鄭國這樣的中原腹地，也常遭蠻夷襲擊，這在過去是想都不敢想的事。

春秋前期，西戎已經被秦國打得半身不遂，東夷要麼被齊國滅掉要麼被華夏文明同化。中原現在最主要的威脅來自南北兩面，即南蠻的楚國和北面的狄人。

最令中原諸侯害怕的是北狄。楚國已全面學習中原，國力蒸蒸日上，大有進軍中原、吞併群侯的架勢，說他們是南「蠻」，完全是地域歧視。而狄人勢力極大，那時，山西、河北大部分地方都是他們的地盤，而且他們披頭散髮，連文明都談不上。

齊桓公很快率領大軍趕至邢國，但他發現自己起了個大早，趕了個晚集。邢國已滿目瘡痍，基本被狄人打殘了。狄人來去如風，齊軍連個影子都沒看見。如果狄人再搞個二次襲擊，邢國肯定不保，為此齊桓公與管仲很是頭疼。

然而這還僅僅是噩夢的開始。就在第二年，令中原諸侯震驚的災難再次發生了：黃河北岸，有著四百年悠久歷史的公爵級衛國，竟然被狄人滅國！就連爵位等級最高的公爵級國家都會被滅，下面的侯、伯、子、男這些國家豈不更是岌岌可危。中原諸侯人心惶惶，一想到狄人就瑟瑟發抖。

狄人這次是繞過了黃河北岸的門戶邢國，以迅雷不及掩耳之勢攻下衛國，衛國國君衛懿公當場戰死。狄人大肆燒殺搶掠。衛國殘存的老百姓一直被追擊到黃河邊上，眼看就要跳河自殺了。黃河南岸離衛國最近的宋國趕緊派出軍隊趕往黃河岸邊，實施救援行動，最終也總共只有五千人被救出來。

身後的公爵級衛國被滅，黃河北岸孤零零的邢國就處在狄人包圍中，滅國已進入倒計時。果不其然，衛國被滅後沒幾個月，狄人再次大舉進攻邢國。

齊桓公集結了離邢國較近的宋國與曹國的軍隊，浩浩蕩蕩地奔向邢國。結果剛到邢國地界，齊桓公就看到邢國難民朝自己奔來。他明白自己又來晚了，現在只能幫難民把身後追殺的敵人趕走。

這幾年，霸主齊桓公被狄人弄得灰頭土臉，很沒面子。這事辦不好，還怎麼當老大？可是狄人來無影去無蹤的打法又讓他很是頭疼，他多麼希望狄人能來個面對面的對決。

為這事，齊桓公專門詢問了管仲：「仲父，咱們老是這麼長途救援，打著狄人還好，打不著的話，這軍隊就成了公款武裝旅遊，既費錢又費力。」

「狄人勢力太強大，實在惹不起。不如就讓邢、衛兩國異地復國吧！」

「啊，異地復國？仲父，在哪裡復？」

「這兩個國家地處黃河北岸深處，一旦遭到狄人攻擊，我們很難救援。最好讓這兩國向南遷移，邢國遷到夷儀（今山東聊城），衛國遷到楚丘城（今河南滑縣），這樣既方便快速救援，也能為黃河南岸的諸侯國充當防禦。」

「這異地復國，要重新蓋房子，還要買傢俱、弄糧食，這一大筆錢誰出啊？」

「作為天下霸主，讓狄人在眼皮底下橫行，已損霸主威名。為了不讓諸侯對我們失望，這重建的錢必須咱們齊國出，否則這霸主就別幹了！」

經過管仲改革，作為霸主的齊國還是挺富裕的，能用錢解決的問題，對齊國來說都不是問題。財大氣粗的齊桓公很快把邢、衛兩國搬家的事情解決了，還派軍駐守，提防狄人。

重建邢、衛的事讓中原諸侯對齊桓公充滿欽佩，在他們心中，齊桓公不光是慷慨的大金主，更是一個無私的救助者。此後，齊桓公利用尊重周天子的名義，組織中原諸侯有計畫地清除蠻夷，解決了北狄大規模入侵黃河南岸的危機，更避免中原出現「華夷雜處」的局面。過去周天子清理蠻夷的任務，就交給了齊桓公來做。齊桓公雖無周天子之名，卻已有周天子之實。

後世的孔子，對管仲的尊王攘夷政策讚不絕口：「微管仲，吾其被髮左衽矣。」意思是，如果沒有管仲，我們就要披頭散髮，穿左衽[2]的衣服了。

然而，跟南面的楚國相比，狄人的進攻只能算是小打小鬧。

西元前六八四年，也就是長勺之戰的同一年，楚國攻占了蔡國並俘獲其國君。很多國家對此並不在意，但這個事件就像一隻蝴蝶搧動翅膀產生了微弱氣流，隨後氣流越來越大，最後竟變成龍捲風，在中原大地肆虐起來。

楚國的強大和楚武王、楚文王、楚成王三代君王的努力是分不開的。

楚文王把首都從丹陽遷到郢（ㄧㄥˇ），即今天的湖北省荊州市北面。這裡土地肥沃，又處在南來北往的中心，進可攻，退可守，此後四百多年一直是楚國的首都。楚成王熊惲是楚文王的小兒子。原本王位根本輪不到他，幸運的是他有一個治國成績不及格的親哥哥熊艱。公族對在位已三年的熊艱很不滿意。

要知道，在楚國如果業績不行的話，哪怕貴為君王也是要換人的。西元前六七一年，公族借隨國的軍隊殺了熊艱，立熊惲為王，即楚成王。

楚成王剛繼位時和母親息夫人相依為命。息夫人的大兒子已被害，她只希望自己的小兒子平平安安。但寡婦門前是非多，把持楚國朝政的公族首領子元，也就是楚成王的親叔叔，竟然不顧公眾影響，多次調戲息夫人。

為了年少的楚成王，息夫人只能委曲求全。而年少的楚成王面對母親被叔叔調戲的屈辱，也早已學會了隱忍。少年楚成王有著超越同齡人的城府，他每天一邊面帶笑容地聽叔叔說話，一邊卻在等待報復的時機。

少年楚成王明白一條殘酷的道理：如果沒有權勢，縱是有一國之君的名分，也只是砧板上的肉，任權臣宰割。在這種環境下成長的他，做事風格就是愛玩陰的。七年後，成年的楚成王終於借助若敖氏之力殺了子元，自己掌握實權。

不過，楚成王雖然掌了權，但在過去的七年裡，他一直活在血腥的政治鬥爭中，這讓本該陽光燦爛的少年內心充斥著不安。一個人如果小時候缺乏安全感，那終其一生都會沒有安全感。楚成王此後一生都在尋找安全感。

在弱肉強食的春秋時代，楚成王深知要想不被人吃掉就得拚命吃別人。他為楚國的命運感到不安，故而他也成為楚國歷史上吞併國家最多的君王；當他自己的王位受到威脅時，他會想方設法弄死威脅者，即便犧牲國家的利益也在所不惜。

少年多磨礪，男兒自橫行。

---

2 左衽，衣服的前襟向左掩，是古代一些少數民族的穿衣方式。

在春秋風雲激盪的時代，楚成王開始在中原大地橫行無忌。從西元前六五九年起，他連續三年進攻天下的交通中心——鄭國。這樣猛烈的攻擊令天下諸侯震驚，鄭國緊急向齊桓公求援。鄭國一旦被拿下，楚國便可在中原腹地四處出擊，到時候各諸侯國將雞犬不寧。

齊桓公在位總計四十三年，當他老年的時候，過得就不那麼舒服了。波瀾不驚的湖面上突然颳起了龍捲風——楚國來了。

原本，齊國與楚國一南一北，壓根兒就不接壤。只是南方楚國實力逐漸強大，最終已成為天下政治格局裡的一極。作為天下政治格局的另一極，北方的齊國終於不得不出手了。

精明的管仲覺得，齊、楚兩個大國為了鄭國直接硬碰硬太不划算，既然你楚國打齊國的小弟，那我齊國就打你楚國的小弟，看你救不救！

管仲為齊桓公挑選的攻擊對象是蔡國。蔡國是楚國的附屬國，算是在楚國的地盤上，進攻蔡國可以威脅楚國的戰略緩衝區。進攻蔡國，楚國必救。

齊桓公一聽管仲的建議，開心得不得了，因為他和蔡國曾有私仇，蔡國做過一件讓他覺得很沒面子的事。齊桓公曾有一位從蔡國娶來的夫人蔡姬，有一次，齊桓公與蔡姬泛舟水上，調皮的蔡姬知道齊桓公怕水，故意搖晃船身，想來個鴛鴦戲水，結果旱鴨子齊桓公被晃得大驚失色。作為一代霸主，怎麼能讓他人看到自己膽小的一面呢？於是氣瘋了的齊桓公把蔡姬趕回了家。

眼見蔡姬被趕回來，蔡國國君蔡侯以為這算是正式斷絕關係了，就把蔡姬再嫁給他人。齊桓公得知此事後覺得很沒面子，而在他眼裡，有的時候面子比國家利益還重要。現在齊桓公藉此機會，正好教訓一下蔡國。

為了解救鄭國，也為了教訓蔡國、震懾楚國，西元前六五六年，齊桓公糾集魯、宋、陳、衛、鄭、許、曹，打著「尊王攘夷」的旗號，組成了一支規模空前的八國軍隊，就是要滅掉蔡國，給楚國看。

蔡國真是倒了八輩子血楣，之前被楚文王打得差點滅國，國君都被抓到楚國接受改造，現在老老實實給楚國當小弟，結果所有的中原諸侯又都傾巢而出來打自己。蔡國沒有還手的餘地，而楚國援軍連個影子都沒有。因為在楚成王看來，為一個小弟消耗自己的元氣不值得。

齊國大軍一到，孤立無援的蔡國人四散逃命。齊桓公很是高興，私仇終於報了，下面就等楚國大軍前來對陣。可是齊桓公左等右等，楚軍沒來，卻來了一個不速之客。

這個人是楚國的使者，究竟姓甚名誰，史書上並未提及。齊桓公派能言善辯的管仲出面，希望給楚使一個下馬威。但是楚使不是來談判的，而是來懟人的，他這一懟竟成了千古名懟。

楚使說：「齊國國君住北海，我楚國國君住南海，相距那麼遠，即使是像發情期的牛馬那樣狂奔，也不會相遇。沒想到齊國國君會到我的地盤上來，總得給個理由吧？」

從這一番話中可以看出，楚國態度極其強硬。這裡的「北海」、「南海」並不是指地理位置上的大海，而是表示距離很遠，更表示你齊國是北邊的老大，我楚國是南邊的老大。

管仲聽完楚使的話，大義凜然地說：「很久以前，周王室的召康公（周成王的太保，地位僅次於周公旦）對我齊國開國之君太公（呂尚）下令說，哪個諸侯有罪過，齊國都可以去討伐，以捍衛周王室。你們作為周天子的臣子，不按時進貢苞茅，害得周王室祭祀用的酒都沒法過濾。更為重要的是，三百年前周昭王南征楚國，沒有回來，這是怎麼回事啊？」

不愧是管仲，能把死的說成活的，直接搶占了道德制高點：你楚國不進貢苞茅，就是對周天子的不敬，而我齊國的政治理念就是「尊王攘夷」，自然要敲打你。另外，他把三百年前周昭王因南征楚國而死的事都搬了出來，表示出兵就是要為周昭王討回公道。這一席話，直接搶占了大義。

如果是一般人，聽了管仲的話，肯定會氣不打一處來，覺得這分明是欲加之罪，何患無辭。當年周王室東遷雒邑後，我沒有進貢苞茅，但是不待見周天子的諸侯多了去了，你齊國怎麼就來打我，不打其他人啊？更厚顏無恥的是你竟把三百年前周昭王征楚而死的舊帳翻出來，這都隔了十八代人，算什麼理由啊？

面對這種無稽之談，回答就應就事論事，不要做過多糾纏，否則會越陷越深。在這方面，楚使做得很好，他就回答了兩句：「不進貢苞茅是我們楚國的過錯，下次不會再出現。至於周昭王的死，你還是到水邊去問問吧！」

楚國使者主動承認自己的錯誤，還將管仲的無理指責直接懟了回去，使管仲沒有討到一絲便宜。既然在外交上討不到便宜，那就在戰略上搶占先機。管仲讓齊桓公不要停止進軍步伐。打敗蔡國後，齊國將陘山確定為下一個進軍目標。這步棋下得太妙，讓楚國上下驚出了一身冷汗，因為陘的背後就是楚國的咽喉——方城。

方城是一個重要的軍事要塞，它夾在楚國申縣與息縣兩大前進基地之間，地理上處於南陽盆地與大別山之間的缺口上，是進出中原的咽喉要道。要命的是，楚國在外線作戰向來都是主動出擊，自己卻沒怎麼修過像樣的防禦工事。一旦人多勢眾的八國軍隊攻破方城，那麼楚國將無險可守，隨時會出現亡國的危險。

從小就學會隱忍的楚成王此時頭腦極其冷靜。面對楚國有史以來最嚴重的一次國家危機，臨危不亂的他並沒有選擇主動交戰，因為他有九成的把握，這場仗打不起來。首先，齊國是一個很精明的國家，會計算打仗的得失。齊國與楚國離得很遠，實力差不多，打起來只會兩敗俱傷。即使打贏，齊國也占領不了楚國的土地，只會便宜了其他國家。其次，齊桓公來只是為了滅滅楚國銳氣，威懾一下楚國，賺足霸主的面子。你齊桓公好面子，那我楚成王給足你面子就是了。對楚國來說，安全是第一位的，「霸主」只是個名號而已，這玩意兒在楚成王眼中一文不值。

因此，楚成王主動選擇放下身段，用成本最低的方法來解決危機，那就是和談。但是這和談也不能馬上談，要讓齊桓公慢慢等，吊足他胃口。

八國軍隊一直等到這一年的夏天，原本想給楚國一點顏色看看的齊桓公終於熬不住了。春天時將領帶著一大幫子人出征，到了夏天還沒回去。士兵都是從國人裡徵召的，春天出征在外已經誤了農時，夏天一過，秋天就來了，再不回去務農，全國上下就等著吃土吧。更何況出征在外這麼長時間，這麼多人的吃喝拉撒，已經給後勤造成了巨大負擔。

就在齊桓公與管仲糾結打還是撤的時候，楚國終於伸出橄欖枝。齊桓公聞之大喜，趕緊借坡下驢，主動後撤到召陵。楚成王派大夫屈完全權代表自己進行談判。同時，為保險起見，他命令楚國大軍出方城，隨時應對因談判破裂而引起的戰爭。

屈完到達對方駐地後，受到了齊桓公的隆重歡迎。齊桓公盼星星盼月亮，終於把屈完盼來，為表現對屈完的高度重視，他還讓屈完與自己同乘一輛馬車檢閱軍隊。檢閱的時候，兩人表面裝得極其友好，其實心裡都明白要見好就收，不要撕破臉皮。

為此，齊桓公虛偽地說著客套話：「我們此次出兵，不是為了我個人，主要是我國先君喜歡和別的國家建立友好關係。要不咱兩國也建立友好關係，怎麼樣？」

屈完一改楚國過去誰都不理、逮誰懟誰的外交辭令，對齊桓公極其謙恭地回答：「承蒙齊國國君為了造福我楚國社稷，專門惠臨這裡。您這樣接納我們，正是我楚國國君的願望。」

屈完把齊桓公馬屁拍得震天響，讓他的虛榮心得到了極大滿足。齊桓公開始飄起來了：「我有這麼多軍隊去征戰，誰能抵抗得了？我有這麼多軍隊去攻城，哪個城攻不下來？」

面對齊桓公這麼咄咄逼人的武力炫耀，屈完也開始委婉反擊了。

屈完說：「一國之君要用仁德來安撫諸侯，誰會不服從呢？如您執意要用武力解決的話，我楚國將以方城為城牆，漢水為護城河，即使您兵馬再多，也沒有用處。」言下之意，一個明君是用仁德來服眾的，即使你齊國來打我們，我們也不怕。

過去楚國和中原國家交涉都是直來直去，談不攏就開打，這次屈完竟然用仁義道德去回應齊桓公。聽了屈完綿裡藏針的話，齊桓公知道，該見好就收了，不要再爭執下去，趕緊把正事辦了。

齊桓公開出的和談條件很簡單，就兩條：一、繼續向周天子進貢苞茅；二、承認齊桓公是老大。

面對如此優厚的和談條件，屈完立馬表示贊同，只要能讓八國軍隊趕緊走人就行。於是，屈完代表楚國與齊桓公舉行了「召陵之盟」。齊桓公老大的身分獲得了楚國承認，楚國也恢復了對周天子的朝貢。

後世用「南夷與北狄交，中國不絕若線」這句話來表彰齊桓公保衛中原的行動，說他不光抵禦了北方狄人的侵擾，也阻止了楚國北掠的企圖。實際上，這句話完全說錯了。「召陵之盟」沒有任何贏家與輸家，楚國僅僅是為了解決一次重大安全危機而實施緩兵之計，齊桓公也只是得到了楚國暫時的恭維。

經歷此次危機，楚成王吃一塹長一智，不再只注重外線作戰，也要做好自身防禦工作。於是從楚成王開始，歷代楚王皆化身基礎建設狂魔，他們以方城為起點，大規模修建楚長城。這規模宏大的楚長城作為楚國北方重要屏障，數百年來多次阻擋了北方中原的來犯之敵。

總體來說，楚成王的謀略遠在齊桓公之上，他頭腦清醒，做事穩紮穩打。在殘酷的國內外鬥爭中，他知道什麼時候該進，什麼時候該退。他是春秋史上著名的霸主陪跑者，一生陪伴了齊桓公、宋襄公、晉文公三位霸主，但是他雖無霸主之名，而有霸主之實。楚成王要的只是實實在在的東西，也就是土地與安全。

「召陵之盟」只是揭開了春秋超級大國楚國爭霸中原的序幕，不久以後，楚成王將會在中原大地上颳起更猛的超級颱風！

# 葵丘之盟

西元前六四三年初冬，齊桓公從寢殿偌大的床上醒來，身邊空無一人。他發現自己動彈不得，渾身都被病痛折磨著。當聞到褲子裡傳來的惡臭時，他知道自己快要死了。

齊桓公已經記不清上一次昏迷是什麼時候了。他實在不想再醒來，因為每一次醒來都是對自己尊嚴與生命的拷問。他現在肚子很餓，褲子裡面又髒得難受，可是沒人來搭理他。曾經的天下霸主，到最後也成了一位孤獨無助的將死老人。他只希望自己在被病痛折磨死之前，能體面地走完人生的最後一程。

躺在床上的齊桓公，費力地轉動脖子向門外望去，想找個人來幫幫自己。可是門外連一個人影都沒有，只有飄進屋裡的雪花與寒風。遠處寢殿的圍牆被加得很高，高到只有鳥兒能飛進來。宮門被大木條釘得死死的，門上只留下一個洞眼，每天都會有一雙眼睛出現在洞眼裡，看自己是否死了。齊桓公知道，外面的人是多麼希望自己快點死啊，但他們又不想因親自動手而背上弒君的罪名。所以，困死自己是他們最好的辦法。

絕望無助的齊桓公呆呆地看著房梁。行將就木的他只能通過回憶，來減輕自己的痛苦。他想來想去，自己一代霸主，戎馬一生，最輝煌的成就就是葵丘之盟。

八年前的夏天，在中原大地稱霸已久的齊桓公，已是一位耳順之年的老人了。他這輩子已經折騰夠了，不想再折騰了，只想召開一場旨在終結天下一切戰亂的大會，讓天下太平，也讓身為霸主的自己能安享晚年。

於是，齊桓公在葵丘召開了一場規模空前的大會盟，並做了一件具有里程碑意義的事——與會盟的諸侯簽訂了具有法律意義的盟約。

大會當天，中原諸侯全部到場，被齊桓公一手扶持上位的周襄王也很給面子，直接派出自己的大臣宰孔作為王使參加會盟。當年，周襄王還是太子鄭，他的父親周惠王想立自己喜歡的小兒子王子帶為國君。周天子帶頭破壞宗法制，霸主齊桓公召集中原七國會盟於首止，背著周惠王，把太子鄭定為下一任周天子。

葵丘大會上，白髮蒼蒼的齊桓公站在盟壇頂上，威嚴地環視自己身邊畢恭畢敬的諸侯，內心充滿了得意。這場會盟是對自己政治生涯的最好概括。

齊桓公望著遠處，等待著王使的到來。王使宰孔緩緩而來，整場會盟走向高潮。宰孔帶來的都是象徵天子地位的王室御用品，有用來祭祀周文王和周武王的祭肉、硃紅色的弓箭、天子座駕、綴有九條流蘇的龍旗和渠門大旗，這些貴重禮物都是周襄王賜予齊桓公的。此外，宰孔還傳達了天子的旨意：「伯舅（天子叫異姓諸侯為伯舅）年紀大了，加賜一級，不用下拜了！」

聽完周襄王旨意的齊桓公，內心如同一顆氣球般飄飄然，他真打算不去跪拜了。還好站在一旁的管仲走來貼在他身後說了一句「不可以」，齊桓公才突然醒悟，意識到自己的政治招牌就是「尊王攘夷」，不能砸自己招牌啊！

於是齊桓公向王使宰孔恭敬地回答：「天子威嚴就在眼前，小白哪能貪受天子恩令，廢掉下拜的禮節呢？」

有了周天子禮物的加持，齊桓公可以算是一人之下，萬人之上了。如果忽略毫無實權的周天子，齊桓公就是中原大地的主宰、無冕天子！

在這場會盟中，這位無冕天子想憑藉自己的一人之力，用盟約創建新的天下秩序，徹底終結天下禮崩樂壞的局面。為了能讓盟約具有更高的法律效力，齊桓公借周天子之名，發布了五條禁令，這五條禁令的精神都來自周禮。齊桓公希望藉此徹底終結天下動亂，不再君不君、臣不臣，讓天下井然有序，重現西周時期天下太平的景象。

在盟壇下，司盟（相當於司儀）宰殺了一頭牛，割下牛耳放在珠盤上，並把牛血倒入玉敦中。司盟緩步登上盟壇將牛耳交與齊桓公，然後大聲誦出盟約，這聲音響徹全場，震盪天下。齊桓公站在盟壇中央，手裡拿著還在滴血的牛耳，彷彿掌握著宇宙蒼生的命運。他閉眼聆聽著盟約，渾身有種莫名的快感。

## 天子五禁

第一條，討伐不孝之人，禁止隨意廢立太子，禁止把小妾扶正（周王室東遷後，很多諸侯都違反宗法制，引發動亂。只有把嫡長子繼承制作為國本，這個國家才能長治久安）。

第二條，尊敬賢人，培育人才，表彰有良好道德之人（樹立道德榜樣，消除禮崩樂壞的不良風氣）。

第三條，尊老愛幼，禁止怠慢來訪的貴賓（這是曾當過流亡公子的齊桓公在為各國流亡公子考慮。如果國家發生動盪，有了這條禁令，萬一哪天自己的子孫流亡到國外，至少還能過得下去）。

第四條，官職禁止世代相傳，一個人當官禁止兼任多職，選用人才要得當，禁止亂殺士大夫（世祿可以，世卿不行。選拔官員要看才能而不是看出身，更不能讓臣子擔任多職，避免他們大權獨攬。這一條很可能是管仲加上去的，他要為齊桓公進一步集權，以天子的名義去削弱「天子二守」這樣的世襲大貴族，但這也為齊桓公死後齊國內亂埋下伏筆）。

第五條，河流上游國家禁止阻塞流往下游國家的水源，鄰國鬧饑荒的時候不能禁止鄰國來採購糧食（避免爭端，讓大家和平相處）。

誦讀完畢後，司儀拿來牛血，準備讓諸侯們歃血為盟。齊桓公對所有人大聲喊道：「凡是來參加會盟的諸侯，訂立盟約後，大家就都是好朋友！我相信大家不會違背盟約，這歃血就不用了！」

會盟不歃血，就像現在一群國家弄個國際公約卻不簽字一樣。齊桓公不歃血的底氣來自自信，他相信沒人敢不遵守盟約。他已經不是把自己當霸主，而是把自己當作了天子。他的命令，所有諸侯必須無條件服從！

病癱在床的齊桓公回憶完葵丘之盟的場景後，內心陷入無盡的哀愁。一個曾將天下玩弄於股掌之間的人，現在只能與病魔為伴。管仲、鮑叔牙相繼去世後，能和自己推心置腹的人都沒有了，剩下的人如同餓狼一般，都盼著自己早點死，好從自己身上分一杯權力的羹。

此時刺骨的疼痛鑽進齊桓公的心窩裡。躺在床上的他本想掙扎一下，可是他連抬起胳膊的力氣都沒有了。

油盡燈枯的齊桓公腦袋開始昏昏沉沉，現在他只想就這麼睡過去，永遠不要醒來。

西元前六四三年，周曆十月乙亥日，齊桓公死了。

他在位四十餘載，九合諸侯，一匡天下，死的時候卻如同喪家野犬，讓人唏噓不已。齊桓公的一生如夢幻泡影，如露亦如電。

齊桓公死後，五子爭位，齊國陷入大亂。當公子無虧繼位國君後，才想起來老爹齊桓公的屍體在床上已經躺了六十七天了，這才帶著人進入老爹寢宮。

一代霸主，一生降服三十多國，北伐狄戎，南征楚蠻，尊王安周，在死後三個月終於發喪了！

亂成一鍋粥的齊國剛剛消停，「春秋第一妄人」宋襄公殺了出來。

齊桓公死前，委託宋襄公照顧好自己的太子昭。宋襄公帶兵殺入齊國，幹掉了公子無虧，扶持太子昭上位，即齊孝公。上位的齊孝公對宋襄公充滿感激。

搞定了天下霸主的家務事，嘗到了當大哥的甜頭，宋襄公開始去實現自己的夢想——模仿偶像齊桓公，成為天下霸主。

# 玖

# 「仁義」霸主

## 天命玄鳥，降而生商

西元前六四五年，周曆十二月二十四日晚上，宋國一個值班太史正在仰望浩瀚星空。此時頭頂上的一幕把他驚呆了：夜空中爆發了一場壯麗絢爛的流星雨，其中五顆沒有燃燒盡的隕石砸到了宋國境內，火光衝天！

第二天早上，太史向宋襄公報告了此事，並派人尋來了那五顆隕石。宋襄公大喜過望，覺得這是吉兆。他根本不懂天文學知識，不知道這其實只不過是很普通的流星雨，別說吉兆，沒在宋國引發災害就不錯了。如果來個特大號隕石，搞不好砸得宋國人像恐龍一樣滅絕。

但是，國君喜歡聽什麼，拍馬屁的人就會說什麼。很快就有人向宋襄公彙報，說剛才有六隻鶂鳥倒著飛過宋都上空。面對這樣明顯違反空氣動力學的離譜謊言，宋襄公依然堅信這也是吉兆。為了堅定自己的信念，他還把正好出訪到宋國的周王室內使大臣叔興請來，專門求證這兩件事。

叔興可不傻，人精的他同樣知道宋襄公想聽什麼，於是說：「國君您會得到天下諸侯的擁戴。」結果，這句話徹底把宋襄公帶入陰溝裡。回去後，叔興對身旁的人說：「宋國國君想聽什麼我就說什麼，反正是逗他玩。」但宋襄公卻因此陷入癲狂的幻想，一發不可收。

有了周王室代表的權威解讀，宋襄公異想天開地認為自己將會像偶像齊桓公一樣統領諸侯，成為天下霸主。

懷著霸主夢的宋襄公去太廟祭祀了列祖列宗，並吐露自己的凌雲壯志。太廟裡不光供奉宋國先君，還供奉商代歷代君王，因為宋國國君姓子，正是商王的後裔。宋襄公看著歷代商王的牌位，內心燃起了熊熊火焰，與眾人唱起了「反動」歌曲——《商頌．玄鳥》。

天命玄鳥，降而生商，宅殷土芒芒。古帝命武湯，正域彼四方。
方命厥後，奄有九有。商之先後，受命不殆，在武丁孫子。武丁孫子，武王靡不勝。
龍旂十乘，大糦是承。邦畿千里，維民所止。
肇域彼四海，四海來假，來假祁祁。
景員維河，殷受命咸宜，百祿是何。

歌詞的意思是：上天命令玄鳥降於人間，簡狄吞下玄鳥蛋生了商朝先祖契，居住在寬廣的殷地。上天授命於成湯，征戰四方。昭告各個部落首領，商人擁有天下九州。商朝歷代先王前赴後繼，承受天命而不敢懈怠，後世子孫武丁最為賢能，能繼承成湯遺志。十乘龍旗大車，裝滿了進貢的糧食，國家疆域上千里，國民安居樂業。開拓疆域達到四海，周邊小國無不稱臣，前來朝拜。殷地四周圍繞著大河，殷商受命於天，所有的福祿全部都占了。

一曲作罷，正在興頭上的宋襄公要身邊的眾臣將歌曲傳唱至宋國的每個角落。有一位大臣緊張地說：「國君，我們只在祭祀商朝歷代先王時，才偷偷唱。如果傳唱開，傳到周天子耳朵裡，那可是造反的罪名呀！」

「那又如何？自從周王室東遷雒邑後，禮崩樂壞，諸侯並起，周天子大權旁落。我們商人過去三百年一直被周人欺壓，現在正是復興的大好時機！要讓宋國上下知道，我們要找回祖先失去的榮耀！」宋襄公斬釘截鐵地說。在場的眾大臣無不驚訝地看著他。

宋國人這三百年的仇恨，要從周武王滅商開始說起。當年周武王透過牧野之戰幹掉帝辛（紂王），推翻商朝後，有一個巨大的問題擺在面前，那就是如何處置人數龐大的商朝遺民。如果搞個種族滅絕，弄不好又掀起商人反抗。於是周朝提出了「興滅國，繼絕世」的懷柔政策，讓被滅亡的商人重新建國，讓商朝王室的後代繼續存在，不至於絕世。

周天子指定商人重新建國的區域有兩塊：一塊是商朝後期的首都「殷」（今河南安陽），位於黃河北岸；另一塊是商朝前期的首都「亳」（今河南商丘），位於黃河南岸。這兩塊地都是商朝的故地，可見待遇極其優厚。

對於讓誰來管理這兩處，周武王的選擇還是很慎重的。紂王死了以後，商王室遺留下三個重要人物，分別是紂王兒子武庚、叔叔箕子和庶兄微子。周武王最中意的是最賢明的箕子，可是箕子作為商朝遺老，不屑於去周天子那裡當差，直接跑到朝鮮半島獨立建國了，史稱箕子朝鮮。

最後只剩下武庚與微子兩個可選擇。武庚作為紂王的兒子，名分更有優勢，於是周武王讓他管理殷。可周武王又擔心他造反，特意設置了三監。在之前我們已經講過，武王死後爆發三監之亂。周公旦平定了叛亂，徹底滅了武庚，並把當地殷商遺民全部遷居到成周雒邑看管，把黃河北岸的殷商舊地劃給了姬姓的衛國。

微子作為紂王的長兄則比較識時務。周武王剛剛在牧野之戰大獲全勝，微子就扮可憐，雙手綁在身後，露出右胳膊，左邊牽著羊，右邊拿著矛，雙膝跪地前行，向武王請罪。周武王要的只是商人屈服，並不想對商人斬草除根，所以順水推舟，恢復微子的爵位，讓他管理商朝舊都亳，並建立宋國。微子也的確很老實，三監之亂時沒有參與叛亂，完全站在周王室這一邊，深得周王室賞識。

對宋國的禮遇，也只是周王室的懷柔政策，如若你有異心，周人分分鐘就能將你滅掉。宋國周邊有姬姓的魯、曹、衛、蔡等國，要是哪天宋國不老實，周天子一聲令下，姬姓諸侯國就能把宋國圍毆死。

宋國就在這樣的環境下，老老實實而又膽顫心驚地過了三百年。這三百年裡，宋國誰也不招惹，過好自己的小日子，完好地保留了商朝的文化習俗和兄終弟及的傳位方式。

宋國這一套和中原的國家顯得格格不入，再加上商朝遺民的身分，難免會遭到中原姬姓諸侯的鄙視，從此宋國成為春秋時「地域歧視」的首要受害者。當時，諸侯國一提宋國，就會嘲笑宋國人的智商，例如「守株待兔」、「揠苗助長」等成語，都是說宋國人的，諸子百家裡也有很多戲弄宋國人的故事。

嘲笑歸嘲笑，作為玄鳥的後裔，宋國一直保持著王者風範和貴族精神，其中就包含著守信、尚武、真誠。老牌貴族齊桓公只是好面子，壞事可沒少幹，而本章的主人公宋襄公則是一個不含半點虛假的純粹貴族，他不惜犧牲生命也要捍衛貴族榮譽，可以說是極端貴族主義的代表。

宋襄公名叫茲父，他爹是宋桓公，宋桓公是齊桓公的忠實小弟，齊桓公打誰，宋桓公就打誰。宋桓公病重的時候，當時還是太子茲父的宋襄公極力推薦比自己有才能的庶兄目夷任國君，而目夷這個好孩子堅決推辭。

其實宋襄公是有自知之明的，如果目夷當上國君，宋國後面的災難性事件是完全可以避免的。然而，歷史並沒有如果。目夷在宋襄公繼位後做了太宰，他這個太宰當得好辛苦，自始至終都在幫妄人宋襄公擦屁股。

宋襄公主動放棄王位的做法得到了各諸侯的高度讚賞，他們都很欣賞宋襄公的仁義。這也說明，作為父親的宋桓公在家教方面還是很成功的，兩個兒子都充滿了仁義。

誠然，個人的仁義確實是一種不可多得的美德，但如果把仁義過分用在稱霸上，那將是一場災難。

## 左手仁義，右手腹黑

宋襄公登上國君之位後，也繼承了父親追隨齊國的政策。在葵丘之盟上，他第一次登上政治舞臺，馬上就被齊桓公所折服，並且立誓成為第二個齊桓公。

宋襄公是一個講仁義道德的人，而在那個弱肉強食的年代，要想成為霸主，就必須放下仁義道德，採用冷血手段與厚黑的政治謀略；要想講仁義，就必須放棄稱霸的夢想。宋襄公兩手都不願放棄，這就造成他在圖謀霸業的過程中，成為一個精神分裂症患者。

思覺失調症的臨床表現有兩個癥狀：妄想與偏執。這兩個癥狀伴隨宋襄公終身，並且從未被治癒。妄想讓他成為一個妄人，總是幻想一些不切實際的東西；偏執讓他做事不按常理出牌。

從葵丘會盟後，他一心想成為第二個齊桓公，於是開始模仿偶像，搞經典政治活動——會盟。西元前六四一年，宋襄公開始了會盟這條不歸路。

模仿有風險，會盟需謹慎。齊桓公搞會盟是野心大、實力猛，而宋襄公這個妄人搞會盟卻是野心大、實力渣。當年齊桓公搞會盟，口號都是「尊王攘夷」，宋襄公卻沒有採用這個。他覺得自己是玄鳥後裔、商王子孫，何必要尊你周王？

從哪裡失敗，就得從哪裡爬起來。宋襄公總結了一下，認為商人之所以失天下，是因為歷代君王殘暴冷酷，動不動就大規模搞人祭，還殺俘。那麼，就用「仁義」作為自己的會盟口號，要以德服人，重塑商人形象。

宋襄公把會盟地點選在了睢水（今商丘睢水邊），然而，這場會盟並沒有體現仁義，反而成為春秋史上最血腥的會盟。

參加會盟的都是幾個小國，可就是這幾個小國，也不是很積極，因為宋國實力太弱。準時到達會盟地點的只有曹、邾兩國國君，滕、鄫兩國國君都遲到了。宋襄公原本想學齊桓公九合諸侯，結果第一次會盟就搞得丟人現眼，這以後還怎麼搞？

宋襄公心理落差太大。精神受到嚴重刺激的他把仁義丟在腦後，為了自己的霸權夢，為了復興大商，更為了自己的臉面，他要殺人立威。

滕、鄫兩國國君不守信，開會竟然遲到，這還算什麼貴族？那就宰了他倆祭祀神靈！

其實會盟這事兒，大家心裡都有數：這就像請客吃飯，只要來了，就是給你面子。滕、鄫兩國國君雖然遲到了，人家好歹還是來了。更何況那個交通不便的時代，遲到很難避免。只能說，人生中的第一次會盟就這麼不順，對宋襄公精神刺激很大。

明白人太宰目夷趕緊勸說：「你這是開什麼玩笑啊，哪有會盟上宰人的？齊桓公搞會盟，都是幫助小國，救亡圖存，你這一開會盟先弄死兩個國君，這以後誰敢跟你混？」但偏執的宋襄公聽不進目夷的勸告，當場宰了鄫國國君。

滕國國君看到鄫國國君倒在血泊之中，頓時明白了，這傢伙是來真的！為了保命，滕國國君靈機一動，對宋襄公說：「大哥，別殺我！有話好說，我給錢行嗎？」面對金錢誘惑，宋襄公立馬平復了情緒，答應只要錢給夠，就饒滕國國君一命。

在旁的曹國國君看蒙了，從來沒見過這麼一出。大家都參加過已故霸主齊桓公的會盟，無非是吃吃喝喝、定定盟約、搞搞武裝遊行。好傢伙，這宋襄公主持的會盟，還沒開始就弄死一位國君，再敲詐一位國君。這哪是什麼會盟，分明就是騙人來勒索！內心不服的曹國國君逮到時機，跑了！

睢水會盟的成果是：與會諸侯一死、一綁、一逃。這樣奇葩的會盟，真是遺臭萬年，無人能及。

遇到這種情況，聰明人就應該有自知之明，不要再謀求什麼霸主之位。而宋襄公居然還要報復逃走的曹國國君。他率兵圍攻曹國。就在此時，一個讓他徹底暴怒的消息傳來了：齊國首都臨淄召開了由齊、楚、陳、蔡、鄭等國參加的大型會盟，此次會盟確定了齊、楚兩大國作為天下領袖的地位。而這場會盟壓根就沒有通知宋襄公參加。

宋襄公內心無比委屈，他發現自己如同被孤立的孩子，全天下稍微有頭有臉的國家都不帶自己玩。宋襄公的內心十分敏感與脆弱，於是做出了一件自不量力的事：向中原各諸侯發出邀請，請他們在鹿上（今安徽省阜陽市南）會盟。消息傳到各國，都被當成笑話。魯國大臣臧文仲嘲笑說：「自己主動追隨別人很容易，讓別人主動跟你混很難。」

西元前六三九年春天，到了鹿上之盟那一天，中原諸侯果然一個都沒來。不過齊、楚兩大國國君竟然都親自前來了，但這並不是因為宋襄公的面子大、威望高，而是他在會盟前拚命給這兩國塞錢了。吃人家的嘴短，拿人家的手軟，這兩國國君不好意思不來。

鹿上之盟，有楚成王和齊孝公給宋襄公站臺，讓宋襄公嘗到了霸主的甜頭。齊孝公畢竟是宋襄公扶持上臺的，這三分薄面還是得給的。但是宋襄公的混世經驗太淺，始終沒有察覺到，以前從未謀過面的楚成王其實是一個非常危險的人。

楚成王這個人的最大特點就是愛玩陰的，齊桓公在世時都要讓他三分。楚成王能大老遠來，不光是因為宋襄公塞了錢，更為重要的是，他發現這場會盟有機可乘。

在會上，楚成王表現積極，主動讓宋襄公當盟主，並且明確表示願意把自己手下的小弟分一半給宋襄公。狡猾的楚成王對宋襄公說：「這次會盟我的小弟都沒帶來。你定個時間地點，下次會盟，我把小弟都帶來，你隨便挑！」

宋襄公聽完差點樂暈過去。如此巨大的政治誘惑，正常人都會覺得是圈套，但宋襄公固執地相信自己的魅力就是這麼大。大家以為上當受騙的人是真的傻嗎？不，他只是自欺欺人罷了。

楚成王坑已挖好，就等宋襄公往裡跳了。

鹿上之盟讓宋襄公以為自己真是霸主了。他開始幻想，自己將掌控天下，復興商朝大業，甚至成為一名天子！而頭腦冷靜的太宰目夷看出了楚成王的詭計，知道下次會盟搞不好會有去無回。目夷在會後直接對宋襄公諫言：「宋國是小國，小國爭當盟主，這是要出事的！」對於病入膏肓的妄人來說，逆耳忠言他根本聽不進去。就算知道是陷阱，他也會往裡跳，因為他已經完全失去理智。

鹿上之盟結束後，很快到了秋天。這是收穫的季節，宋襄公與楚成王約好在盂（今河南省商丘市睢縣）這個地方召開會盟，他要去收穫自己人生中的霸業。楚成王也沒有空手前來，他帶來了一群小弟，分別是陳、蔡、鄭、許、曹的國君。

當宋襄公準備乘坐官車前去會盟時，同行的太宰目夷死死拉著他的衣服說：「楚國是蠻夷，不講信用，就怕他們耍詐。國君最好帶上軍隊赴會，以防不測。」宋襄公不屑地說：「我作為盟主，講的是仁義，這麼不信任別人，這讓天下諸侯怎麼看我！」

宋襄公就這樣如同趕赴約會的戀人一樣，臉上洋溢著幸福，毫無防備地跳入楚成王的陷阱中。到達目的地後，宋襄公激動地看著等待他多時的楚成王及他的小弟們，心想：「我該挑哪個國家當小弟呢？」

宋襄公妄想到一半，才突然發現一個大問題：這麼大的會盟，曾經的霸主齊國竟然沒來。更讓他頭皮發麻的是，會場竟然被裡三層、外三層的楚國大軍團團包圍。這些大軍全副武裝，一副隨時準備作戰的狀態。齊孝公之所以不來，是他清楚地知道這是楚成王的陰謀，這渾水還是不蹚為妙。而宋襄公現在才知道，原來目夷的擔憂是對的。他想喊目夷救命，可目夷早已跑得無影無蹤了。

楚成王輕輕鬆鬆就把自投羅網的宋襄公給綁了。

## 泓水之戰

楚成王從一開始，就做好局，挖好坑，讓宋襄公一步一步往裡跳。抓到宋襄公這個人質後，楚成王要做件大買賣——兵不血刃地拿下宋國。

楚成王不同於齊桓公的地方在於，他只在乎實實在在的東西，那就是楚國的生存空間。自從齊桓公死後，齊國內鬥，中原諸多國家倒向楚國，其中天下的交通中心鄭國也成為楚國的小弟。有了鄭國，楚國北進中原的大門就已經打開。

但是由於宋國還沒有被收入囊中，楚國還是不能稱霸中原。春秋時，一個大國若想稱霸中原，必須拿下兩個戰略支點，一個是鄭國，另一個就是宋國。這兩個戰略支點如同天下霸主的兩條腿，少一條腿，這霸業就立不起來。

鄭國地理位置的重要性我們之前說過很多，這裡不再提，我們來看宋國。我們從地圖上看睢陽（今河南商丘），就可以發現宋國西接雒邑、鄭國，東通齊、魯，北靠黃河北岸的華北大平原，南鄰江淮平原。睢陽地勢平坦，四通八達，陸路、水路都從這裡過。可以說，宋國所處的地理位置是僅次於鄭國的黃金地段。

睢陽不僅在春秋時是大國的重點爭奪對象，在後世的歷代王朝眼中也是兵家必爭之地。西漢七國之亂，唐朝安史之亂，都是因為守住睢陽，才讓漢、唐兩個王朝扭轉戰局，轉危為安。睢陽安，天下定。

在北方晉國崛起之前，楚成王的心腹大患依然是東方的齊國。齊桓公雖死，但齊國霸權餘威尚在。搞定宋國，才能打開自己東進的大門，從而在戰略上取得對齊國的巨大優勢。

但如果楚成王強攻宋國，就會損失慘重。睢陽作為宋國首都，同時也是商人將近一千年的老巢，那城池造得相當堅固，城邊水網又發達，除非切斷水路，否則根本圍不死睢陽。整個春秋時期，睢陽多次被圍，但始終屹立不倒。而這次，楚成王可以興高采烈地帶著人質宋襄公去睢陽。

楚軍到了睢陽城下，大喊：「宋國不投降，就殺宋國國君。」話音剛落，太宰目夷出現在城頭喊道：「我們已經立了新國君，國君茲父給國家丟臉，他就是被送回來，我們也不要！」

楚成王原本以為帶上人質宋襄公到睢陽，就會貨到付款，結果宋國方面拒不簽收，直接無理由退貨。被潑了冷水的楚成王很無語：你們宋國不是最講仁義的嗎，老大都不要了，這還算什麼仁義啊？

本來他只想透過陰謀詭計，零成本地拿下宋國，沒想到宋人來這麼一手，自己不但目標沒達成，手上反而多了一個燙手山芋。宋襄公已經毫無利用價值不說，萬一他真有個三長兩短，自己就真成撕票的綁匪了。一個公爵級的國君死在楚君手上，絕對是春秋爆炸性新聞！

不想成為新聞主角的楚成王趕緊把這個燙手山芋扔了，隨後宋襄公就被釋放了。不過，故事並沒有就此結束。不久之後，宋襄公還會再給楚成王一個更大的驚喜。

厚著臉皮回去的宋襄公竟然得到太宰目夷及宋國上下的寬容，讓他得以復位。這樣看來，宋國人民才是真的仁義，宋襄公只是假仁義。不過復位可以，但是治療不能停。太宰目夷很不給宋襄公面子，直接大潑冷水說：「上天拋棄商人很久了，您想復興，這是違反天意，搞不好要遭天譴的！」

可是目夷哪裡知道，妄人的病是治不好的。妄人始終認為自己的失敗只是暫時的，找準機會肯定會成功。妄人宋襄公接下來又做了一件事，直接把整個宋國推入火坑——他主動攻打了楚國的小弟鄭國。

宋襄公心想，打不過楚國，那就找鄰國鄭國出出氣吧！而楚成王聽說宋襄公親率主力攻打鄭國，宋國國內空虛，高興得手舞足蹈，慶幸自己把這個大寶貝釋放了。宋國打鄭國，兩國國力半斤八兩，鄭國能扛得住，而宋國現在國內空虛，楚國正好趁此千載難逢的機會攻占宋國！

就在宋襄公痛擊鄭國的同時，楚成王也親率大軍出方城，經蔡、陳兩個附屬國，直撲宋國。宋襄公聽到這個消息後面色慘白，這還沒打死鄭國，自己老家就要被抄了。於是宋軍只好放棄攻打鄭國，搶在楚軍之前，向老家一路狂奔。

回到宋國境內後，宋襄公本應避免與強大的楚軍野外正面決戰，而是依靠睢陽堅固的防禦工事打消耗戰，慢慢耗死楚軍。然而，不走尋常路的宋襄公反其道而行之，主動把軍隊擺在了宋、陳兩國交界的泓水北岸，坐等楚軍來犯。宋襄公妄想通過一場堂堂正正的決戰，徹底打服楚國，掃平自己霸業的最大障礙。

西元前六三八年，周曆十一月初一早晨，探子來報：楚軍即將抵達泓水南岸。泓水之戰一觸即發！

宋國軍隊得到情報後，早早地在泓水南岸列好一字長蛇陣，等待遠道而來的楚軍。宋襄公站立在指揮作戰用的戎車上，車正中安置一面金鼓，車後插著一面大旗，旗上綉著碩大的「仁義」二字，冷風吹得大旗呼呼作響。他的身邊是大司馬公孫固與太宰目夷的戰車。

宋軍面朝南方，只見一輪朝陽從地平線上升起。大地還沒有被完全照亮，一切都顯得那麼陰冷、淒涼，只有陣陣刺骨的寒風吹襲著宋軍將士的臉。

泓水南岸還籠罩在黑暗之中，什麼都看不清。遠處漸漸地傳來低鳴聲，很快就變成了驚天動地的響聲。這喧天響聲如同巨浪一樣不停翻滾、沸騰，朝宋軍洶湧撲來。宋軍雖未見楚軍身影，但其駭人的聲浪已讓人心驚膽顫。

不一會兒，太陽升到半空中，溫暖的陽光灑滿大地。此時，宋軍上下終於看清了泓水南岸的景象，然後他們就徹底驚呆了：河對岸的每一寸土地上都站滿了楚軍，他們正像烏雲般緩緩地朝自己移動。

泓水南岸的楚成王看到宋軍已在北岸列好陣，心裡大叫不好。他原以為宋軍會龜縮睢陽，等待楚軍攻打，結果宋軍竟然主動出擊。雖然楚軍人多勢眾，戰鬥力也強，但是面前有條冰冷刺骨的河水，就怕大軍渡河渡到一半，隊形不齊，將士們被河水凍得跟冰棍似的，宋襄公突然來個半渡而擊，那這場戰鬥就勝負難料了。故而，楚成王小心翼翼地指揮大軍渡河，以防偷襲。

不過這次他高估了宋襄公。對於這場戰役，宋襄公的偏執毀了所有勝算。

大司馬公孫固看見楚軍正在渡河，趕緊對宋襄公說：「主公，敵軍人多，我們人少，趁他們正在渡河，隊伍混亂，我們趕緊攻擊他們！」

宋襄公沒有正眼瞧公孫固，從鼻子裡哼出了兩個字：「不行！」

就這樣，楚軍順利地渡完河，宋襄公錯失一次良機。但是他還有另一次機會：楚軍到達河北岸後，陣形混亂，還需要時間整理陣形。

戰機稍縱即逝，大司馬公孫固再次勸宋襄公：「楚軍剛渡河，陣形還沒擺好，趁此時機，趕緊攻擊他們！」

宋襄公聽完，回過頭看著大司馬公孫固，一臉不屑地說：「我們是仁義之師。古代軍隊打仗，從不在險隘阻擊敵人，不能進攻沒有擺好陣形的敵人，對於受傷的敵人不能再次傷害，對於頭髮花白的敵人不能俘虜！」

大司馬公孫固聽完後一臉無奈，他心想：「我跟你講戰術，你跟我說仁義，我們不在一個頻道上！過去打仗是講規矩的，但是現在禮崩樂壞，再抱著老規矩，不死才怪！」於是他想喊太宰目夷一起勸勸宋襄公。

但當公孫固看到旁邊的目夷時愣住了，因為太宰目夷也在看著他。目夷面無表情地對他說：「你剛才對國君說的話，我都聽見了。再怎麼勸國君都沒有用了，他是什麼樣的人，我比你清楚，我們還是先把善後的事安排好吧。我軍大敗的時候，你負責保護國君突圍，我負責殿後拖延楚軍！」

大司馬公孫固聽完後仰天長嘆。明明有翻盤的機會，可攤上這位國君，真是快嘔死了。於是，他召集自己的下屬，囑咐他們無論如何都要保護好國君。

一直小心翼翼的楚成王終於完成了布陣。他始終不明白，從渡河到布陣，宋軍為什麼始終不攻擊。不過現在，楚成王已經沒有必要去想明白了。楚國大軍排成一眼望不到頭的軍陣，楚成王開始擊鼓，楚軍馬上就要發動進攻了。

宋襄公看到楚軍已經擊鼓進軍，自己也敲起鼓來。與此同時，他在心裡向上蒼禱告，希望歷代商王保佑自己，最好是成湯、武丁這些明君能靈魂附體。可惜的是，這次附體的是亡國的紂王，宋襄公將要敗得一塌糊塗。

人少的宋軍直衝楚國中軍，結果楚軍寬大的兩翼從兩側把宋軍包圍了起來。被包了餃子的宋襄公在包圍圈裡苦苦掙扎，更悲催的是他的大腿中了一箭，鮮血汩汩而出。好在戰前大司馬公孫固與太宰目夷已經做好了善後準備，公孫固帶著少數親兵護著宋襄公拚死突出重圍，太宰目夷帶著一隊人馬殿後，阻擊前來追擊的楚軍。

泓水離睢陽僅有五十餘里，宋襄公在眾人的保護下很快逃回了睢陽。楚成王並沒有以弄死宋襄公為主要目的，他的目的只是全殲宋軍主力，而宋軍主力已被自己包了餃子。不過這個餃子不是一口能吃下的，包圍圈裡的宋軍頑強抵抗了整整一天，到了傍晚，楚軍才全殲宋軍。

宋軍雖然勢單力薄，但不畏強楚，用自己的生命詮釋了商人的光榮，而逃跑的宋襄公只是一個被唾棄的懦夫。包圍圈裡的宋軍將士們沒有白死，他們拖延了楚軍整整一天，挽救了宋國。

全殲宋軍主力後，楚軍開始進軍睢陽。在太陽落山的時候，筋疲力盡的楚軍來到了濉水邊上。這裡雖然離睢陽很近，但是楚軍實在走不動了。早上就渡過泓水，現在將士們已經凍得跟冰棍一樣，全軍上下只想坐下來烤烤火，吃點東西，好好休息一下。同樣累了一天的楚成王只能下令在濉水邊上宿營休息，明天再渡河拿下空虛的睢陽。

就在楚軍休整的這一晚，上天眷顧了宋國。

第二天早上，楚軍正在渡濉水時，河水突然暴漲，大水一下衝了過來，很多士兵都被湍急的水流沖跑了，水性好的也是丟棄了兵器才倖免於難。

河面上漂著無數楚軍士兵的屍體，掙扎的戰馬也被沉重的戰車拖拽到河底。楚成王站在河邊，看著眼前死傷無數的慘景，內心無比哀嘆惋惜，此次興兵滅宋，結果功虧一簣！

上天雖然拯救了宋國，但是泓水一戰終成天下笑柄，宋襄公成了歷史上著名的笑料，時不時被拉出來當作反面教材。

但是歷史總是愛戲弄人。宋襄公生前沒有當上霸主，在死後數百年竟然當上了霸主。而將他列入春秋五霸的人，正是西漢著名史學家——司馬遷。

五霸裡的其他霸主，分別是齊桓公、晉文公、秦穆公、楚莊王，這四位都是重量級人物。宋襄公之所以能和這四位霸主並列，就是因為宋襄公標榜的「仁義」。崇尚儒學的司馬遷有自己的私心。在他看來，從周王室東遷後，禮崩樂壞，道德淪喪，一直到西漢，政治生態都充滿了爾虞我詐、明爭暗鬥。宋襄公在血腥的歷史長河中，真是一朵可愛的「白蓮花」，所以司馬遷必須要把宋襄公塑造為感動春秋歷史的道德楷模。

泓水之戰後，宋襄公終於老實起來。加上他大腿上受了箭傷，行走不方便，只能躲在宮裡。第二年他就因箭傷發作死了。

# 拾

# 崛起的晉國

# 沒有公族的國家

周平王東遷以後，周室漸漸衰微，楚國趁勢完成了大國崛起，成為南天一柱。霸主齊桓公去世後，楚成王打敗了出頭鳥宋襄公，中原眾小國全部拜強大的楚國為大哥。

眼看楚成王就要在中原大地策馬奔騰、享受人間繁華的時候，北邊突然冒出一個比西周更狠的角色，直接把楚國打趴在地。這就是威震春秋歷史的晉國。

晉國國君姓姬，是周王室的嫡系諸侯。晉國作為春秋第一超級大國，繼承了西周的光榮傳統，代表老姬家，專治各種不服。縱觀整個春秋歷史，晉國與楚國交鋒都是勝多敗少，死死摁住了楚國北進的勢頭，打得楚國一點脾氣都沒有。要是沒有強大的晉國，搞不好楚人在春秋時就統一中原了。這一點並不誇張，後來爭霸天下的項羽與劉邦就都是楚國人。

作為諸侯國的晉國，一直堅定不移地奉行分封制，直至分封制將其搞到分家解體。而晉國分出來的趙、魏、韓三國也是戰國七雄裡的三強。

晉國之所以如此強大，是因為它發家致富的地點在晉南（今山西南部），那可是生態宜居、出入方便、坐擁財富的好地方！

而晉國開國先君能拿下這塊風水寶地，完全是靠關係。

晉國的開國國君叫叔虞，是周成王的胞弟，周天子嫡系中的嫡系。周成王和叔虞兩個人打小感情就很深厚，後來把叔虞封在唐地。唐地往南走不遠，就是現在的運城，那裡有一個巨大的鹽池。之前我們說過，古時候食鹽就相當於現在的石油，是極其重要的戰略資源。占有鹽池，晉國就像現在的石油出口國一樣富得流油，想不發達都難。

經過叔虞踏踏實實的治理，在唐地的晉國很快發展起來了。叔虞死後，他的兒子燮（ㄒㄧㄝˋ）父繼任國君之位。燮父為了標榜自己是出自天子之家、名門之後，把父親當年向周天子進獻祥瑞並得到周成王嘉獎的事拿出來大書特書，生怕別人不知道自己和周天子的關係，甚至乾脆把國名由唐改為晉。當時，「晉」這個字就代表進獻的意思。

晉國的巍巍大業正式拉開帷幕。

西周時期，晉國安安穩穩地過了兩百八十多年。作為大家長的周天子還在，諸侯們都不敢搞出什麼大亂子。但是突然有一天，犬戎攻破鎬京，周幽王身死國滅，平王東遷雒邑，周天子權威一落千丈。管事的沒有了，各諸侯都騷動了起來。

此時的晉國國君是晉文侯，這個人還算仗義，幫助了周平王東遷。幫助歸幫助，好處還是要拿的。晉文侯趁機擴大領土，獲得了夢寐以求的黃河西岸與汾水流域的土地，並與新興諸侯秦國瓜分了宗周西部的土地。他還打著幫周平王平叛的旗號，在虢國殺掉了周攜王。

在周王室的這次動亂中，晉國一夜暴富。如果晉國好好經營的話，晉國國君搶在齊桓公之前當上春秋第一任霸主，是完全沒有問題的。但是暴發戶都有一個通病，就是吃得太快，容易消化不良。整個春秋時期，晉國國君的非正常死亡率始終居各國首位，有近一半國君都是非正常死亡。這是晉文侯始料未及的。

晉國很快迎來了歷史上時間最長、規模空前的內戰。而引發內戰的根源，還是春秋老掉牙的篡位問題。

一代名君晉文侯有一個弟弟叫成師，成師外表看似人畜無害，但他手腕高超，野心很大。晉文侯一直提防著他，生怕他造反。所以晉文侯活著的時候，弟弟成師分封的事一直拖著不辦。成師沒有封地，沒有兵，只能一直隱忍，內心卻充滿了對哥哥晉文侯的仇恨。

但人終有一死，西元前七四六年，晉文侯去世，晉昭侯繼位，已經五十八歲的老人成師終於熬出頭了。作為周王室的嫡系，晉國一直把分封制作為自己的優良傳統。晉文侯都死了，作為弟弟的成師一直沒有分封出去，這太說不過去了。晉昭侯礙於面子，不得不把叔叔成師分封出去，分封地點就是曲沃。由此，晉昭侯給自己和晉國挖了一個巨坑。

曲沃這個地方位於汾水與澮水交匯的地方，土地肥沃，交通便利，是一塊大肥肉。忍了那麼多年的成師，終於在晚年得償所願。到了曲沃後，老年成師沒有打拳，沒有遛鳥，更沒有去做養生保健，而是幹了票大的——造反！

成師忍了那麼多年，不是為了安享晚年。他是一個生猛角色，要報復哥哥對自己的冷遇，要奪得國君之位。於是他把全部精力投入造反事業，拚命擴大城牆規模，不停地收買人心，招兵買馬。經過數年的苦心經營，曲沃在實力上超過晉國首都翼城。

正因為有了與國君一較高下的實力，成師在歷史上還有一個更響亮的名號，叫曲沃桓叔。

西元前七三九年，晉國王室內亂，晉昭侯被殺。曲沃桓叔苦等的機會終於來了，他二話不說，率兵前去搶奪王位，卻被晉國傳統的保守勢力擊敗。他們認為曲沃桓叔是庶子，也就是小宗，按照宗法制，沒有資格繼承國君大宗的位子。

但曲沃桓叔沒有就此放棄，他將自己的造反志向傳給自己的兒子莊伯與孫子武公。這一家祖孫三代把篡位視作畢生追求。

曲沃與晉國首都翼城靠得很近，相距只有三十餘公里，也就一天的路程，所以曲沃造反派一有空就去攻打翼城。反正離得近，就當去郊遊了。

曲沃祖孫三代的造反事業持續了六十七年。原本只是晉國內戰，後來越打越大，由內戰打成了諸侯國之間的戰爭，波及面極廣，前後參戰的有八個國家，天子周桓王也被牽扯其中。戰局呈反覆拉鋸狀態，持續打了五場大戰役。

在這麼長的歲月裡，曲沃祖孫的戰績還是喜人的，他們連殺五位國君，還趕走一位。

西元前六七八年，曲沃武公耗死了被內戰反覆折磨、已經奄奄一息的晉國公室，原來的傳統保守勢力也在內戰中消耗殆盡。曲沃武公終於攻占了首都翼城，成為晉國的主宰，內戰正式宣告結束。由於晉國首都翼城被打成了廢墟，於是武公遷都絳邑（曲沃與翼城之間），將其作為新首都。

曲沃武公在成為晉國新國君後，趕緊派人帶著成堆的金銀珠寶去見天子周釐王，請求承認其合法性。當時周天子權威一落千丈，跟叫花子一樣，只要給足錢，除了天子王位不能給，其餘什麼封號都好說。面對如此多的金錢誘惑，周天子還是很給面子的，封武公為伯爵，曲沃武公搖身一變成為晉武公。

晉武公統一晉國後沒兩年就死了，西元前六七七年，他的兒子詭諸繼位，就是著名的晉獻公。由於父親晉武公在位時間超長，晉獻公繼位時已經是個中年人了。晉獻公年少的時候，親眼看見父親如何將同一家族的大宗屠戮殆盡，這些家族血案讓他從小就明白一條殘酷的道理：君王家的親人不是用來關愛的，而是用來相互爭鬥的。

到了西元前六六九年，晉獻公在絳都附近修了一座聚邑城，把剩下的公族全部趕到那裡圈養起來。聚邑城哪是什麼城，壓根就是公族集中營，城裡的公族失去自由，等待被集中屠宰。

很快，這一年的冬天來臨了。一天晚上，雪下得很大，當聚邑城內的公族熟睡時，晉獻公的謀士士蔿率領人馬把城團團包圍。只聽一聲令下，大軍殺向城內熟睡的公族，很多公族在睡夢之中被殺死。驚醒之後想逃跑的公族也都還沒跑出城就被殺死在大街上。

第二天早上，大雪停了，太陽照常升起。當陽光射進聚邑城內，只見大地上積滿了厚厚的白雪，白茫茫一片。公族的屍體被大雪無情地掩埋了。

從這天開始，晉國進入了一個新時代，成為一個沒有公族的國家。過去君王說自己是孤家寡人，那是君王對自己謙虛的稱呼，但是晉獻公真成了名副其實的孤家寡人了，全國上下的王室成員只剩下晉獻公和他的子孫。剷除公族後，晉獻公將權力高度集中到自己手裡，晉國國內再也沒有敢反對他的勢力了。

春秋時，各諸侯國都存在著公族與卿族相互死磕的情況。既得利益者公族始終都想賴在位置上，卿族作為工作能力強的官僚團體，則拚命地想趕走混吃等死的公族。晉國公族勢力徹底消失後，卿族勢力終於抬頭，晉國成為一個只有卿族的國家。晉獻公為鞏固自己的統治而清除公族，無意間竟為卿族作嫁衣，為卿族的崛起掃清了障礙。

晉獻公重用異姓卿族，只要你能力強，想當大官，就歡迎你來晉國。故而，晉國成為春秋時最大的「人才市場」。「國無公族，重用卿族」也成了晉國歷代國君必須執行的基本國策。

晉國後來能一直把實力彪悍的楚國壓著打，就是倚仗晉國有強大的人才儲備，能不斷地給國家機器輸送新鮮血液。而楚國的統治核心始終被公族集團死死把持，血液流通不暢，身體素質自然要比晉國差。

晉獻公自認為開創了一個偉大的新時代，用「國無公族，重用卿族」這一史無前例的政策穩固了晉國國君的王位，卻沒有想到「物極必反」這一層。兩百年後，「國無公族，重用卿族」這一劃時代的政策暴露出了它的致命弊端。三家強大的卿族把晉國肢解、瓜分掉了。

## 脣亡齒寒

搞定國內後，晉獻公把目光投向了他垂涎很久的虢國。

說到這個虢國，那可是地位顯赫的公爵級國家，其君主世代擔任周天子身邊的卿士。虢國地域東達澠池，西到靈寶，橫跨黃河南北兩岸，國都位於現在的三門峽市。相傳大禹曾在這裡治水，鑿砥柱，黃河在這裡分成人、鬼、神三道峽谷，「中流砥柱」講的就是這裡。

虢國國土面積雖然不大，但是戰略位置極其重要，且軍事實力雄厚。虢國經常借周天子之名和自己的卿士身分，看誰不順眼就打誰。當年，晉文侯為了擴張，打著周平王的旗號，打入虢國殺死了周攜王，從此與虢國結下了世仇。

憑藉強大的軍事實力，虢國原本根本不懼怕晉國。但是再好的家業，也怕遇到敗家子，虢國的敗家子就是虢公醜。虢公醜這傢伙暴虐成性，老百姓都討厭他。

雖然虢公醜不是好人，但是他的領土上卻出現了一件祥瑞之事——神仙下凡。

西元前六六二年的秋天，一個「神仙」下凡來到了虢國的莘地。神仙都是神話裡才有的，然而這位「神仙」竟然來到人間，深入百姓中，讓老百姓看到了一個活生生的神仙。

可是這世上哪有什麼神仙，所謂神仙，分明就是一個裝神弄鬼的大騙子。這種騙子哪朝哪代都有，不足為奇。但是這件「神仙下凡」的事卻讓虢公醜激動不已，這事還正經八百地被載入了史書《左傳》裡！

這一切都說明，虢公醜是故意把這事搞大。既然有神仙來，管他是真是假，先把這事打造成一張政治名片，成為宣揚自己文治武功的活廣告。咱們虢國好地方，神仙都要來居住！

「神仙」在莘地被供養得很好。很快，虢公醜覺得不能讓「神仙」白吃白喝，要讓他給自己辦事。於是虢公醜和現在的很多人一樣，去找「神仙」燒香許願。

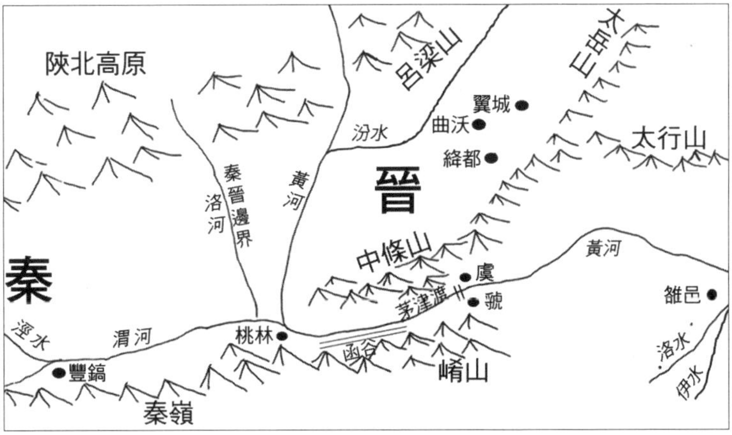


**圖4　春秋前期晉國形勢圖**

他派出大臣，帶上豐厚的禮物，去莘地找「神仙」許願。這「神仙」拿了好處也不敢含糊，立即表示：「我代表上蒼告訴你，我將賜予你很多土地，你就放一百二十個心吧！」

前來給神仙送禮的大臣史嚚（ㄧㄣˊ）對如此爽快的「神仙」產生了懷疑。他心想：「土地是各個國家的命根子，這位大仙不動一刀一槍，就要給咱們大片土地，這怎麼可能？作為神仙，你好歹變個身、施展個法力，給咱看看呀！國君不聽從百姓的心聲，而來乞求什麼巫醫神漢，這個國家看來離滅亡也不遠了。」

虢國的「神仙下凡」事件，引起了另一個人的注意，這就是天子周惠王。這只能怪虢公醜把這事宣傳得過火了，讓已經和叫花子差不多的周惠王聽聞此事後激動不已。周惠王在位時，不是大夫叛亂，就是蠻夷來襲，沒一天好日子，他也想看看這位神仙是真是假。如果這位神仙和幾百年前輔佐周武王建國的神仙姜子牙一樣法力無邊，那麼把他請來輔佐自己，周王室中興也不是難事啊！

於是周天子派出內史大臣，帶上禮品，作為賄賂「神仙」的第二支隊伍，準備向莘地出發。身為正常人的內史大臣覺得這事有蹊蹺，他怕周惠王被騙得太慘，故意在走之前對周惠王說：「神仙在天上待久了，寂寞了，就會下凡來玩。不管國家興盛還是衰敗，他都會出現。所以咱得擺正心態，帶上正常祭祀神靈的禮品就可以了，不用帶太多。」周惠王也就同意了。

到達莘地後，見多識廣的內史大臣看到所謂的「神仙」後，立即知道這是糊弄人的。內史大臣回到周惠王那裡，告訴周惠王：「虢公醜不幹正經事，聽命於所謂的『神仙』，虢國要完。」

「神仙」送走了兩批規格極高的「行賄團」後，只在莘地停留了六個月就消失得無影無蹤，估計是錢也騙夠了，再騙下去就兜不住了。而史嚚與內史大臣預言的事馬上就要發生了。

西元前六五八年，晉獻公準備進攻虢國。但是問題來了，虢國和晉國雖然挨得近，卻不接壤，它們中間隔著一個小國叫虞國，在今山西平陸縣。

晉獻公聽取大臣荀息的建議，對虞國威逼利誘，不但要求虞國借道給晉國，還邀請虞國一起打虢國。虞侯心裡也清楚，弱國無外交，晉國是個大流氓，對它卑躬屈膝自己也許還有一線生機，如果不順從它的意思，搞不好它順道把自己也給滅了。於是，虞侯卑躬屈膝地跟在晉國後面一起打虢國。後來的事實證明，虞侯真是太天真了，流氓從來是不講道義的。

這一年的夏天，晉、虞兩國聯軍很順利地攻下虢國在黃河北岸的半壁河山。虢公醜對土地丟了很不甘心，心想既然不能從晉國手中搶回來，那就從蠻夷的手中搶地盤。失敗的虢公醜沒有臥薪嘗膽、休養生息，而是很快就率兵去搶周邊戎人的地盤。

而晉獻公並未就此止步。三年後，晉國大軍捲土重來，誓要徹底滅掉虢國。

晉國這次攻打虢國，依然要向虞國借道。虞國大夫宮之奇直接找虞侯諫言，說：「我們虞國和虢國就像牙床與嘴脣一樣，嘴脣都沒了，牙床肯定很冷呀！」這就是成語「脣亡齒寒」的由來。

虞侯天真地說：「晉國與我國是同宗，都姓姬，他們不會害我的！」

聽完虞侯的話，宮之奇差點一口老血吐到他臉上。虞侯真是天真啊，什麼都不知道！

宮之奇憤怒地說：「虢國和晉國也是同宗，也都姓姬，歷代虢侯還都是周天子身邊的大卿士。晉國也沒因為虢國是地位顯赫的同宗，就在打虢國的時候下手輕點啊！況且，晉獻公祖上曲沃一族，也是靠殺掉大宗才上位的。這樣不講血緣、宗親的國家，滅掉虢國後，再滅咱們虞國是遲早的事！」

心裡不悅的虞侯說了一句讓宮之奇徹底死心的話：「我平時很尊重神靈，祭祀的時候用的祭品都是豐盛、乾淨的，神靈享用完一定很開心，所以一定會保佑我的。」

宮之奇呆住了，我跟你談國家生死存亡的大事，你跟我談神靈庇佑。話不投機半句多，還是帶著全家老小跑路要緊，不想多廢話的宮之奇回去之後就跑了。

西元前六五五年，周曆八月的甲午日，晉國大軍借道虞國，渡過黃河茅津渡口，攻打黃河南岸的虢國首都上陽。虢國畢竟是公爵級的國家，攢了幾百年的底子還是有的，晉國大軍短時間攻占不下，一直圍困到冬天十二月初一，終於才拿下了上陽。從此虢國正式滅亡，虢公醜逃亡到雒邑。

晉國大軍班師回國的時候，順手滅了虞國。

「假虞滅虢」這個戰略很成功，至此晉國徹底控制了茅津渡口與崤函古道，打通了晉國通往中原的大門，同時徹底封死了秦國東進的出口，將秦人封印在關中數百年。

這場戰爭除了誕生了「脣亡齒寒」的成語，還留下一個傳奇故事。有一個虞國大夫叫百里奚，虞國滅亡後，他被晉軍俘獲，當作奴隸押送回國。這個人後來的人生經歷很傳奇，他以超凡的能力把秦穆公推上霸主之位，並將晉國國君之位重置三回。

故事講到這裡，可以看出晉獻公的從政事業很成功，這點毋庸置疑。但他的家庭生活卻很糟糕。

## 驪姬之亂

晉獻公有一個叫驪姬的老婆，這老婆名氣極大，位列中國歷史上四大妖姬之一。另外三大妖姬分別是夏朝桀的妺喜、商朝紂王的妲己、西周幽王的褒姒，這三位都是與昏君搭檔、導致王朝滅亡的紅顏禍水。晉獻公不是昏君，而驪姬卻能和這三位妖姬並列，可見她的破壞力也是很強的。

晉獻公很寵愛驪姬，想立驪姬的兒子當國君，可是他早已有了太子申生。

十九年前，晉武公剛剛被周天子正式確定為合法的晉國國君，年邁的他為了擴大政治力量，迎娶了霸主齊桓公的一個女兒齊姜（這個齊姜不是晉文公的夫人齊姜）。齊國公主在春秋時那都是人見人愛、花見花開的大美女，可惜晉武公歲數大了，身體能力不行了，滿足不了齊姜的慾望。於是齊姜就做了齊國公主經常做的壞事——通姦。

給晉武公戴綠帽子的正是他的兒子晉獻公，當時還是太子詭諸。後來齊姜懷孕，正巧晉武公還沒發現就死了。如果姦情敗露，晉獻公能不能活著繼位都是個問題。

晉獻公繼位後，齊姜生下了申生。當時齊桓公在中原地區如日中天，為了討好齊桓公，晉獻公便立齊姜為夫人，立申生為太子。這醜事畢竟不光彩，所以晉獻公經常被全國百姓當作茶餘飯後的消遣對象。可為了政治利益，他也只能厚著臉皮去做。

晉獻公在與齊姜私通之前，已經有了兩個小老婆。這兩個小老婆是從狄人那裡娶的一對姐妹。她們的父親狐突和兄弟狐偃、狐毛也隨著她倆來到晉國並擔任官職，後來狐家還成為晉國的名門望族。

這對姐妹，姐姐生了重耳，妹妹生了夷吾，但因為她們是蠻夷，沒有齊姜背景強大，所以始終無法扶正，這二位公子也只能算是庶子，君位自然與他倆無緣。太子申生出生沒幾年，母親齊姜就去世了。沒有娘的申生和兄弟重耳、夷吾關係處得不錯。

這三個人都很賢能，在國內名聲不錯。庶子沒想奪嫡子之位，嫡子也沒有防範庶子，這樣純真的兄弟情在當時兄弟相殘的晉國，簡直就是泥石流裡的一股清流。但是沒媽的孩子是根草，申生即將遇到所有沒媽孩子的天敵——後媽！這位後媽就是驪姬，為人心狠手辣，她想要化身百草枯，滅了申生這根草。

西元前六七二年，晉獻公進攻蠻夷驪戎。在打仗之前，他例行公事地占卜了一次。

那時，上到國君，下到百姓，有事沒事都要占卜一下，看是凶是吉。那時候的占卜可不是街頭騙術，而是一門深厚的學問，涉及八卦相術、陰陽五行等知識，很多諸侯國都設置專門占卜的官員，有的還是學識淵博的史官兼任。

這次替晉獻公占卜的人叫史蘇，他是春秋第一神算子。這一次占卜攻打驪戎的結果，是史蘇第一次為晉獻公占卜。神算子史蘇拿出一個烏龜的腹甲，這個腹甲事先磨平了，上面有個鑽鑿出的孔。史蘇恭敬地向腹甲詢問這次攻打驪戎會有什麼結果，接著用火在腹甲孔中燒出裂痕，火焰灼烤龜殼發出「劈里啪啦」的聲音。慢慢地，腹甲上出現了裂紋。史蘇將龜殼從火中取出，盯著這裂紋看是什麼兆象。

史蘇思考了半天，嚴肅地對晉獻公說：「這是凶兆，勝而不吉！」

晉獻公聽完很不高興。作為君主，總喜歡萬事都在自己掌握中。他管不了那麼多了，反正軍隊都準備好了，箭在弦上，不得不發。

晉獻公攻打驪戎這一仗大獲全勝，殺死了驪戎國君驪子。開疆擴土是正事，但是晉獻公的個人私事也要兼顧。已死國君驪子的一對女兒很漂亮，喜歡異域風情的晉獻公就把這姐妹倆帶回去了，然而禍根也由此種下。

晉獻公特別喜歡這對姐妹裡的姐姐驪姬，在驪姬還沒能生下孩子的時候，晉獻公就立她做夫人。後來驪姬為晉獻公生了一個兒子叫奚齊，她的妹妹也給晉獻公生了一個兒子叫卓子。

其實驪姬內心深處充滿了對晉獻公的仇恨。她是一個苦命的女人，國家被滅，父親被殺，這一切都是晉獻公幹的。不要小看女人，一旦女人背負起國仇家恨，所爆發出的能量是駭人的。驪姬想要復仇，要讓自己的孩子登上晉國國君的位子，讓晉獻公家破人亡。

驪姬首先賄賂了晉獻公身邊的寵臣梁五與東關嬖五，他們二人都屬於見錢眼開的人。驪姬與「二五」輪番向晉獻公進言，讓三位公子不要在絳都待著，去別的城市居住。

晉獻公也不傻，他知道驪姬是想把三個公子趕出權力的核心。為了討老婆歡心，他就順水推舟，讓太子申生去曲沃，重耳去蒲邑，夷吾去二屈。三位公子分別去了三個城市，等於變相被分封出去。通常只有小宗才會被分封出去，這次分封讓他們三個喪失了大宗的繼承權。

到了西元前六五六年，驪姬要收網了。有一天，驪姬對申生說：「國君夢到你母親齊姜，讓你去祭祀她。」申生就回去祭奠了母親。祭祀結束後，申生把祭酒與祭肉獻給晉獻公品嘗。碰巧晉獻公外出打獵，祭酒祭肉就放在宮內，於是驪姬有了可乘之機。

驪姬在酒肉裡下毒，等晉獻公打獵回來之後，再提醒他小心酒肉有毒。估計驪姬在酒肉裡下的是強酸強鹼之類的東西，晉獻公把酒灑到地上，地上就發生了化學反應；把肉給動物和近臣吃，均立刻斃命。

早已心生殺機的晉獻公不管這到底是不是太子申生做的，對他來說只要有除掉申生的藉口就可以了。他立馬派人捉拿申生，申生趕緊逃亡到曲沃。

隨後晉獻公派大軍圍城，但是大軍只是在城外圍著，並沒有攻城。晉獻公並不想直接動手，所以他讓軍隊就在城外等，等城內的申生自我了結。

到了人生最後關頭，申生依然滿腦子忠孝節義。有人勸申生去向父親解釋自己是被驪姬陷害的，但是申生說的話卻讓人無語：「我如果去向父親說我是被驪姬陷害的，那麼驪姬就會獲罪。父親失去驪姬，會不高興的。他不高興，我也會難過的。」愚孝透頂的申生哪裡知道，晉獻公和驪姬早就想置他於死地，只是缺一個殺他的藉口而已。

申生身邊的人不想再和這個呆子辯了，他們說：「太子殿下，你趕緊逃跑吧，保命要緊，我們來掩護你！」沒想到申生卻說：「如今國君沒有查清我的罪，我背著弒父的罪名跑了，誰會接受我！」遇到這位愚忠愚孝的太子，他身邊的人死的心都有了。

周曆十二月二十七日，自知難逃一死的申生自殺了。

太子都被晉獻公弄死了，庶子重耳與夷吾也趕緊逃跑了。晉獻公殺紅了眼，為了確保驪姬的兒子奚齊在繼位後沒有競爭對手，他派兵追殺重耳與夷吾。好在這兩個人跑得快，沒被殺死。

西元前六五一年，晉獻公快不行了。臨死前，他將奚齊託付給心腹大臣荀息。荀息是個忠厚老實的人，晉獻公希望他能忠貞地輔佐奚齊。

卿族早對禍亂朝政的驪姬看不順眼了，九月晉獻公一死，十月以里克為首的卿大夫們就把奚齊殺死在服喪的房間內。託孤大臣荀息沒辦法，只能立驪姬妹妹的兒子卓子為君。十一月，里克與卿大夫們又直接把卓子殺死在朝堂上，還用鞭子把驪姬活活抽死。荀息見自己沒有完成晉獻公的臨終託付，也自殺了。

現在晉國王室還活著的只剩逃亡在外的重耳與夷吾。整個晉國公族已經成為瀕危族群了，再不拯救就要跟恐龍一樣滅絕了，於是卿大夫們開啟了拯救國君的計畫。

與此同時，聽說晉國內亂，秦穆公覺得現在正是秦國東進、重回東方的大好時機，於是他也果斷參與「拯救計畫」。

# 拾壹　西方強秦

## 秦人永不為奴

秦人的早期歷史是一部苦難史，裡面充滿了痛苦、血淚、委屈、掙扎與奮鬥。他們不斷地自我犧牲，最終造就了日後的強勢逆襲。

秦人是一個非常古老的民族，原本姓嬴，居住在東海之濱，即今山東省海邊。

關於秦人的祖先起源，有這樣一個神話：從前有一個織布女，叫女脩。有一天她在織布，突然看見一隻玄鳥出現在眼前，還下了一顆蛋。女脩一看這是神蛋，二話不說直接吞了。按照神話的發展套路，女脩很快懷孕，生下了秦人祖先大業。大業的兒子伯益曾經幫助大禹治水，並為舜帝馴服鳥獸，所以被舜帝賜姓「嬴」。

講到這裡，大家會發現一個問題，商人也是玄鳥的後裔，也是一個姑娘吞個鳥蛋生下了祖先，秦人與商人的起源神話怎麼一模一樣？這是因為秦人與商人是穿一條褲子的鐵哥們，兩個民族都是兄終弟及，所以起源的神話也相似。

秦人還有一項獨門絕技，就是會養馬、駕車。秦人為商朝開國國君成湯駕過車，並在商朝開國之戰鳴條之戰中幫助商人滅夏。商朝建立後，一起打江山的秦人成了顯貴，位列諸侯。

商朝對秦人還是很器重的，把陝西渭水中游這塊肥沃的土地賜予秦人，秦人領袖中潏（ㄩˋ）帶領一部分族人去了那裡，替商朝戍守西邊領土。

在商人的庇護下，秦人小日子過得很滋潤。但是到了前十一世紀，更猛的周人在西面的岐山異軍突起，一路殺向東方，一鼓作氣滅了商朝。作為商人鐵哥們的秦人也跟著倒楣，秦人領袖惡來最終被周武王殺死。

內心充滿仇恨的秦人，在周武王死後的三監之亂時興風作浪，但倒楣的秦人遇到了更強勁的對手周公旦，遭到鎮壓。

周公旦平定三監之亂後，看見商人的死黨秦人就像看見蒼蠅一樣噁心。周公旦乾脆把渭水與東方濱海的秦人當作奴隸，全部趕到遠在天邊、杳無人煙的西陲（今甘肅天水一帶），眼不見心不煩。

在西陲一帶生活的秦人，成為被遺忘、被遺棄的民族。

西陲四周都是戎人，遠離中原文明核心區，是已知文明世界的邊緣，再往西一直走就到中亞了。但西陲也有一個好處，就是十分適合養馬。作為養馬小能手，秦人在西陲把養馬產業經營得風生水起。

然而，秦人並不滿足於現狀，因為養馬養得再好，在周人眼中也只不過是養馬駕車的奴隸。不想永世為奴的秦人開始走上層路線，努力為周王室服務，期望有翻身的時機。他們熬了幾十年，終於等來一位著名的周天子——周穆王。

周穆王聲名遠播，他是與神仙談戀愛的第一人。周穆王愛打仗，傳說他有一次向西遠征，打順手了，一直殺到崑崙山下，在那兒遇到了神仙姐姐西王母。周穆王被王母娘娘傾國傾城的美貌所傾倒，和王母娘娘談起了戀愛。就在兩人你儂我儂的時候，周朝傳來敵國進攻的消息。此時周穆王遠離國土，面對如此緊迫的國家危機，想迅速趕回去禦敵根本不可能。然而一位車夫卻將這看似不可能的事情辦到了。

這位車夫是個秦人，叫造父。天子馬車一般是有六匹馬，俗稱「天子六駕」。馬車上的馬越多，駕駛難度越大。但秦人天生就是御馬高手，為了提升馬車速度，造父不懼駕駛難度，直接將六駕改為八駕。八匹馬拉的車動力上升了不止一個檔次，日行千里，立馬帶著周穆王趕了回去。

回去之後，打了勝仗的周穆王為了嘉獎造父，把他封到趙城（今山西洪洞），地處晉國地界。造父以趙為氏，成為晉國趙氏大夫的祖先，後來他的子孫瓜分晉國，建立趙國。趙國能在戰國時推行胡服騎射，建立一支縱橫天下的騎兵部隊，與趙人骨子裡的善御馬的基因密不可分。別看戰國時秦國與趙國不共戴天，殺得血流成河，但是這兩家都姓嬴，同根同源，都是一個祖先。

地位得到提升的秦人，更加賣命地為周王室養馬。到了周孝王時期，周天子封嬴姓部落為附庸（相當於附屬部落），在秦（今甘肅清水）這個地方正式定居並修建城池。成為附庸，意味著秦人不再被當作外人，而是變成自己人了。「秦」字成為嬴姓部落的代號，也就是後來大秦帝國的國號。

秦人不光擅長養馬，還有一樁更加強悍的本事，那就是打西戎。

作為蠻夷，西戎也不容易，本身生產力就低，造個鍋碗瓢盆都費勁，為了提高自己的生活品質，只能去搶先進文明的周人。周天子與諸侯被戎人騷擾得很是頭疼。而在甘肅一帶，這場景卻是倒過來的：秦人主動追著戎人打，戎人看見秦人就像看見瘟神一樣發怵，避之不及。

秦人之所以打戎人時這麼凶猛，就是為了討好周天子，好提升自己的政治待遇。

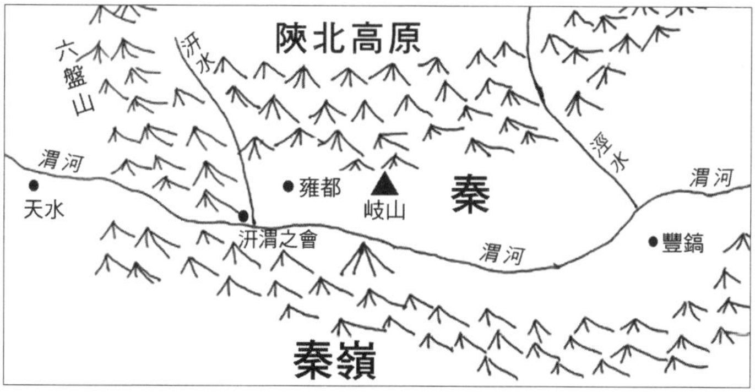


圖5　春秋前期秦國形勢圖

周宣王時期，蠻夷威脅越來越大。周宣王因為征討蠻夷而精疲力竭，需要有人替自己去打。此時，在西邊經常與戎人爭執的秦人，順理成章地成為他眼中的不二人選。

西元前八二四年，秦人首領秦仲被周宣王正式提拔為大夫，被派去領軍攻打西戎。秦人從底層打工仔一躍躋身「西周股份有限公司」的「中階幹部」，因此幹勁十足。秦仲最終不負周宣王使命，打得西戎鬼哭狼嚎，可惜自己也因公殉職，戰死沙場了。

秦仲死後，留下了五個兒子，這五個兒子都戰鬥力爆表。其中大兒子名叫其，是最能打的。周宣王一看，封個大夫稱號竟對秦人有這麼大的激勵作用，這法子太好了，於是他召集了秦仲的五個兒子，借給他們七千多人，相當於三個師的兵力。其帶上周王師和自己所有的族人，大敗西戎，奪取了大片土地。周宣王正式冊封其為西陲大夫，這就相當於把西邊的地全都畫歸秦人管了。

後世的秦人也不忘本，追稱其為秦莊公。實誠的秦人得了這麼大的稱號，更加積極地去打西戎。秦莊公死後，他的大兒子世父並沒有繼位，而把位子讓給弟弟贏開，自己帶兵去殺西戎了。

贏開繼位後，一改秦人與戎人勢不兩立的局面，採用了「胡蘿蔔加大棒」政策。跟我好的戎人，我把妹妹嫁給你，咱們融合成一家人；跟我不好的戎人，我直接把你消滅。就這樣，戎人被贏開治得服服貼貼。作為盤踞西陲的強大勢力，秦人引起了周王室一位重要人物的興趣。

西元前七七三年，在周王室擔任大司徒的鄭桓公（小霸主鄭莊公的爺爺）正好遇到了太史公伯陽父。針對西周王室江河日下、諸侯蠢蠢欲動的局面，兩人聊了起來。

鄭桓公尊敬地問伯陽父：「姜姓、贏姓，以後誰會更加興盛？」

鄭桓公問的問題很有水準。誰都知道，姓姜的勢力裡實力最強的是東方齊國，姓贏的勢力裡實力最強的是西方秦人。齊國作為西周開國功臣呂尚的封國，那是老牌強國。秦人領袖贏開，當時也就是一個西陲大夫，還沒有位列諸侯。鄭桓公卻將秦人與老牌齊國相比，可見當時秦人發展勢頭之強勁。

聽了鄭桓公的問題，伯陽父想了一下，還是決定誰都不得罪：「這兩股勢力，都會強大的！」

後來由於護送周平王東遷有功，周平王將贏開從西陲大夫升級到諸侯。贏開成為秦國開國國君。

秦人從奴隸逆襲為貴族大夫，花費了近三百年的漫長歲月。接下來，秦人將迎來千載難逢的發展機遇，以火箭般的速度發展起來。到了西元前六五九年，年輕的秦穆公繼位時，接手的已是一個威震西方的地域性大國。

一位年輕的君王擁有這麼強大的國家，自然大有可為。

# 秦晉之好

剛當上秦國君王的秦穆公，只要屁股一坐上國君寶座，腦子裡就會不停閃現一句話——飲馬黃河。

這句話是秦穆公的父親秦德公生前一直掛在嘴邊的口頭禪。當年秦德公為了秦國更好地向東發展，決定遷都雍城。遷都前，秦德公要找人占卜一下。占卜人對秦德公說：「從卦象上看，遷都是好事，你子孫後代的馬匹都會到黃河邊上飲水！」

這可把秦德公樂壞了，自己只聽說過黃河，至於長什麼樣子，從來沒見過。這分明是上天暗示大秦國，後世必能拿下黃河附近的土地，更能完成逐鹿中原的夢想。有這樣的好彩頭，秦德公很快就搬家了。

秦德公只活了三十五年，在位只有兩年。這兩年中，他隔三差五地把他的三個兒子拉到面前訓話：「你們要記住，兄弟之間要相互團結，我們秦人以後是要飲馬黃河的！」

我們小的時候，也有這樣的現象：家長跟孩子說的話，孩子有時候會當耳邊風，但如果家長嘴裡經常念叨一句口頭禪，這口頭禪往往會讓孩子牢記於心。而秦德公的口頭禪「飲馬黃河」也就成為後來秦國歷代國君的心願。

秦德公死後，長子秦宣公繼位，在位十二年就死了。秦宣公有九個孩子，但是都太小，還不能帶領秦國飲馬黃河。秦宣公的次子秦成公繼位，他更是個短命鬼，在位只有四年。秦成公有七個孩子，也都很小，還是不能飲馬黃河。最後國君之位傳到了少子秦穆公。

秦穆公，名任好，上位時才二十歲出頭，正值青年。他生性灑脫，待人真誠，是春秋五霸裡最講道義的一位。

秦穆公繼位後在心裡掂量了一下：秦國雖實力強大，可晉國畢竟也是強國，絕非等閒之輩。更何況晉國還占據了地理優勢，如果想硬碰硬打開東進的兩道大鎖，真是難於上青天。

如何低成本地打開東進大門，這個問題耗費了秦穆公大量的腦細胞。忽然有一天，他靈機一動，想起自己才二十歲出頭，還是一個鑽石王老五，該娶個老婆了，於是他很自然地將老婆的人選瞄準了晉國。

為了國家社稷大業和秦人東進的夢想，秦穆公寧願犧牲自己的個人幸福。只要晉國把公主嫁給他，哪怕是瘸子、瞎子，他也要！

秦穆公派出使者向晉獻公提親。晉獻公毫不猶豫地答應了，表示將把大女兒伯姬許給秦穆公。

秦穆公聽完後樂開了花。伯姬的母親是齊姜，齊姜的父親是大名鼎鼎的霸主齊桓公，伯姬的親哥哥又是太子申生。老丈人是晉國國君，小舅子是未來晉國國君，有了這些人的加持，成就一番霸業指日可待！

然而秦穆公完全想錯了，成就霸業哪有這麼簡單？秦國建國才百年，而且一直和落後的蠻夷打交道，從未領略過東方諸侯的老奸巨猾。歷史上的秦晉兩國雖然經常相互通婚，被稱為「秦晉之好」，但實際上兩國並不友好。兩國並沒有因為是親家就和平共處，相反，在春秋時爆發了數場大規模戰役。

秦晉兩國的關係史，就是一部狗血的言情劇。晉國一直和秦國玩套路，對秦國各種坑蒙拐騙。

秦國剛建國時，宛如涉世未深的年輕姑娘，一直想去繁華的中原逛一逛，結果遇到了晉國這個高富帥。晉國出身於周王室，身分尊貴，是幾百年的老諸侯了。這個高富帥答應秦國小姑娘，帶她去中原大地策馬奔騰，共享人世繁華。於是秦國小姑娘和晉國高富帥海誓山盟，形影不離，晉國去哪裡，秦國就跟去哪裡。

其實，晉國從一開始就只是在利用秦國，他只是看上了秦國豐厚的人力財力，好幫助自己在與死敵楚國的霸權爭奪中占據上風。秦國也確實給予了晉國相當大的幫助，而且就這樣一直任勞任怨地幫助晉國打擊與自己毫無關係的楚國。

當秦國費了九牛二虎之力才把晉國推上霸主寶座後，沒想到晉國竟然對秦國下了黑手，多次打擊秦國。晉國還對秦國說：「我們只是玩玩，國與國之間的關係，哪能當真？」

從肉體到心靈都被欺騙的秦國，就這樣成了內心充滿仇恨的「怨婦」。此後，秦國與昔日的敵人楚國走到一塊兒，聯手對付晉國。後來，晉國的第一大敵人是楚國，第二大敵人便是秦國。晉國和楚國最終還能以談判的方式化解仇恨，但是被傷到骨子裡的秦國卻不會原諒晉國。

秦國一直想要弄死晉國，這種仇恨直到地老天荒也不會消散。哪怕晉國解體了，分成趙、魏、韓三國，秦國也不放過晉國，繼續將這三國視作死敵。

言歸正傳，當年輕的秦穆公突然來提親時，晉獻公覺得簡直就是喜從天降。秦穆公主動來示好，想做晉獻公的女婿，這讓晉獻公感覺一下子沒了戰略威脅。

秦王是骨灰級的鑽石王老五，有女兒不嫁給他，那就真是傻了！

伯姬是申生的親妹妹，晉獻公不喜歡長子申生，但卻很喜歡長女伯姬。伯姬是晉獻公的掌上明珠，通情達理，心地善良，與申生、重耳、夷吾關係都很好。晉獻公捨不得這個小棉襖，在女兒遠嫁秦國前，他專門找了春秋第一神算史蘇來算算這孩子的命運。

史蘇被晉獻公叫來，內心是很不情願的，因為晉獻公不相信他之前占卜的結果，只喜歡聽好的。但是作為臣子，他還得盡臣子的本分，該算還是得算。為了讓晉獻公相信自己的結果，這次史蘇沒有用烏龜殼占卜，而是占筮（ㄕˋ），即用蓍（ㄕ）草來算卦。

「這次算卦結果，比上次的還要凶，是大凶！」史蘇認真地說道。

在一旁的伯姬聽到後，嚇得花容失色。

滿臉怒火的晉獻公有火發不出來。他找史蘇原本是來討個好彩頭，自己嫁個閨女，誰不想喜氣洋洋的啊？沒想到史蘇直接把國君送親說得跟送葬似的。但晉獻公對史蘇也無可奈何，因為史蘇盡了自己的本分。

「這次預言，你對誰都不能說。天知地知，你知我知。我是嫁女兒，不是出殯。你要敢亂說，小心我宰了你！」晉獻公生氣地對史蘇說。史蘇不高興地退了下去。

誰對誰錯，歷史自有定論，只需慢慢等待。十一年後，晉國王室將用鮮血來驗證史蘇的預言。

對於晉獻公來說，悔婚已來不及了。女兒該嫁還得嫁，國之大事，不好反悔。伯姬出嫁還是很風光的，晉獻公能陪嫁的都陪嫁了，在陪嫁的隊伍裡還有一個奴隸，這個奴隸就是晉獻公占領虞國俘虜的大夫百里奚。

晉獻公萬萬沒想到，百里奚就是晉國送給秦國最好的禮物。秦國在歷史上有兩次登上巔峰，第一次是春秋時被百里奚推上巔峰，第二次則是戰國時被商鞅推上巔峰。

百里奚這輩子很苦。他出身於沒落貴族，年輕時出去遊學，窮得差點餓死，在各國做官都不順。好不容易熬到老年在虞國做了個大夫，結果虞國又被滅，自己淪為奴隸，被作為嫁妝送到秦國。現在自己也一把年紀了，萬一哪天秦國死了個重要人物，拿他殉葬，那這輩子就太慘了！

到了秦國，百里奚不堪忍受奴隸之苦，跑到楚國去放牛了。秦穆公聽說百里奚很賢能，想把這傢伙召回來。為了低調行事，秦穆公用五張黑羊皮從楚國換回了百里奚。百里奚一到秦國就被秦穆公封為大夫，由於他是五張羊皮換來的，又被叫作「五羖（ㄍㄨˇ）大夫」。

歷史上有很多能力超強的政治家，他們的人生目標只是幫助君王成就一番偉業，不管老百姓是死是活。所以有的時候，國家看似興盛強大，老百姓卻過得極其艱辛痛苦。然而百里奚不是這樣的政治家。

他被秦穆公封為大夫時已經七十多歲了，早已磨去了稜角，看透了萬事萬物，沒有了野心。權力、財富對於他這個老人來說，已經是過眼雲煙。他一生都在摸爬滾打，體會過底層老百姓生存的艱辛，所以對百姓充滿了仁愛之心。

謙和的百里奚向秦穆公舉薦了自己的鐵哥們——七十多歲的蹇叔。蹇叔來自宋國，才能很高，品行很好，但是他淡泊名利，是個隱士。蹇叔被好友百里奚拉入仕途，也算是發揮人生餘熱吧。

春秋時人均壽命極短，那時七十歲的人相當於現在一百多歲的老人。讓兩位高齡老人左右秦國政治走向，秦穆公的心也真是夠大的！不過話說回來，除了後來秦穆公自己決策失誤，引起幾次麻煩以外，秦國在這兩位老人以「仁」為執政核心理念的治理下，內政外交風格穩健，不驕不躁，如同一小鍋生鮮，被慢慢熬出與眾不同的美味。這兩位老人既促成了秦穆公的霸業，又讓秦國百姓安居樂業。

秦穆公時期的秦國是一個講道義、負責任的大國。這跟戰國時那鬼魅多變、陰險狡詐的秦國比起來，簡直就是一個天一個地。

三百年後，有一個人詢問當時秦國著名學者趙良，自己和百里奚相比誰更厲害，拋出這個問題之人就是當時秦國的二號人物商鞅。作為秦國變法的推動者，商鞅在全國上下搞起了殘酷的考核機制，使老百姓淪為種田、打仗的牲口。除了國君之外，累得跟鬼一樣的老百姓都不喜歡商鞅。

趙良聽了商鞅的問題，回答說：「五羖大夫死時，秦人不悅！」

商鞅聽完似乎明白了他的意思。五個月後，秦孝公去世，新任國君繼位，商鞅被五馬分屍。秦國老百姓對於商鞅之死的反應，史書只記載了四個字：「秦人不憐」！

# 憤怒的秦穆公

西元前六五一年，晉獻公去世，史蘇預言的內亂終於爆發了。晉獻公老婆驪姬以及兒子奚齊、卓子相繼被以里克為首的卿大夫們殺死，託孤大臣荀息自殺，晉國一下成為沒有國君的國家。晉獻公的另外兩個兒子重耳、夷吾都逃亡在外，重耳逃亡到母親的娘家白狄，夷吾跑到了梁國。

秦穆公想風險投資一把，扶持一個親近秦國的公子當晉國國君，於是派出了公子摯，以慰問的名義考察重耳與夷吾。

公子摯到了白狄，看望了重耳，和他暢聊了一番。從聊天中，公子摯感覺重耳是個講仁義的君子，唯一不好的就是重耳對權力沒有渴望，一副無慾無求的樣子。而風險投資最喜歡的就是充滿狼性、不達目的誓不罷休的人。

隨後公子摯到了梁國，立刻受到了夷吾的隆重款待，好酒好肉招呼著。夷吾向公子摯展示自己的計畫：如果自己以後能順利歸國當上國君，將永遠拜秦國做大哥，還將割讓黃河以西和以南的五座城給秦國，那裡可是通往崤函道的戰略重鎮。公子摯聽完後，感覺還是夷吾靠譜。公子摯臨走的時候，夷吾還往公子摯的車上塞滿了金銀珠寶。

夷吾之所以慇勤地招待公子摯，是因為他經歷的磨難太多。有的時候為了活命，他要像野狗一樣奔逃。他體會到權力的重要性，只有重回晉國，成為權力食物鏈頂端的男人，才能不被別人吃，才能有尊嚴地活著。苦難的命運，把他從一個賢人修煉成了無賴。不管以後成不成，他都要先把秦國糊弄過來。

公子摯考察完兩位晉國公子回到秦國後，秦穆公召集所有大臣舉行廷議，確定支持誰做晉國國君。

收了巨額好處的公子摯很聰明，沒有直接說夷吾的好話，而是抓住秦穆公的痛點來說：「重耳這個人很賢能，做國君一定會使晉國強大，一個強大的晉國對於秦國來說，不是一件好事，我們要的是一個乖乖聽話的小綿羊。公子夷吾沒有重耳賢能，但他願意做秦國的小弟，而且願意割讓黃河以西以南的土地。」

面對如此巨大的誘惑，秦國朝廷上下一致同意公子摯的意見。秦穆公把夷吾接到秦國來，並且在西元前六五〇年的周曆四月，派出大軍護送夷吾回國繼位，這就是晉惠公。在歷經驪姬之亂後，晉國已近半年沒有國君了，如今這個神奇的現象終於結束了。

晉惠公在當國君前頭腦還是很清醒的，但他繼位後，突然變成了一個沒有頭腦、狂妄自大的人。也許是之前的政治迫害讓他活得太壓抑，突然大權在握，讓他一下子就飄起來了。於是他開始了作死之路，活生生把自己作死，把秦晉關係搞砸。

在這段沒有國君的權力真空期，晉國一直是以里克為首的卿大夫執政。晉惠公上臺後，娶了申生的遺孀，不接重耳回國，緊接著對晉國政壇進行恐怖大清算，殺了里克和支持重耳的卿大夫。而且，對於割讓給秦國五城的事，晉惠公直接不認帳了。秦穆公對於晉惠公這種翻臉不認人的惡劣行徑，簡直是怒火中燒。

西元前六四七年，晉惠公即位第四年，晉國爆發嚴重旱災，國內顆粒無收。眼看著全國就要喝西北風了，晉惠公只好厚著臉皮，派遣使者乞求秦國賣糧食給晉國。

秦國舉行廷議，商討此事。秦穆公想趁此機會發兵教訓這個忘恩負義的晉惠公，但遭到百里奚的強烈反對。百里奚說：「天災每個國家都會發生，救助災荒，體恤鄰國，這是道義！」

聽完百里奚的話，秦穆公內心平靜了下來。他是想做天下霸主的男人，要讓天下諸侯臣服自己，自己首先要講道義。春秋不同於戰國，戰國是吞併戰爭，講的是無道德、無底線，只要不要臉，就可以天下無敵。而春秋是爭霸戰爭，講的是道義與實力。作為天下霸主，並不是要弄死諸侯，而是要成為諸侯們心甘情願追隨的對象，更要擔負維護諸侯國秩序的重任。

個人恩怨事小，霸主夢想事大。秦穆公同意了百里奚的建議，賣糧食給晉國。這次賣糧行動，成功展示了秦國負責任、實力強的大國形象。秦國援助的糧食從雍都裝船出發，沿渭河順流而下到黃河，再轉向北上，溯流進入汾水，最終到達晉國絳都。這一路上，秦國運糧船浩浩蕩蕩，奔騰千里，場面十分壯觀，史稱「泛舟之役」。

「泛舟之役」的第二年，秦國發生饑荒，秦穆公向晉惠公借糧。無賴晉惠公就回答了兩個字：「不借！」這一下，秦國上下被激怒了，每個秦人都恨不得手撕晉惠公，他們從未見過如此厚顏無恥之人。而百里奚要的就是以有道伐無道。

這件事就連晉國大夫慶鄭都看不下去了，他極力反對晉惠公這麼做。但晉惠公就是聽不進去，只要是有利於秦國的事，我就不做！

秦、晉這道梁子就這麼結下了。秦國找晉國算帳，也只是時間問題。晉惠公知道自己做的事完全不占理，但是他實在不想看到秦國做大做強。雙方心裡都清楚，這場戰爭根本避免不了。而接下來的這場戰爭卻成為春秋史上奇特的戰爭。

因為受災，秦國只能等饑荒過去，第二年才發動戰爭。

西元前六四五年，周曆九月，秦國大軍的進攻如約而至。此時秦人已經收割完糧食，糧草充足，兵強馬壯。

秦穆公親率大軍出征。秦軍浩浩蕩蕩的隊伍後面還跟著一個小尾巴，是由三百名「野人」組成的隊伍。他們一路尾隨秦軍大部隊，既不要吃的，也不要喝的，只是一直默默跟隨著。

這三百野人尾隨秦軍，是來報恩的。西周時開疆拓土的方法就是派遣諸侯帶上自己人，武裝移民去搶土地。這些土地上的原住民被周朝稱作野人，他們不會寫字，不會煉青銅器，一直被瞧不起，從不被接納。然而，秦穆公卻不把野人當外人。

這三百野人來自岐山腳下。有一次，他們把秦穆公的御馬偷走，然後宰殺吃掉了。這件事被當地官員查出來，準備要把這些野人繩之以法。生性豪放灑脫的秦穆公不願意為一匹馬而傷害這麼多條人命，於是說，既然馬都被吃了，那就再賜給這些野人一些酒喝。

春秋時，雖然禮崩樂壞，但是人的私德卻是非常好的。朋友之間，你對我好，我加倍對你好；君臣之間，國君對臣子好，臣子願意用性命去報答。一直被歧視慣了的野人立馬被秦穆公的善舉感動得一場糊塗，他們發誓一定要用生命來報恩。這三百野人如同斯巴達三百勇士一樣，在關鍵時刻救了秦穆公一命。

秦國大軍連破晉國在河西的三座軍事重鎮，渡過黃河殺到了晉國腹地韓原。得到此消息，晉惠公驚出了一身冷汗。看來決戰避免不了，自己只能御駕親征了。

在親征前，晉惠公挑選自己喜歡的小駟馬作為拉戰車的戰馬，而這一舉動卻成為他在這場戰爭中的直接敗因。

晉惠公喜歡的小駟馬是從鄭國進口的，外觀小巧可愛，平時出去玩拉拉車還行，但是拉戰場上狂奔的殺人戰車，就嚴重動力不足了。大夫慶鄭發現這個問題後，反對晉惠公使用小駟馬，建議使用本國出產的馬。

慶鄭之前反對晉惠公不援助秦國，現在又來反對晉惠公使用小駟馬，這讓晉惠公對他無比反感，對於他說的話也依然是「我不聽我不聽」。

晉惠公帶上大軍前往韓原，迎戰秦軍。慶鄭眼睜睜地看著晉惠公幾次不聽自己勸解，不聽就算了，他還嫌棄自己，不讓自己當車右。記仇的慶鄭感到莫大的羞辱，暗暗發誓遲早要報復晉惠公。

周曆九月十四日，秦晉兩國大戰韓原。這是一場西方強國與北方強國的較量，兩國殺得難分勝負。秦穆公殺得太激動，一不留神衝進敵陣中，被晉軍包圍了起來。秦穆公拚死抵抗，眼看就要被晉軍俘獲，從兩軍之外殺進了一股人馬，如入無人之境。他們身穿獸皮，手拿原始兵器，看見晉軍就砍，很快就殺到秦穆公面前，把秦穆公從重圍之中解救了出來。

被解救出來的秦穆公，帶著感激的心望著眼前這些壯士，他們都已成了血人，有的已橫屍在晉軍陣中。他們就是當年岐山腳下吃御馬的野人。這三百野人一路尾隨秦軍，秦晉大戰時他們就在一旁，無時無刻不在關注秦穆公的安危。

脫離危險的秦穆公繼續指揮秦軍作戰，這時候就輪到晉惠公倒楣了。晉惠公的戰車跑著跑著，陷入泥地裡出不來。那時候的戰車，沒有現在汽車的差速器、變速箱，陷到泥裡，只能靠戰馬左右旋轉把車拉出來，而小駟馬卻拉不動。

此時秦軍馬上要圍上來了，大夫慶鄭的戰車碰巧從晉惠公旁邊駛過，晉惠公大喊：「慶鄭救我！」沒想到，慶鄭直接拋棄了晉惠公，還對他喊道：「當初你不聽我的話，活該有今天。想搭我的車，沒門！我就不救你，氣死你，氣死你！」說完，駕著車跑了。

這只能怪晉惠公自作自受，活該有今天。慶鄭跑了之後沒多久，秦軍圍了上來生擒晉惠公。國君都被抓了，這仗就不用打了，晉軍爭相逃命。但是晉軍裡有一群人沒有跑，只是丟下了武器，聚集在一起，默默地站在那裡，什麼也不做，這些人就是忠於晉惠公的大夫們。

秦穆公對這些人的異常舉動並不感興趣，他要的只是晉惠公，這些人俘虜回去還要浪費糧食。得勝的秦軍班師回朝，這群忠於晉惠公的大夫成了秦軍的小尾巴，走一路，跟一路。這些大夫的忠義之舉讓秦穆公大為感動，沒想到晉惠公這個不要臉的傢伙，手下竟然有不少忠義之士。

秦穆公心裡明白，貿然把晉惠公殺了，只會讓晉國忠義之士更加痛恨秦國，還不如把晉惠公當作人質，要挾晉國。百里奚與秦穆公的想法不謀而合。

秦國大勝的消息很快傳到了雍都。秦穆公原以為到了雍都，會有一場盛大的凱旋儀式，然而，現實卻啪啪打臉。秦穆公到了雍都，迎接的人群沒看見，看到的是老婆伯姬帶著兒女穿著喪服，站在堆滿柴火的高臺上，準備自焚。

伯姬對著秦穆公大喊：「你要是敢殺了我兄弟，我就帶著孩子自焚！」被眼前這一幕嚇傻的秦穆公立馬答應了伯姬的要求，把晉惠公好吃好喝地養起來。

晉惠公命雖然保住了，但是秦國是拿他來做人質的，贖金達不到要求，秦國就不放人。晉國派出談判大使。韓原大戰後，晉國元氣大傷，國君又在秦國手裡，自己根本沒有討價還價的籌碼。面對秦國的要求，想說「不」幾乎不可能。

秦穆公開出的談判條件只有兩條：第一條，把晉惠公之前答應給秦國的黃河以西和以南的五座城割讓給秦國，秦國還要在河東地區收稅；第二條，讓晉惠公的兒子太子圉（ㄩˇ）到秦國來做人質，秦穆公也不會虧待太子圉，會把女兒懷嬴嫁給他。

晉國只能同意了秦穆公的條件，隨後晉惠公被釋放回國。此時的晉國已經淪為二流國家，秦國成為晉國的大哥。

# 拾貳　流亡公子重耳

# 亡命天涯

韓原大戰後，晉惠公老老實實地當了七年國君。

西元前六三八年，晉惠公病重，馬上就要不行了。在秦國得到消息的太子圉，想擺脫秦穆公對自己的控制，私自逃回國繼位。逃跑前，他想帶上老婆懷嬴。

懷嬴的父親正是秦穆公。懷嬴既不想背叛父親，也不想告發太子圉，她選擇了沉默，太子圉就偷偷地跑回了晉國。

秦穆公知道後，暴跳如雷，心裡怒罵：「這對父子果然是一丘之貉，老子坑蒙拐騙，不守承諾，騙我的糧；兒子在我這裡吃好喝好，伙食費都不收他的，結果他吃乾抹淨就不認帳了。」

秦穆公很生氣，後果很嚴重。他現在極度不信任晉國這對父子。過去能立晉君，那麼現在就能再換一個。不過，可供選擇的人選只有一個，那就是重耳。晉獻公殺盡公族之後，活著的晉國公族比大熊貓還稀少，就剩夷吾與重耳了。

可是重耳在哪裡呢？自從驪姬之亂後，重耳就到處流亡，至於去了哪裡，一直杳無音信。

傳說重耳長得不像正常人。普通人眼珠子裡就一個瞳孔，重耳是兩個。別人的肋骨是分開的，他是駢脅，肋骨都長在了一起，其實就是畸形。

自從驪姬之亂爆發後，重耳一路奔逃。他從小就喜歡結交俠義之士，在逃亡的時候，有一群死黨一直跟隨。這些人都是晉國大夫，都是自願放棄榮華富貴，與重耳生死相隨。他們腰裡都掛著寶劍，遇到敵人的時候，就以命相搏。如果重耳不幸死了，他們將揮劍自盡。

先秦時，人們願不願意和你交朋友，不是看你的地位與財富，而是看你是否忠誠、俠義。朋友之間，你對我好，我就為你兩肋插刀。君臣之間，君主對臣子好，臣子就願肝腦塗地，生死相隨。你若不講忠義，那你將會遭人排斥，連個朋友都沒有。

追隨重耳流亡國外的有幾十人，這些人裡名氣較大的有介子推、狐毛、胥臣等，名氣最大的則是狐偃、趙衰、先軫、賈佗、魏犨，後世稱他們五人為「五賢士」，他們從重耳十七歲時就在其左右。

狐偃、趙衰、先軫作為「五賢士」裡最核心的三位，對重耳的幫助尤其大。

狐偃是重耳集團的首要人物，他是重耳的舅舅，更是重耳的大腦，重耳一生所有的重大決策，他都全程參與，並制訂計畫。

趙衰是重耳集團的二號人物，出身名門，能力很強，最大的特點就是謙讓。後來重耳當了晉文公，他把晉文公封的官都讓給了別人。謙讓之風在晉國盛行，使晉文公執政期間沒有出現內鬥，可以全心全意進行爭霸戰爭。

先軫是重耳集團的第一武將，更是春秋時第一戰神。他後來被提拔為主帥，打贏了聞名千古的城濮之戰與盡滅秦三軍的崤之戰，楚、秦兩個大國都是他的手下敗將。他打仗時不但會避實就虛，還會利用外交戰略，後世的《孫子兵法》裡不少內容都受到先軫的軍事作戰思想影響。

重耳帶著這一幫忠義之士開始了浪跡天涯的生活。說好聽點叫流亡，說難聽點叫流竄。因為重耳是一個失勢公子，看得起你的諸侯，會賞你點飯吃，給你個地方落腳；看不起你的諸侯，會像攆叫花子一樣把你轟走。

這一路上，重耳嘗盡了人情冷暖，閱遍了世間百態。雖然重耳命運坎坷，但是他的桃花運卻是旺得很，一路上娶了七個老婆。

重耳一行人最初的流亡地是白狄。之所以選擇該地，是因為白狄靠近晉國，而且重耳的外公狐突是白狄的貴族。重耳來到白狄，就像在自己家一樣。

於是重耳一行人在白狄那裡平安度過了十二年。在此期間，重耳與趙衰各娶了一個蠻夷老婆，而且都生了兒子。趙衰的這個兒子可不得了，他叫趙盾，後來成了晉國歷史上最生猛的權臣，權傾朝野，將國君置於掌中。

住在白狄的重耳天真地以為在這裡會一直平安幸福，直至老死。然而一個不速之客的出現，讓重耳不得不再次踏上流亡之路。這位不請自來的人是個宦官，他給重耳造成過重大心理陰影，重耳一聽到他的名字，就嚇得瑟瑟發抖。

他的名字叫寺人披。

春秋時稱宦官為寺人。在一般人印象中，宦官都是有氣無力、不男不女的，但是寺人披卻是個另類。他以閹人的身軀練就了蓋世武功，神出鬼沒，一劍封喉是他的必殺技。

寺人披人狠話不多，作為國君的忠實手下，他只認國君，其他一概不認。

驪姬之亂時，重耳躲在蒲城，晉獻公派寺人披去暗殺即將逃跑的重耳，寺人披只用一個晚上時間就截住了重耳。

寺人披站在重耳等人面前，手拿一把寶劍，露出陰冷的臉，用尖細的嗓音說了一句話：「重耳，你不要跑了，受死吧！」

這句話讓重耳一群人愣住了。面前這個太監有何能力能讓受到眾人保護的重耳束手就擒呢？要知道，跟隨重耳的死黨都是貴族。春秋時，貴族都是習武且身上佩劍的。

就在眾人不屑地看著這個太監時，寺人披立刻使出武功，在保護重耳的人群中殺出一條血路，直撲重耳。重耳一看寺人披太生猛了，趕緊翻牆逃。

就在重耳翻牆逃走的時候，寺人披抓住了重耳的袖子，重耳命懸一線。好在重耳的衣服品質不好，袖子被寺人披扯斷了，命大的重耳翻過牆，才撿回一條命。

寺人披看見獵物跑了，只能恨恨作罷。重耳的隨從們把寺人披包圍住，要亂劍砍死他，結果寺人披竟然把包圍的人殺得人仰馬翻，全身而退了！

這次行刺雖然失敗了，但是卻給重耳留下了巨大的心理陰影，他永遠忘不了寺人披那張陰冷的臉和那尖細的聲音。他第一次看見一個太監具有如此高超的武藝，能在眾多貴族之中，殺得來去如風。要不是衣袖斷了，自己恐怕要去見閻王了。

事後，重耳帶著隨從，一口氣跑到了白狄。後來到了晉惠公時期，韓原之戰晉國大敗，晉惠公怕重耳藉此時機重返晉國，就派寺人披再去刺殺重耳。

晉惠公命令寺人披必須在三日之內趕到白狄，寺人披兩天就到了。來到白狄後，寺人披偵察好地形，埋伏在重耳與狄君打獵的地方，想伺機殺死重耳。

重耳與狄君帶著隨從正在野外歡快地打獵，突然，一個黑影從不遠處朝重耳飛奔過來。重耳本以為是什麼猛獸，開弓就要射。

就在重耳張弓搭箭的時候，這個黑影已經躥到重耳身邊，一個飛躍撲向重耳。

重耳看清了那個黑影，大喊：「啊，寺人披！」

「受死吧！」寺人披喊道。

寺人披手拿著一把寶劍刺向重耳。就在這千鈞一髮之際，眼疾手快的狄君揮劍替重耳擋了一下，救下重耳一命。隨後，狄君的軍隊立刻向寺人披圍去。

行刺失敗的寺人披並沒有跑遠，他站在距離重耳不遠處，陰冷地看著重耳，嘴角露出一絲輕蔑的笑。寺人披這陰陽怪氣的神情，讓大難不死的重耳脊背發冷。

圍上去的狄人士兵並沒有拿下寺人披。寺人披很輕鬆地就殺了出去，逃得無影無蹤。

驚魂未定的重耳心裡明白，寺人披是在挑釁自己，晉惠公派這個太監來，目的就是讓自己不再踏入晉國領土。自己在明，寺人披在暗，他會想盡辦法要了自己的命。看來白狄不能再待了，要走得越遠越好，保命要緊！

西元前六四四年，五十三歲的重耳離開了寄居十二年的白狄，又開始了新的流亡旅程。

重耳此次流亡的目的地是齊國，因為當時齊君是大名鼎鼎的齊桓公。此時管仲去世沒多久，或許齊桓公需要一個有才能、能幫助自己治國的人，所以重耳想去齊國試試身手。

去齊國的路上，重耳一行人要經過衛國。重耳天真地認為，衛國和自己都姓姬，都是周王室的後裔，他們應該好吃好喝地招待自己吧，所以隨身的糧食沒有帶足。

此時衛國在位的國君是衛文公，這個人在位時期過得很艱苦。之前我們說過，北狄攻破衛國，衛國戰士逃出來的只有五千人，現在的衛國是在齊桓公的幫助下異地重建的，可以說是窮得叮噹響。

衛文公平時吃糠喝稀，有時還得和百姓一起下地幹活。他對重耳流亡團隊的到來很是反感，於是像打發要飯的一樣，隨便給點糧食就趕走了重耳一行人。

被現實啪啪打臉的重耳，感到莫大的憤怒。

在重耳的流亡之路上，對他好的都是具有霸權思想的大國，對他差的全是小國。可見，大國之所以能成為大國，不光是因為實力強，更重要的是在處理問題上也具有前瞻性。而小國之所以很難做大，和小國只看眼前蠅頭小利，鼠目寸光，也不無關係。

趕走就趕走吧，可是衛文公給的糧食不夠吃，大家一路就這麼飢腸轆轆地來到了衛國的五鹿。重耳一行看見一群農民在耕田，就想向農民要點糧食吃。然而，農民看見這群跟叫花子一樣的人，開玩笑地拿起一把泥土送給重耳。

重耳惱羞成怒，就想揮劍砍人。狐偃趕緊阻止：「公子不要生氣，這是百姓向你敬獻土地，這是好兆頭啊！」

一臉苦笑的重耳只能收回手中的劍，繼續朝齊國方向走。

這一路上，重耳飢一頓，飽一頓的。就在他已經餓得眼冒金星的時候，一碗肉湯端到了他面前。

重耳聞到了久違的肉腥味，狼吞虎嚥地把肉湯吃光了，碗都被舔得乾乾淨淨。

飽餐一頓後，重耳用手指擦淨嘴邊的油，然後放到嘴裡吮吸著。一邊吮，一邊問：「這肉湯是哪裡弄的啊？」

「這肉湯是我弄的。」

重耳循聲望去，看見一個人正在包紮自己的腿，腿上的鮮血已經流得滿地都是。原來他割了自己腿上的肉，給重耳做成肉湯喝。

這個人叫介子推。

看見這感人的一幕，重耳感動得痛哭流涕。

這一幫忍飢挨餓的叫花子相互扶持，終於來到了齊國。

在前往齊國的路上，重耳發現了一個奇特的景象：在黃河中下游國家，大家買東西都不用貝殼，也不以物易物，而是用齊國的刀幣。只要身上有足夠的刀幣，出門就可以不用帶那麼多糧食，可以就地用刀幣買糧。這使重耳迫切地想看看強大的齊國到底是什麼樣子，能有這麼大的能力讓齊刀成為廣泛流通的強勢貨幣。

等重耳親眼見到齊國的食鹽齊刀體系後，更是深受震撼。他發現有了這個體系，齊國可以不打仗，只需要發動經濟戰就能打垮對手。稱霸，不需要全憑武力征服。

齊桓公接見重耳後，與他相談甚歡。齊桓公年輕時也流曾亡國外，相同的遭遇讓他與重耳之間並沒有太多的隔閡，很快就成了朋友。

老人齊桓公像許多其他老人一樣愛閒聊。重耳在齊國時，三天兩頭被齊桓公拉過去，天南地北地什麼都聊。齊桓公對這位流亡公子極其慷慨，把女兒齊姜嫁給他，還附贈了豪宅與馬車。雖然重耳的才能得不到施展，但是他在齊國衣食無憂，老婆又年輕又漂亮，自己也已經五十多歲了，就這樣混吃混喝，了此殘生，其實也挺好的。

然而，就在重耳沉浸在溫柔鄉的時候，齊桓公死了，五子爭位打得熱火朝天。

狐偃、趙衰看到齊國如此糟糕，覺得這地方是不能再待了，還是趕緊逃跑吧。於是他倆找了一個僻靜的地方，商議逃跑計畫。

沒想到，他倆商議的地方旁邊有一棵桑樹，桑樹下有個齊姜的侍女正好在採摘桑葉。這個侍女把狐偃、趙衰說的話一字不漏地記了下來，等狐偃、趙衰走了，她趕緊去向齊姜告密。

可惜的是，這位忠誠的侍女命不好，她的主子齊姜是榮登《列女傳》的人。能上此書的女子，都不是一般人。

聽完侍女的告密，齊姜雖然知道侍女是出於忠心才告訴她的，但是為了夫君的前程，她還是找了一塊僻靜的地方，親手把侍女殺了！

之後，齊姜決定找重耳好好聊聊。

齊姜對重耳說：「夫君貴為一國公子，現在齊國大亂，公子應該離開此地，早日回國繼承國君之位。在這裡天天渾渾噩噩，我為你感到羞恥。你現在不回去，何時才能成功呢？剛才有一個侍女，知道你的手下有打算帶你逃跑的企圖，我已經把她殺了。夫君，你帶著隨從趕緊逃吧。」

望著眼前一臉殺氣、手上還沾滿鮮血的老婆，重耳用力擠出一絲笑，實則內心驚慌不已。他緊張地說：「沒有這回事。人生本來就該追求安逸享樂的，我死也要死在齊國。漂泊不定的日子，我實在不想過了。」

齊姜聽完不說話，轉身去找趙衰、狐偃，讓他倆快把重耳帶離齊國。趙衰與狐偃看著眼前深明大義的女子，對她的敬佩之情油然而生。

一天晚上，齊姜、趙衰、狐偃三人用計把重耳灌得酩酊大醉，然後將他抱上馬車。狐偃駕車帶著醉酒的重耳，所有隨從們緊隨其後，悄無聲息地逃離了齊國。

齊姜獨自一個人望著這群人漸漸遠去，她的內心空落落的。此次與重耳別離，也許上天眷顧，他們還能再次相聚，也許就是永別。她在心底對重耳說：「夫君，請原諒我的殘忍。男人就應該有一番大作為，而不是沉醉在溫柔鄉中。拼一把不一定會贏，但是不拼，肯定只有死路一條。」

剽悍的齊姜把重耳送走了，雖然自己孤零零地守了活寡，但是她卻為重耳開啟了新的人生。後來重耳回到晉國繼位，特地把齊姜接回來封為正妻。

到了早上，重耳醒來，發現自己躺在馬車上，舅舅狐偃正在駕車趕路。

「公子，你醒來了啊！」狐偃微笑著說。

「我怎麼在馬車上，這是要去哪裡？」重耳迷糊著問道。

「公子啊，我們已經離開齊國了。」

「啊！」重耳頓時清醒了，胸中的怒火也燃燒了起來，他抄起車上的一把戈，要刺向狐偃，哪知道狐偃大笑起來。

「公子啊，你要是殺了我，那你成什麼人啦？男兒當以大事為重，公子在齊國，只會磨滅自己的意志。」

重耳放下手中的戈，恨恨地說：「我如果成不了大業，我就殺了舅舅吃肉。」

狐偃爽朗地大笑起來：「哈哈哈，無所謂，反正你老舅我的肉也不好吃。」

離開齊國，重耳已經無路可退，他身背妻子與隨從們的期望，此生必須有所作為。

到底去哪裡，成為重耳一行討論的焦點。

若想讓重耳登上晉國國君之位，必須借助外國勢力，而且這股外國勢力還必須非常強大。當時最強大的國家是齊、秦、楚三國。其中，齊國自從桓公死後，陷入內亂之中。秦國在韓原之戰打敗晉國後，已經控制了晉國，沒有必要再扶植一位君主。剩下的選擇，只有南面的楚國。

於是，重耳一行人朝楚國進發。

路過曹國時，重耳受到了曹共公的款待。鞍馬勞頓的重耳想洗個澡解乏，然而就在他洗澡時，一個腦袋突然從角落裡伸了出來，一雙賊溜溜的眼睛直勾勾地盯著重耳。正在洗澡的重耳差點被這一幕嚇暈過去。

只聽那偷窺的人還高興地叫道：「看見了，看見了，重耳肋骨果然是一整塊的，好奇特呀！」偷窺的人不是普通人，正是曹共公。曹共公之前聽說重耳是駢脅，所以特意來偷窺重耳洗澡，滿足自己的好奇心。

浴室這一幕讓重耳感到無比驚悚，誰知道自己下次洗澡時，曹共公會不會做出別的事，還是趕緊跑吧！

重耳一行人逃到了宋國。此時宋國在位的是泓水之戰後受了重傷的宋襄公。宋襄公雖然沒有當上霸主，但是他也與重耳交談甚歡，產生了「狗熊惜英雄」的情愫，還贈送給重耳眾多馬車與財寶。

離開宋國，重耳途經鄭國。鄭文公並沒有理睬重耳，不過習慣了被人當作叫花子的重耳已經無所謂了，他們一行人經鄭國到達了楚國。

當時的楚國，在楚成王數十年的治理下正值國力鼎盛。自從霸主齊桓公死後，齊國發生內亂，實力一落千丈。挑頭想當霸主的宋襄公則直接被楚成王打服了。泓水之戰後，中原眾多小國都拜楚國做大哥。楚成王是無冕霸主，楚國更是當時第一超級大國。

作為天下諸侯的翹楚，楚成王隆重地款待了重耳，席間與重耳交談甚歡，相見恨晚，就差拜把子做兄弟了。能和楚成王做對手的齊桓公早已死了，現在已無對手的楚成王是無比的空虛寂寞，能和英傑重耳一起喝酒暢談，真是人生一大快事。

楚成王就這樣，與重耳三天一小宴，五天一大宴。

一次宴席上，楚成王問重耳：「公子若回到晉國，將用什麼報答我呢？」

「大王對我的恩惠，我是無法用金銀財寶報答的。如果兩國不幸爆發戰爭，我將退避三舍（一舍就是三十里），報答大王的恩情。如果大王還不能諒解我，我只能手持武器與國君較量。」重耳不卑不亢地說。

楚王聽完後，哈哈大笑起來。他心想，這麼落魄的流亡公子，竟然會想到與我大楚國作戰，真是異想天開。

然而，在這宴席上還坐著一位重要人物。重耳的一舉一動，他都看在眼裡，他就是楚國二把手令尹子玉。

宴席結束後，子玉對楚成王諫言：「我看重耳乃人中豪傑，以後放他回晉國，猶如放虎歸山，必然對我楚國不利，不如現在就殺了他。」

楚成王一看是子玉在諫言，內心像吃了蒼蠅一樣噁心。令尹是楚國獨有的職務，總攬國家軍政大權，而子玉這人出身於楚國勢力最大的若敖氏，仗著自己強大的家族勢力，飛揚跋扈，對楚成王總是不恭敬。

「我知道了！」楚成王不耐煩地說道，然後甩臉就走了。

數年之後，重耳、楚成王、子玉，這三人將互為對手，在城濮相互角逐，打了一場改變天下格局的硬仗。

# 重返晉國

重耳一行人在楚國待了幾個月，楚成王一點也沒有送他回晉國的意思。就在重耳心灰意冷的時候，秦國使節找上門，邀請重耳去秦國，並表示秦穆公願意幫助重耳上位。

天上掉下這麼大一塊蛋糕，讓重耳一行人喜出望外。流亡十幾年，第一次有大國主動找上門來幫忙。雖然在重耳印象中，遠在西方的秦國是一個野蠻、彪悍的國家，但現在已經不重要了，只要能上位，哪怕對方是蠻夷也沒關係。於是，重耳告別了楚成王，滿心歡喜地奔向秦國。

到了秦國，秦穆公把重耳當作大寶貝，隆重宴請了重耳。秦穆公為了在重耳面前展現自己有文化，不是什麼野蠻人，還在宴會上與重耳對詩。

重耳在酒席上吟誦了〈河水〉一詩，秦穆公吟誦了〈六月〉一詩。兩人藉著酒興、詩興相互捧對方，互相又是磕頭，又是拜謝。

除此之外，秦穆公還一口氣把秦國宗室的五個女子都嫁給了重耳，其中包括晉國太子圉的老婆懷嬴。太子圉跑了之後，懷嬴守了活寡，秦穆公就把這女兒打包送給了重耳。

在重耳流亡期間，從秦國偷跑回國的太子圉繼位成為晉懷公，而晉懷公內心充滿了恐慌。他的父親晉惠公在臨死前，並沒有囑咐他要當堯舜一樣的好君主，而是睜大眼睛，緊握他的手，將史蘇的預言告訴了他：

「嬴姓勝，姬姓敗，侄子隨姑姑做人質，六年後丟下妻子逃回本國，兩年後死在高粱地裡。預言除了最後一句，前面的話都已應驗了！孩子啊，你要保住性命啊！」說完，晉惠公就死了。

晉懷公聽完不禁後悔，覺得當初還不如不逃回來呢。

「兩年後死在高粱地裡」，這句話從此成為晉懷公的一塊心病，一想起來就讓他無比恐慌。這預言無疑是在宣判，自繼位開始，晉懷公的生命便進入倒數計時，而他當時才二十歲。

人在強大求生欲的刺激下，往往會做出一些瘋狂的事。

通常，新君繼位，都要做一些大赦天下、獎賞臣子的事來拉攏人心。但晉懷公繼承了他爹愛作死的性格，一上位就反其道而行之。他命令凡是跟隨重耳流亡的人，限期必須回國。限期不歸者，殺光全家。

可是這個命令並沒有什麼用，追隨重耳的人一個都沒回晉國。

臉上無光的晉懷公就拿人開刀，以儆效尤，而第一個開刀的竟然是他自己的外曾祖父——狐突。晉懷公把狐突召入宮，要求他命令兩個兒子狐偃、狐毛離開重耳，馬上回國。狐突誓死不從，晉懷公為了自己的君位與威信，當場處死了狐突，然後殺光其全家。

這一下就徹底激怒了滿朝卿大夫。這些卿大夫們關係盤根錯節，各自有親戚朋友追隨重耳，如果他們不回來，豈不是要株連自己全家？雖然從驪姬之亂以來，卿大夫們也參與相互廝殺，但大家還是有底線的，從來沒有要滅對方全家這一說呀。更何況，晉懷公連親外曾祖父都能殺，更不要說這些卿大夫了。

晉國公族本來就勢單力薄，再加上晉懷公在秦國當人質多年，回國還沒多久，根本就沒有什麼可以依賴的心腹。現在，整個卿族內心都背叛晉懷公了，晉懷公的死亡也就進入了倒數計時。

西元前六三六年，周曆正月，重耳亡命十九年、輾轉八國後，終於回國了。他離開晉國時，身邊只有幾十人相隨；回到晉國時，卻有秦穆公率領大軍護送。這次秦國大軍可是傾巢而出，有戰車五百乘、騎兵兩千名、步兵五萬人。這麼龐大的軍事實力，發動一場滅國級戰爭都綽綽有餘。

秦軍深入晉國後所向披靡，討厭晉懷公的大夫們都倒向重耳這邊，望風而降。眼見大勢已去，晉懷公只能逃跑了。重耳進軍絳都，在供奉晉武公的廟裡繼位，成為名震春秋的晉文公。

晉文公繼位後，派人去追殺當初不肯放過自己的晉懷公。晉懷公眾叛親離，隨自己出逃的人也越來越少。最後晉懷公逃累了，想休息一下，這時他才發現自己身處一片野高粱地。

「啊！」晉懷公驚恐地大喊了一聲。預言說，他會死在高粱地裡，看來自己的宿命是逃不掉了。晉懷公也就不逃了，他遣散了身邊為數不多的隨從，一個人坐在野高粱地裡，等待生命的終結。

沒多久，晉文公派來的追兵找到了晉懷公。繼位才兩年的晉懷公就這麼死了。

剛坐上君位沒多久的晉文公，憑藉十幾年跑江湖的經驗，能感覺到國內仍有反對勢力在暗流湧動，隨時可能反撲。過去，晉惠公在位的時候，很多卿大夫得了他的好處，都站在他那一隊。現在晉文公回來了，過去站晉惠公那一隊的人，會不會站到自己這邊來，這就要打一個大大的問號了。而這個問題被晉文公最害怕的人回答了。

有一天，突然有人請求覲見晉文公。當侍從告訴晉文公這個人的名字時，晉文公大驚失色。這個人就是寺人披。

作為君主，怎麼能讓人知道自己害怕誰呢？於是，晉文公召集護衛，硬著頭皮召見了寺人披。在眾多甲士的保護下，晉文公看著寺人披緩步上殿，心想：「這個太監，走起路來都殺氣騰騰的。」

然而，寺人披不是來刺殺晉文公的，而是來告密的。

狗有時候會咬人，但是如果你成為狗的主人，牠就會聽你的，因為狗是最忠誠的動物。寺人披是晉獻公、晉惠公兩朝的忠實走狗，他也有作為一條走狗的美德，那就是隻認主人不認旁人。晉文公繼位後，就成了寺人披的新主人。作為走狗，寺人披就要表忠心。

寺人披告訴晉文公：「以呂甥為首的叛黨，密謀燒宮殿，企圖把你燒死！」

聽到這個消息，晉文公不禁驚出一身冷汗：該來的還是來了。

呂甥作為晉惠公的心腹，完全不是晉文公隊伍裡的人。晉文公繼位後，呂甥將會完全失勢，他想奮力一搏，也不是沒有可能。

好在秦國大軍沒有走遠，晉文公找到了秦穆公，兩人商量了一下，決定將計就計，引蛇出洞。

周曆三月三十日的晚上，月黑風高夜，殺人放火時。晉國宮殿起火了！

但呂甥率領的叛軍找不到晉文公。他們認為晉文公可能逃往秦國，於是呂甥叛軍集體追到黃河邊上，結果，那裡站滿了等候多時的秦國大軍。就這樣，以呂甥為首的叛軍被秦軍消滅了！

第二天早上，晉文公與秦穆公站在黃河邊上。看著眼前血流成河的叛軍屍體，晉文公明白，自己的君位終於穩固了。

重掌晉國大權後，為了政權的穩固，晉文公並沒有倒戈清算，而是重用了曾經與自己作對的貴族們。曾經跟隨晉文公流亡的介子推明白國君的苦心，為了配合晉文公的工作，他主動帶著老母隱居起來。晉文公又是派人找，又是放火燒山逼他出來，可連個人影都沒有，介子推就這麼被燒死了。除此之外，晉文公的功臣集團裡還有很多人都表示不擔任要職，讓那些名望高的卿大夫們擔任。

不久之後，周王室的一場內亂讓晉文公出盡了風頭。

讀者是否還記得周襄王？周襄王的老爹周惠王喜歡小兒子王子帶，想立他當太子。好在霸主齊桓公橫插一刀，認為天子的家務事就是自己的家務事，於是帶著一幫諸侯，把當時還是太子鄭的周襄王立為法定的天子接班人。

周惠王氣不打一處來：既然你們不讓我最喜歡的兒子王子帶當繼承人，我就給他留下豐厚的遺產。周惠王竟然把黃河以北、太行山以南的南陽之地，全部封給了王子帶。本來周王室的領地只剩巴掌大，王子帶一下占了那麼多，不造反才怪！

周惠王死後，嫡長子周襄王繼位。實力雄厚的王子帶造反，前前後後折騰了十幾年，終於把哥哥周襄王趕跑了。周襄王跑到臨近的鄭國，但是鄭國畢竟是個小諸侯，實力不足以幫周襄王復位，只有大國才能助其復位。於是周襄王立馬派人向晉文公求助，畢竟晉國始祖唐叔虞是周武王之子，與周王室血脈相連。

晉文公得到周襄王求助的消息後，立刻找狐偃商議此事。

晉文公問：「舅舅，天子向我們求助，您怎麼看？」

狐偃答：「這時機太好了！若想統領諸侯，不如勤王，這樣不光能獲得諸侯的信任，也符合道義。」

西元前六三五年的春天，在齊桓公死後八年，晉文公再次打出當年齊桓公「尊王攘夷」的大旗，統率大軍前往王畿地區，替周天子平叛。

辭別秦軍後，晉軍以急行軍的速度殺向王畿地區。僅用十幾天時間，晉軍就平定叛亂，處死王子帶，護送周襄王回國復位，徹底終結了長達十幾年的王子帶內亂。

如此高效率的勤王行動，極大地提升了晉國的光輝形象，使其隆重登上春秋諸侯爭霸的舞臺，躍居春秋四大國之一。晉文公也就此洗去了晉國一直受制於秦國的恥辱，讓晉國上下重拾信心。

事後，周襄王特意宴請晉文公，以示感謝。觥籌交錯間，也許是晉文公太高興了，竟然喝大了，說：「我死後，想用隧葬的方式來葬自己。」

晉文公藉著酒興說出來的這句話，讓在座的所有人大驚失色。隧葬是天子採用的墓制規格，一個諸侯竟然用天子的規格入葬，這就太僭越了！這話連當初的霸主齊桓公都不敢說。

周襄王聽了晉文公說的話，酒立刻醒了大半。雖然自己天子的位子是晉文公搶回來的，但是天子的身分與尊嚴，死也不能丟。

周襄王說：「諸侯死後不能享用隧道，這是天子典章規定的。天底下沒有兩個天子！」

晉文公聽完哈哈大笑，說自己酒喝得多，失態了。

周襄王也借坡下驢，為了緩和氣氛，把王子帶的封地——南陽地區賜給了晉文公，作為晉文公勤王的報酬。

南陽地區緊挨晉國，一旦落入晉國手中，晉國便可控制中原重要的三河（洛水、伊水、黃河）地區，這為晉國爭霸中原提供了前進基地。晉國霸業就此揚帆起航。

酒席上，晉文公雖然請隧失敗，但是酒後吐真言。看來在晉文公眼中，周天子無非是自己新收的小弟，自己雖不能有天子之名，但要有天子之實。他要打著「尊王攘夷」的旗號，爭霸天下，號令諸侯。

勤王的影響並未就此結束。名義上的「老闆」周王室淪為晉國小弟，作為大哥的晉國一直嚴加看管這位小弟，生怕周王室再出什麼內亂。畢竟大家都姓姬，血濃於水，周王室沒人管，我晉國就來管。有政治需要的時候，還可以把周天子扛出來，挾天子以令諸侯！

## 三軍六卿

在晉文公勤王結束的兩年內，晉國繁榮昌盛，但中原地區卻風雲激盪。霸主齊桓公死後，中原眾多小諸侯國倒向南天一霸的楚國，唯獨齊、宋兩國始終不服，大戰一觸即發。

晉文公是一個要稱霸天下的男人，當時只有打敗楚國，才能稱霸天下。這場混戰，晉國絕不能置身事外。既然爭霸戰爭遲早要打，那就要做好充足準備。

首要的事，就是擴軍。晉文公將晉國二軍擴成三軍，每一軍都比周天子規定的一軍人數多。其實晉文公組織三軍已經算比較晚的了，齊國、秦國早就有了三軍，楚國甚至不止有三軍。

可是晉文公的這三軍卻與眾不同。別的國家的三軍也就是單純的軍事單位，但是晉國的三軍卻是一個軍政複合體。

別國打仗，出陣的是左、中、右三軍，而晉國出陣的是上、中、下三軍，這三軍還有從屬關係，中軍統領上軍，上軍統領下軍。每個軍分別有一把手與二把手，一把手稱為將，二把手稱為佐，三軍的六名將佐一律稱為卿，俗稱「六卿」。六卿作為晉國權力核心，上馬管兵，下馬管民。

最讓人豔羨的是中軍將。中軍作為三軍主力，中軍將稱為正卿或者元帥，中軍佐稱為亞卿。正卿是終身制，除非老死或者主動退休，一般是不會換人的。

晉文公這麼做，也實在沒有別的辦法。晉國不是後世的中央集權王朝。中央集權下的大臣們想扳倒對手，只能採用打小報告的辦法，你參我一本，我參你一本。而晉文公處在一個實行分封制的國家，手下卿大夫們都有地有兵，大夫們之間看不順眼，那就不是打嘴仗，而是直接揮刀對砍。

從某種意義上來說，晉國掌權的卿大夫集團很像一個武林，晉國國君就像一個武林盟主，每個卿大夫都是一個門派掌門。他們都不是省油的燈，相互攻伐，爭權奪利。雖然晉文公剛繼位時讓大量大貴族擔任中央官員，但這只能讓他們暫時安分。

晉文公作為新任武林盟主，希望整合武林各派別，組成武林協會，讓各門派之間不再鬥來鬥去，而是團結一致，這就需要有一個共同的奮鬥目標，有一個讓他們更加賣力幹活的激勵機制。六卿的設置，相當於武林盟主身邊有了大護法。當上六卿之一，成為國君身邊的大護法，就是晉國卿大夫的共同夢想。為了實現這個夢想，卿大夫們不再鬥毆，而是努力奮鬥，相互之間展開了良性競爭。

六卿成為晉國大臣們眼中的香餑餑，但是這六卿絕不是普通人能做得了的。首先必須具備以下三個條件。

第一，家庭背景要硬。俗話說，三代才能培養出一個貴族。但這三代出的貴族，和晉國老牌貴族一比，那真是一個在天一個在地。想當六卿，如果祖上沒有上百年的光輝歷史，不是晉國老牌貴族，還是洗洗睡吧。晉國歷史上，擔任六卿的有趙、韓、荀、士、郤、欒、先等氏，隨便挑一個出來，家族歷史少則一百年，多則數百年。

第二，能力要強。想當六卿，光出身顯赫還不夠，還得具備超強的工作能力。如果能力不行，下臺是遲早的事，能活著下臺就算萬幸，不幸的被人活活砍死也是常有的事。

第三，要不怕災禍。六卿是晉國所有貴族都眼紅的職位，尤其是中軍將，那就是國家的二把手，多少人擠破頭都想去當。但是別以為當上中軍將以後就可以高枕無憂了，正所謂樹大招風，如果中軍將做人做事不低調的話，很容易被眼紅的卿大夫圍攻，招來災禍，稍有不慎就會被滅族。

六卿位高權重，但是就像被詛咒過一樣，中軍將這個位置是最邪氣的，晉國很多大家族為了這個位子引來家族被滅。晉國最後一任中軍將智瑤由於太招仇恨，被韓、趙、魏三家滅了，後來這三家瓜分了晉國。

不管晉文公創立的六卿制度是好是壞，畢竟讓廣大卿大夫們有了指望。

西元前六三三年，晉國編練的三軍在廬地正式亮相，晉文公在這裡舉行盛大的閱兵儀式。廬地的閱兵場上，晉國新編練的三軍，猶如巍巍大山一般屹立在春秋大地上。晉文公站在觀禮臺上，髮鬚斑白的他默不作聲地看著三軍。雖然沒有說話，但晉文公身上顯露出猛虎般的氣質，令周邊人敬畏。

三軍陣前，依次擺放著六輛指揮用的戎車。這六輛車上站著六個人，他們是新編三軍的統帥。

中軍將是郤穀，中軍佐是郤溱。

上軍將是狐毛，上軍佐是狐偃。

下軍將是欒枝，下軍佐是先軫。

郤穀、郤溱滿含熱淚地看著晉文公。他們的族長郤芮在晉文公剛回國復位時，和呂甥一起放火燒宮殿，想燒死晉文公，結果在黃河岸邊被秦穆公殺死。作為罪人的親屬，郤穀、郤溱不但沒有被治罪，反而因為有才能，得到晉文公手下二號人物趙衰的舉薦，擔任極其重要的中軍將、中軍佐，而趙衰自己卻不擔任任何職務。整個郤氏一家對晉文公與趙衰感恩戴德。

狐偃完全有資格擔任中軍將，但是為了舉賢讓能，讓兄弟狐毛做了上軍將，自己只做了上軍佐。欒枝因為有才能擔任了下軍將，而晉文公集團的三號人物先軫卻只做了下軍佐。

晉文公的心腹主動讓賢，不擔任要職，讓晉國卿大夫集團心服口服，全國上下掀起了禮讓風尚。

君臣團結，為即將爆發的城濮之戰打下了良好基礎。

就在晉文公收買人心大獲成功時，中原宋國在默默注視著晉國的一舉一動。宋國想借助晉國的力量，打敗自己的死敵楚國。隨後，宋國把晉國成功拉入夥，一場改變天下格局的大仗蓄勢待發！

# 拾參

# 春秋第一大戰（上）

# 驕傲的子玉

西元前六三四年秋天某日，楚國郢都城門外，佇立著一支擁有兩百多乘戰車和數萬人的大軍。他們已經佇立一天了，天色漸暗，空中飄著冰冷的雨滴，颳著冷風。雨水早已把士兵身上的衣服打溼，刺骨的冷風順著雨水刺到他們的身上，但這支大軍始終巋然不動。

軍隊前停著一輛戰車，上面站著三個盔明甲亮的將領。為首的那位就是楚國現任令尹子玉，他器宇軒昂，相貌堂堂。子玉身後站著的是他的兩位副將，也是他的族人，分別是子西、子上。他們身後的這支軍隊，正是自己氏族的私卒。

這個擁有龐大軍事力量的氏族，還有一個威震楚國朝堂的名字——若敖族，這支大軍則被稱為若敖六卒。

這支大軍不是在等待閱兵，而是在準備遠征。老謀深算的楚成王故意派若敖六卒去當炮灰，但關愛下屬的樣子還是要做做的。楚成王特意讓子玉出征前等一等，他會派上自己的王卒來隨他一起出征。

子玉和他的族人已經在風雨中苦等王卒一天了，再不來全軍就要鬧感冒了，但是他必須等。此次遠征要連續攻打夔、宋、齊三國，難度係數堪稱史詩級。

夔國實力最弱可以忽略掉；宋國雖弱，但好歹是老牌公爵級國家；齊國雖然自從桓公死後風光不再，畢竟也是昔日霸主，瘦死的駱駝比馬大。打仗總是要死人的，如果沒有王卒的助攻，光憑子玉自己的若敖六卒，就算能夠打贏，恐怕若敖一族也損失殆盡了。

楚國軍事力量是由四方勢力組成的：直屬楚王的軍隊，稱為王卒；直屬太子的軍隊，稱為宮甲；縣的武裝力量稱為縣兵；氏族自己的子弟兵稱為私卒。其中，王卒是楚軍的精銳，有了王卒的幫助，子玉的勝算就更大些，族人就能死得更少些。

天已經黑了，子玉終於等來了王卒。只見王卒的戰車從車門魚貫而出，子玉、子西、子上看著這些戰車，內心充滿喜悅。他們一邊看一邊數，數到最後，發現不對勁了。

子西：「不對啊，數來數去怎麼只來了幾十乘戰車？我在朝中擔任司馬一職，知道楚國王卒實力雄厚，怎麼就派來這點啊？」

子上：「大王派來的戰車與我們若敖六卒的戰車加起來，正好三百乘。我們要麼再等等，或許後面還有增援的王卒呢？」

子玉：「後面不會再來了。」

子玉緊鎖眉頭，嘴上掛著苦笑。他比誰心裡都清楚，這是楚成王故意在害他。楚成王之所以這麼摳門，只派幾十乘戰車，和子玉的遠征軍湊成三百乘戰車，是因為楚國街頭巷尾流傳著一個謠言：子玉剛愎自用，如果帶著超過三百乘戰車的軍隊出征，就很難回來。

俗話說，謠言止於智者，可楚國的現實卻是謠言並不會止於智者，而是越傳越離譜，越傳版本越多，讓不明真相的人信以為真。子玉在楚國就背負著「三百乘戰車」的綽號。

能混到令尹，子玉的智商絕不低，他能猜到謠言背後的傳播者。這個傳播者並不是一個人，而是一群人，都是忌憚若敖族的人，他們中有楚成王，還有其他大氏族。

楚成王就是要讓子玉帶著三百乘戰車出征，如果打輸了，正好印證謠言，證明子玉是一個無能的將領，楚成王就可以直接罷免子玉的職務了；如果打贏了，反正死的都是若敖族的人，得利最大的是楚國的國君。楚成王把子玉算計得死死的。

看見天已經黑了，子玉示意軍隊不用開拔了，眾將士就地安營紮寨。自己的族人們已經在雨裡淋了一天了，該好好喝上一碗熱湯，換一身乾的衣服，美美地睡上一覺。此後的征途極其凶險，很多人將有去無回。

能帶若敖子弟平安回家，是子玉最大的心願。

夜深了，子玉獨坐在中軍帳中沉思。若敖家族上一代首領子文，在遲暮之年把族長之位傳給子玉，並向楚成王大力舉薦，從而使子玉登上了令尹之位。子玉從老令尹子文手中接過的是一個太平強大的楚國，而自己當令尹的這幾年，國家卻動盪不安，想想都讓人生氣！

就在楚軍出征的前一年，晉國將秦國禍水南引。秦軍在晉國的幫助下，攻占鄀（ㄖㄨㄛˋ）國（今河南省淅川縣），俘虜了戍守楚國國門的申、息兩位縣公。秦軍攻占鄀國後，就打開了南下的大門。後來秦人又在這條南下的路上修建了武關，有了這個前進基地，秦人隨時可以殺入楚國方城，對楚國戰略威脅極大。

這一戰讓楚國上下大驚失色，不僅丟失了申、息兩大前沿的軍事重鎮，兩位縣公也被俘虜，楚國的臉面算是丟盡了。

在楚軍出征的當年，國內也是流年不利。作為楚國附庸國的夔國，竟然也不尊重宗主國了。

在泓水之戰中，宋襄公負傷，沒兩年就去世了。他的兒子宋成公親赴郢都，拜楚成王做大哥。但是宋成公的內心是不服的，他打心眼裡就瞧不起楚國，認為自己乃是顯貴的商王之後，當年大商朝的青銅鑄造已經爐火純青時，楚人還在荊山裡玩泥巴呢。在晉文公勤王的消息傳到宋國後，宋成公立馬轉頭拜晉文公當大哥，這讓楚國在中原的戰略支撐點蕩然無存。

最讓人震驚的是，原本被認為已經徹底不行的昔日霸主齊國竟然也硬氣了一把，攻打了楚國的小弟魯國。魯國扛不住了，向楚國求援。

即將在子玉面前爆發的，是一場在中國歷史上規模空前的天下大戰，幾乎所有諸侯都捲了進去。這場大戰持續時間長達兩年，而子玉的遠征只是這場天下大戰的序幕！

雖然前路凶險，但子玉作為一人之下、萬人之上的楚國令尹，作為若敖家族的首領，他必須要打，而且還必須打得漂亮，因為若敖族的先輩一直是楚國的股肱之臣。

## 若敖族

若敖族的先祖就是楚王若敖。若敖當時有一個小老婆是鄖（ㄩㄣˊ）國公主，生了一個兒子，氏鬬

（ㄉㄡˋ），名伯比，也就是叫鬭伯比。

楚王若敖死後，這位鄖國公主帶著孩子回了娘家鄖國。後來鬭伯比長大了，可以談戀愛了。

那時，每個國家都有約定俗成的野外約會場所，所謂「燕之有祖，當齊之社稷，宋之有桑林，楚之有雲夢也」。鬭伯比想談戀愛，就必須去雲夢，那裡風景優美，草木茂盛。每逢暮春，室外氣溫攝氏二十五六度，非常適合外出遊玩，很多青年男女專門到此遊玩和戀愛。

春秋時代，男女關係極其開放，談戀愛非常簡單。只要雙方看對眼了，只要是真心，不用廢什麼話，不用收彩禮，不用買房買車，不用舉行花錢而又隆重的儀式，就能直接在一起。雖然這有違禮制，但是在那個人均壽命只有三十幾歲的動盪年代，人們會更加珍惜眼前的一切，男女之間的愛情也會很真誠。這是一種背著父母的簡婚，還有一個文雅的說法叫「野合」。

鬭伯比在雲夢看上了一個姑娘，這正是鄖君的女兒，也就是鬭伯比的表妹，於是兩人就背著父母在一起了。

十個月後，表妹生下了一個男孩。鄖君的夫人很不高興，覺得自家的閨女是要嫁給外國國君當夫人的，怎麼能給一個失勢的公子生孩子呢？於是鄖夫人直接把這個嬰兒扔到了野外。

說來也巧，有一天鄖君外出打獵，看見一隻母老虎在給一個嬰兒餵奶。他回去把這件怪事告訴了鄖夫人，鄖夫人大驚失色，認為這是上天要讓這個孩子存活，於是趕緊讓人把這孩子抱回來。鄖君就給這個外孫取名「穀於菟」，意思是「老虎餵了奶」。鬭伯比就這樣得到了一個具有傳奇色彩的兒子。

後來，鄖君把鬭伯比和外孫一起送回了楚國。鬭伯比是若敖的兒子，屬於正宗的楚國公族。按照輩分，當時在位的楚武王還得喊他叔叔。鬬伯比在楚武王一朝任勞任怨，最後擔任了令尹一職。

鬬伯比以父親的謚號若敖作為自己的族名。他與兒子子文（穀於菟的字）都很能生，幾十年間，他倆有了很多子孫。若敖族這棵大樹上，還衍生出了一個小枝杈，這就是成氏。到了楚文王時期，若敖族子孫遍布朝堂，很多人占據了重要位置。

到年幼的楚成王繼位時，令尹子元大權獨攬，讓楚成王和他的母親很是頭疼。在子文的帶領下，若敖族以一己之力輕輕鬆鬆幹掉子元，還政於楚成王，子文也從此擔任令尹。由此可見當時若敖族實力之強大。

子文擔任令尹期間，真是畢恭畢敬、任勞任怨地輔佐楚成王。國家財政困難時，子文毀家紓難支援國家財政。楚成王能夠橫行中原，與子文的功勞密不可分。而且子文居功不自傲，把功勞都歸於楚成王。可以說，沒有子文，就沒有楚成王的豐功偉績。兩人既像父子，又像師生。

但是人總有老去的一天，西元前六三六年，擔任了二十八年令尹的子文自感時日不多，於是向楚成王主動提出辭呈，並推薦年輕的族人子玉擔任下任令尹。楚成王對老令尹感情深厚，礙於老令尹的面子，不得不讓子玉擔任了新任令尹。

子玉出身於若敖族裡的成氏，名得臣，子玉是他的字。老令尹子文之所以選擇子玉做接班人，並不是因為子玉是自己的族人，而是因為子玉擔任司馬時，曾率軍輕鬆打敗陳國，占據了兩座城池。這位有能力的年輕人，就此進入了子文的視線。老令尹子文希望這位年輕人能和自己一樣，在令尹的位子上幹一輩子，讓若敖家族延續自己的光輝。

子玉這個人能力的確很強，可以說他就是傳說中的「別人家的孩子」，學習好，武功強，凡事爭第一，是一個力求完美的人。但是這樣的人往往有一個大缺點，就是好勝心太強。好勝心太強的人不允許失敗，做事容易一根筋，要讓別人都服從自己。老令尹子文顯然沒有考慮到這一點。

新任令尹子玉一上臺就用力過猛。有一次他去檢閱士兵，檢閱了整整一天時間，鞭打了七個人，還用箭射穿了三個人的耳朵。而過去子文檢閱士兵往往半天就結束了，也不會懲處任何人。

從這件事上可以看出，子文與子玉做事風格截然不同。做事溫和的子文與老奸巨猾的楚成王搭檔，就能和睦共處；而做事剛愎自用的子玉與楚成王搭檔，就會水火不容！

楚成王在與新任令尹子玉相處一段時間後，逐漸發現子玉是一個令自己討厭的人，他還意識到若敖族已然成為一股龐大到可以顛覆自己政權的政治力量。雖然若敖族曾經鼎力幫助過自己，可是政治是有嗜血性的，楚成王必須滅掉子玉與他的若敖族。

如果在楚國內部幹掉若敖族，勢必會引起內戰，消耗的是楚國自己的力量，還不如把若敖族派出去遠征，打贏了平外患，打輸了平內患，反正都是楚王得利。

於是，子玉率領自己的若敖六卒，輕輕鬆鬆地滅了夔國，然後撲向宋國、齊國。

此時子玉的內心很矛盾。打夔國很簡單，畢竟夔國是個弱國，但是宋、齊兩國那可都是硬骨頭。子玉既想打贏戰爭，用赫赫戰功去打破「三百乘」的謠言，但同時他又不希望若敖六卒在戰爭中受損過多，畢竟這都是自己的族人。

又想贏，又不想損失過大，所以子玉在接下來的軍事行動中，優先考慮的都是如何減少戰損。

子玉率軍攻打宋國時，並沒有直接攻打宋都睢陽，而是在宋國的緡（ㄇㄧㄣˊ）邑嚇嚇宋國就撤圍了；在攻下齊國的谷邑後，子玉也沒發動更大規模戰爭，而是在那裡設置了一個傀儡政權，把齊桓公的一個兒子公子雍安置在那裡。昔日霸主家裡被設置一個傀儡政權，這讓齊國臉面盡失。

子玉率領族人在外經歷了漫長的遠征。他們原本以為打完齊國就可以回家了，然而他們大錯特錯了。子玉收到一個讓他極其驚恐的消息：楚成王親率楚軍主力出方城，會合陳、蔡、鄭等國部隊，進攻宋都睢陽！

楚成王的如意算盤終於暴露出來了。子玉已經完成了出征的戰略目的，而若敖六卒在之前的遠征中已經損耗不少，消耗若敖族的目的也已經達到了。楚成王要在子玉的勝利基礎上，收穫一個更大的勝利果實！

## 戰略絞殺線

楚成王率領著多國部隊出征，他的內心無比自信。因為中原地區的諸侯都已是自己的小弟，去打宋國就如同武裝旅遊一般。

自從霸主齊桓公死後，中原群龍無首。聰明的楚成王並沒有對中原諸侯進行武力征服，而是透過高明的外交手段拉攏小弟，將中原諸侯國變成了自己的同盟國。

靠近楚國的陳、蔡、許這三小國屬於牆頭草，齊桓公一死，他們立馬倒向了楚國；離楚國較遠的衛國因為楚成王娶了衛文公的女兒做夫人，所以也正式成為楚國小弟；楚國又與曹國、魯國通好；而鄭、宋兩國是楚國稱霸中原的兩大戰略支撐點。楚成王對鄭國很放心，因為他娶了鄭文公之姐做夫人，鄭文公已經成為自己的小舅子。

唯獨宋國，自泓水之戰後仍有二心，對楚國先是歸附，後是叛離。宋國一直是楚成王的一塊心病。

作為同盟國裡的核心戰略要地，宋國始終不服楚。面對不聽話的宋國，楚成王打算不服就打，打服為止；如果還不服，那就打死為止。此次出征，楚成王懷揣著徹底搞定宋國之決心。

宋國趕緊向晉國求援，晉文公接到宋國求救的消息後與大臣們舉行廷議。

先軫主動提出：「救援宋國，既可以報答當年宋襄公對我們流亡時的救助，也可以解除宋國被圍之患，在諸侯中樹立威望，成就一番霸業。」

狐偃也表示贊同，並說：「救援宋國必須要經過曹、衛兩國。曹國剛歸附楚國不久，楚又與衛國新締結婚姻，進攻曹、衛，楚國必去救援，到時候宋國就可以解圍。」

晉文公之前流亡諸國十九年，對天下的戰略態勢早已瞭然於心。宋國作為爭霸天下的戰略要地，如果晉國能把宋國拉入自己的陣營，楚國在中原的結盟戰略就被破解了。更有利於晉國的是，齊國與楚國有仇，而秦國與晉國關係又很好，晉國在與楚國作戰時，齊國、秦國是可以爭取過來幫戰的。

雖然現在的晉國無論從國土上還是軍力上都無法和強悍的楚國相提並論，但是風險與機遇並存，晉文公還是想賭一把。

西元前六三三年周曆正月，晉文公親率新編練的三軍向東渡過黃河，殺向曹、衛兩國。

曹共公曾經對晉文公無禮，此次晉軍攻打曹國，曹共公害怕晉文公報復，必定拚死抵抗。而衛國當年被蠻夷滅國，是齊桓公幫助衛國在異地重建的，實力很弱。因此晉文公決定主力攻打曹國，由先軫率領一支偏師攻打衛國。

晉軍主力包圍了曹國首都陶丘（今山東省菏澤市定陶區），結果曹國拚死抵抗，戰況極其慘烈，晉國中軍主帥郤縠也犧牲了。

晉軍攻城打得這麼狼狽，是真沒辦法。春秋時，很多戰爭都是在野外用車戰一較高下，很快就結束了。而攻城戰由於缺乏有效的攻城設備，大家都不太在行。尤其是一些諸侯國都的城牆歷經上百年的建造，就跟鐵桶一樣，想攻下來難度極大。曹國好歹也是西周分封的伯爵級國家，首都城牆品質不是一般的好。圍攻陶丘的晉軍死傷慘重，曹國人為了噁心晉軍，還故意把晉軍的屍體陳列在城牆上。

晉文公看到這一幕，立即以牙還牙：你敢晒我晉軍將士屍體，我就刨你曹國人祖墳。於是晉文公派人拿著鋤頭、鏟子準備去刨屍。曹國人被這一幕嚇傻了，立刻將晉軍屍體裝殮好，送出城外。

這樣一來，我也不晒你屍體，你也不刨我祖墳，大家一起接著打。曹國畢竟是小國，國力有限，架不住晉軍「三班制」玩命地打。終於，到了周曆三月八日，曹軍扛不住了，晉軍攻占曹都，生擒曹共公，晉文公算是出了一口惡氣。

攻打衛國的先軫，攻占了衛國軍事重鎮五鹿。衛國本來就不大，五鹿一失，整個衛國就危如累卵。當年晉文公在五鹿這個地方被農民戲弄，現在此地被晉軍占領，這讓衛國上下膽顫心驚。

衛成公想求和，但晉文公不許，因為衛成公的爹就是當年趕走重耳的衛文公，晉文公要父債子償。衛國人民很務實，立即趕走了衛成公，另外擁立一個國君，並表示歸順晉國。

先軫由於攻打衛國表現出色，被直接提拔為中軍主帥，接替已死的郤穀。

曹、衛旁的魯國一看形勢大變，立刻也倒向了晉國。

晉文公一下子就解決掉了楚國的三個盟友，楚成王的同盟戰略已經開始瓦解。但是楚成王依然沒有揮師北上與晉軍決戰，而是繼續圍困宋都睢陽。楚成王心裡清楚，稱霸中原的兩個戰略支撐點鄭國和宋國就如同霸業的兩條腿，現在鄭國已經是自己的死黨，只要一鼓作氣拿下宋國，有了這兩個戰略點支撐，楚國的霸業就勝利在望。與這相比，丟掉的曹、衛、魯根本就不算什麼。

這時宋國被楚軍圍得已經快撐不住了，趕緊又派使者向晉文公告急。晉文公收到告急後，並沒有急著向宋國挺進，而是原地不動，他心裡也有自己的小算盤：攻宋的楚軍不光有若敖六卒，更有楚軍主力，實力遠在自己之上，如果貿然進攻，搞不好就是給楚成王送人頭。

這時，先軫向晉文公提出了一個宏大的戰略構想。

先軫說：「現在這場大戰，晉、楚與中原諸國全部捲了進去，而齊、秦兩大國卻置身事外。我們晉國單挑楚國，可能勝算不大。為何不把齊、秦兩大國拉入我們一夥，形成三打一的戰略優勢？」

晉文公聽了點頭稱是，並問：「如何讓齊、秦兩國加入我們呢？」

先軫說：「這個不需要我們出面，我們可以讓宋國帶著重金去賄賂齊國、秦國，讓這兩國出面與楚國調停，讓楚國從宋國撤軍。宋國出的錢，我們晉國可以用占領下的曹國與衛國的土地給它報銷。」

晉文公皺著眉頭說：「齊、秦兩國出面後，如果楚成王同意調停，撤軍回國，那齊、秦兩國賺足了面子，我們不就白忙一趟了嗎？」

先軫淡定地說：「楚成王這次出征就是為了拿下宋國，徹底稱霸中原，所以卯足了勁，齊、秦兩國勸說楚國肯定無效。齊、秦兩國，一個是昔日的霸主，一個想當未來的霸主，他倆勸說楚國無效，肯定覺得很沒面子。而且他們肯定也不想楚國獨霸中原，這樣一來必定會出兵和我們一起痛打楚國。」

晉文公立馬贊同，讓宋國按照這個計畫執行，並把占領下的曹、衛兩國土地割給宋國。

我們不得不讚嘆，先軫不光武力值高，智力值更是爆表。他的戰略構想簡直是天才級的，這一招徹底殺楚國於無形，後來局勢的演變，也是完全按照先軫的劇本走的。

果不其然，宋國派使節分別去賄賂齊、秦兩國，兩國收到錢後向楚國調停，遭到失敗。丟了面子的齊、秦兩國正式向楚國宣戰，畢竟中原大地是大國的遊戲場，不能讓楚國一家獨霸。

就這樣，晉國不用自己拉下臉面請齊、秦兩國入夥，而是透過宋國從中穿針引線，讓齊、秦兩國主動加盟。自此，三大國從西、北、東三個方向，形成了一道壓在南邊楚國頭上的戰略絞殺線。

在宋國睢陽前線的楚成王接到齊、秦兩國宣戰的消息，整個人不淡定了。他完全低估了晉文公，從前都是他算計別人，沒想到這次自己竟然被晉文公給算計了。天下的三個大國將合起夥來打楚國，楚國就像紙牌遊戲裡的地主一樣，不僅淪為孤家寡人，還被晉國這個農民用炸彈炸蒙了。楚成王需要靜下心來，好好想想後面的路該怎麼走。

# 拾肆 春秋第一大戰（下）

# 對賭

西元前六三二年，周曆三月底，楚成王站在睢陽城外的一片空地上，凝視著這座古老而雄偉的城池。寒風吹拂著他的面頰，他的內心也像冰窖一樣。楚軍圍攻睢陽數月，至今未破，城下堆滿了楚軍屍體。

六年前，楚成王在泓水之戰中全殲宋軍主力，彼時宋都睢陽空虛，拿下睢陽輕而易舉。他萬萬沒想到天祐宋國，楚軍在渡滩水時恰逢河水暴漲，結果被沖得七零八落，攻占睢陽的計畫功虧一簣。

現如今，楚成王再次殺到睢陽城下，楚軍把睢陽圍得是裡三層外三層。但宋國好歹也是公爵級國家，睢陽城牆經過幾百年的營建，異常堅固。而且睢陽周邊水系發達，雖然宋軍被圍得很慘，但仍可以透過水路獲得補給，並與外界聯繫。

想斷掉宋軍補給，必須要有水軍，而春秋時的軍隊都是旱鴨子，水軍可是高科技兵種。楚國在當時還沒有能力建立水軍，所以睢陽在楚軍團團圍困下依然屹立不倒。

楚成王望著睢陽城牆，內心感慨萬千。自己雖能號令中原諸侯，卻始終拿不下眼前這小小的睢陽。從子玉率若敖六卒遠征，到現在自己圍攻睢陽，已經曠日持久。打仗是燒錢的，再這麼長時間地耗下去，對於楚國來說無疑是大放血。

楚成王搖了搖頭，嘆了口氣。他一邊踱著步子，一邊回想前幾天剛接到的齊、秦兩國向楚國宣戰的消息。他萬萬沒想到，晉、齊、秦三國竟然會聯合起來。

現在擺在自己面前的只有三個選項：

第一，圍攻睢陽直到破城，然後在宋國境內與晉、齊、秦三國聯軍決戰。

第二，火速撤圍，揮師北上。在齊、秦大軍到來前，在曹、衛之境與晉軍決戰。

第三，撤軍回國。

聰明的楚成王選擇了撤軍回國，因為這是最保險的選項，前面兩個選項風險太高，他不能拿國運豪賭。

如果選擇第一個選項，即使攻破睢陽，楚軍也必然損失慘重、疲憊不堪。到時候再與晉、齊、秦三國聯軍交戰，楚軍力不從心，勝算極小。更可怕的是，萬一沒攻下睢陽，晉、齊、秦三國聯軍再給楚軍來個內外夾擊，楚軍主力搞不好要在睢陽城下全軍盡失。隨後三國聯軍再殺向楚國境內，楚國可能就被滅國了。

如果選擇第二個選項，也好不到哪裡去。火速撤圍，搶在齊、秦大軍與晉軍會合前與晉軍決戰，以優勢兵力打敗晉軍後再與齊、秦兩軍交戰。這種集中兵力各個擊破的策略，後世的軍神拿破崙屢試不爽，他以這樣的方法打敗過多次反法聯盟。但是拿破崙用這個策略的時候不用擔心法國老家被人抄底，而楚成王則有這個顧慮。

這都要怪子玉當政時期，楚國的門戶鄀國被秦國攻占。如果楚軍主力在曹、衛與晉軍決戰時，秦軍不前來增援晉軍，而是走之前攻占鄀國的那條路線，就能直接殺入楚國方城。即使楚軍能大勝晉軍，但班師回朝時就可能會發現自家老巢已經被秦國強拆了。

楚成王年歲已高，此時楚軍主力在外，國內空虛，他不敢也不想去冒險，所以只能選擇撤軍回國。

周曆四月初，楚成王命令在齊國谷邑駐紮的楚軍撤回楚國，跟隨楚軍遠征的陳、蔡、鄭、許四國軍隊撤回各自國家。圍攻睢陽的楚軍全部撤至楚國申縣，隨時準備迎戰進攻楚國本土的三國聯軍。

然而楚成王的撤軍命令，卻遭到子玉的公然違抗。不光子玉一個人抗命，若敖族的其他楚軍將領們也都拒絕撤軍。

子玉抗命是經過深思熟慮的。如果此時撤軍回國，楚國在中原的霸權必定土崩瓦解。而楚國開始走下坡路，正是在子玉擔任令尹的這幾年。回國以後，自己作為國家的二把手，肯定是楚成王出氣的對象。到時候，自己無非被罷官了事，但是若敖族就會成為楚成王的重點打擊對象。子玉實在擔不起讓若敖族衰敗的責任。

為了若敖族的命運，子玉打算豪賭一把，率軍北上與晉軍決戰。這一賭，賭上了若敖族的命運，更賭上了楚國的國運。如果能打贏，楚國不但中原霸權之位不失，更能雄霸天下，而子玉與若敖族憑此不世之功勛，今後在國內也無人敢敵。

好勝心極強的子玉之所以敢賭，也是因為他有籌碼。楚軍中，自己手裡有強悍的若敖六卒，可以作為決戰的中堅力量。還有楚成王出征帶出來的申、息兩縣的縣兵，這兩縣的縣公都是若敖族的人，自然也會聽自己的。這兩縣作為楚國的戰略重鎮，縣兵戰鬥力頗高。此外，自己這兩年遠征在外，一直擔任前線總指揮，陳、蔡、鄭、許四國聯軍也在自己掌握之中。他們雖然戰力弱，但打仗時候充充人數，搖旗吶喊也是可以的。即使楚王把自己的王卒與太子的宮甲全部撤走，子玉手裡掌握著的若敖六卒和申、息縣兵以及四國聯軍，全部加起來也有將近一千兩百乘戰車，總兵力將近十一萬。

有如此龐大的軍事實力，子玉完全有底氣不依賴楚王，靠自己展開大決戰。

已經帶著王卒與宮甲撤到申縣的楚成王，見子玉仍然不聽自己的命令，內心無比憤怒。他立即派使者前往宋國，下令讓子玉火速撤軍回國，並讓使者傳話給子玉：「《軍志》講：『適可而止。』又講：『知難而退。』又講：『有德不可敵。』這三句話說的都是晉國！」

結果子玉回了一句：「我此次作戰，只不過是要堵那些奸佞小人的嘴！」

使者回去將這句話傳達給楚成王，楚成王非常憤怒。子玉如此剛愎自用，如果他打了大勝仗，裹挾十一萬大軍殺回楚國，那後果不堪設想。

楚成王心想，此時楚國內患已經大於外患，若敖族已經形成尾大不掉之勢，即使楚國稱霸中原，最後權勢也都要落到若敖族手裡。晉國曲沃代翼、小宗幹掉大宗的事，絕不能在楚國發生。

楚成王殺機已起，但不會顯露出來，他會給子玉溫柔的一刀：子玉你不是要與晉國決戰嗎？那我就派出王卒中的西廣與太子的宮甲去援助你，表面上支持你。但你若打了敗仗，到時候看我怎麼收拾你！

吝嗇的楚成王只派了幾十輛戰車前去援助子玉，自己的主力卻縮在楚國境內。楚成王相信，子玉這樣一個從來沒吃過虧、剛愎自用的人，與晉國決戰必敗。到時候，就由晉國替自己收拾子玉與若敖族。而由於楚軍主力尚存，哪怕晉國率聯軍殺向楚國，自己憑藉方城天險，仍可拒敵於國門之外。

此時子玉仍在宋國境內等待增援，他看到楚成王派來這麼點部隊，不禁暗暗嘲笑楚成王。現在的他空前膨脹，擁有如此駭人的軍事力量，他已經是楚國實際上的王！他不光要把若敖族帶入輝煌，更要成就楚國萬世基業！

令尹子玉押上了自己全部身家，與晉文公重耳對賭國運。而馬上爆發的這場對賭，賭出了晉國百年昌隆的國運！

## 退避三舍

手上握有十一萬大軍的子玉並不急著向晉軍進攻。他繼續圍困宋都睢陽，想透過談判讓晉軍撤退。他天真地認為，在楚軍強大的兵力面前，晉文公會在掂量自己有幾斤幾兩後，同意和談退兵。

子玉派出使者宛春前往晉軍大營，向晉文公傳達了子玉的和談條件：

一、允許晉軍占領下的曹、衛兩國復國。

二、曹、衛兩國割讓給宋國的土地，必須還回來。

三、晉國撤軍回國。

子玉承諾，只要晉國答應上述三個條件，楚軍立即對宋國睢陽撤圍。

晉文公聽完並沒有馬上表態。他讓宛春退出去，找來心腹大臣商議。晉文公的團隊都是在江湖流亡多年的超級人精，聽到子玉開出的條件，他們都覺得子玉是個神經病。

狐偃說：「子玉真是無禮，晉國闖蕩中原，就是為了出來建立霸業的。你占盡便宜，然後一句話就想讓我們走，真當我們是傻子啊？」

先軫跟著說：「如果答應曹、衛復國，即使楚國撤宋國之圍，宋國依然被曹、衛等楚國盟國包圍著，遲早還是被楚國吃掉。子玉這一招將三國全收入楚國陣營中，好人全讓他做了，而晉國什麼都得不到！」

晉文公也點頭同意狐偃與先軫的觀點，然後說：「當務之急是如何解除宋國之圍。宋國如果一直被圍下去，遲早要完蛋。」

先軫想出了一個在春秋時看起來不是很道德的主意。他對晉文公說：「不如我們來做好人。我們私下讓曹、衛兩國復國，但要求他們必須叛楚從晉。同時，我們扣押宛春，激怒子玉，憤怒的子玉必然從宋國撤圍，率軍北上尋找晉軍主力決戰。」

按理說，春秋時交戰是要講原則的，扣押對方使者，這很不道德。但晉文公就按照先軫的建議，扣押了使者宛春。消息傳到子玉那裡，子玉暴跳如雷。

《孫子兵法》說：「主不可以怒而興師，將不可以慍而致戰。」而從兩年前開始，子玉就一直是負氣在外遠征。他負楚成王的氣，負國內大氏族的氣，負敵國的氣，此刻的他如同一個大受氣包，只要一個小火星子，就會被瞬間引爆。

好勝心極強的子玉哪受得了晉國如此羞辱！子玉選擇了楚成王最不敢選擇的高風險選項——撤圍睢陽，揮師北上，一路急行軍，搶在齊、秦大軍到來前，在曹、衛之境尋找晉軍主力決戰。

聽聞子玉率軍狂奔而來，晉軍並沒有找楚軍決戰，而是往北一路後撤。這一撤就走了三天，退避了三舍！

後世對晉文公退避三舍的舉動高度讚揚，說晉文公是一個講仁義的人，退避三舍是為了報答流亡時楚成王對自己的熱情款待之恩。其實，在國家大事上，君主哪會談什麼私人感情？晉文公如果真講仁義的話，三年前就不會將秦國禍水南引，帶著秦國去攻打楚國門戶鄀國了。

晉軍之所以一路後撤，是因為他們心裡真沒有底。在與齊、秦兩軍會合前，己方軍力處於劣勢，貿然與楚國開戰，等於找死。況且，在之前的歷史上，從來沒有一個國家敢與人數超過十萬的敵軍交戰。

在晉國屁股後面一路猛追的楚軍受不了了。楚軍眾多將領向子玉請示，問能不能休息一下，再這麼漫無目的地追下去，晉軍沒有找到，自己要先跑死了。但是好勝心極強的子玉哪會聽進去？他命令楚軍繼續追擊。

就這樣，晉軍跑，楚軍追，在周曆四月初三，楚軍終於在衛國境內的城濮找到了晉軍。

晉軍之所以不跑了，不是因為跑不動了，而是因為晉軍與齊、秦、宋三國大軍勝利會師了！

齊軍將領是國歸父與崔夭兩位大夫，其中國歸父就是齊國赫赫有名的「天子二守」裡的國氏領袖。秦軍將領是秦穆公的兒子小子憖（ㄧㄣˋ）。

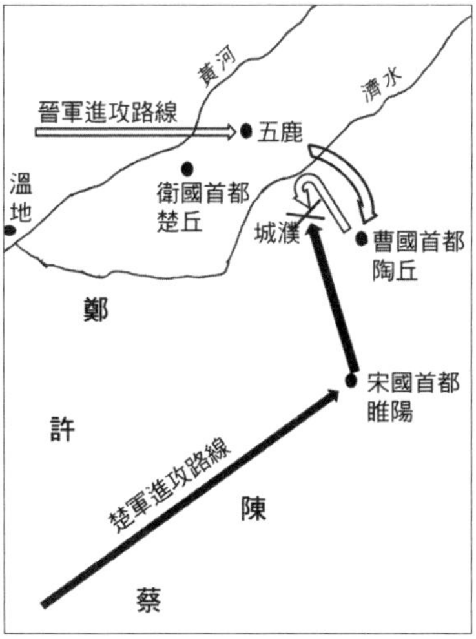


**圖6　城濮之戰行軍路線圖**

最出人意料的是宋軍也前來會師。要怪只能怪子玉情報工作沒做好。楚軍撤圍睢陽後，宋成公就率宋軍出城，一路尾隨楚軍，直至與晉軍會師。

以晉國為首的四國聯軍加起來約有九萬之眾，戰車一千乘。交戰雙方兵力湊起來有二十多萬人，戰車兩千多乘。這麼多的兵力投入一場決戰中，在之前的中國乃至世界歷史上絕無僅有！

周曆四月初四，楚軍挺進到城濮之南，背靠一個叫鄬（ㄒㄧ）的丘陵，安營紮寨。

當晚，晉文公與大臣登上一塊高處，遠望楚軍大營。對面營地的燈火如同浩瀚的銀河一樣。晉文公行走江湖那麼多年，什麼場面沒經歷過，但是他仍被楚軍的架勢徹底震撼了。他內心十分忐忑，這是一場國運豪賭，更是一場所有人從未經歷過的天下大戰！

此時晉文公身旁的狐偃看出他有些不安，寬慰他說：「重耳，舅舅跟你說，沒必要太擔心。打贏了，我們便可以稱霸天下；即使打輸了，我們晉國還有表裡山河，也不會有什麼損害的！」

晉文公聽了狐偃的話，內心寬慰了一些。他心想，反正我們晉國就是出來撞大運的，贏了最好，輸了也沒什麼損失，於是就回營帳裡睡覺了。

第二天，有兩個楚國人先後來見晉文公。

第一個來的人叫王孫啟，這個人給晉文公帶來了好消息。王孫啟的祖父是楚武王，父親是被若敖家幹掉的令尹子元。王孫啟在楚國備受若敖族的欺壓，跟若敖族有不共戴天之仇。這次他叛逃到晉軍大營來，就是要報復若敖族。

他給晉文公帶來了一條重要情報：「楚國君臣失和，這次大戰只有子玉想打，軍中的諸侯聯軍很多都是被迫參戰，而楚王已帶自己的王卒與宮甲回國了。」

晉文公與眾臣聽完都笑了起來。晉文公原本以為楚軍軍力遠勝自己，但是既然楚成王率部回國，自己四國聯軍的實力就與楚軍相接近了，這仗打起來是有勝算的！

緊接著，另一個楚國將領又來到晉軍大營門口，這人就是子上。子上是過來找晉軍請戰的。春秋時，大家打仗是講文明、懂禮貌的，要約好時間、地點，擺好陣勢，堂堂正正打一場，不能搞偷襲。

只聽見子上在營門外大喊：「我家主帥子玉說了，請求我楚軍將士與您的晉軍戰士較量一番。晉君您靠著車前橫木看熱鬧時，子玉也陪同您一起觀看。」

子玉的原話極其輕佻與戲謔，但是晉國君臣們並不生氣。跟你打嘴仗沒有意義，不如讓你繼續猖狂，繼續得意忘形，我們再在戰場上把你打得屁滾尿流。

於是晉文公派欒枝去營門口，回話給子上：「您的話，我們國君已經知道了。當年楚王對我們的恩惠，我們不曾忘記，所以我們才退避三舍。我們原本以為子玉大夫會退軍回去，既然貴軍不回去，那就有勞子玉大夫轉告各軍將領，準備好你們的戰車，明天早上我們戰場上見。」

子上走後，晉文公與眾臣召開戰前作戰部署會議。會開了很久，晉文公想休息一會兒，於是獨自一人走出了營帳。周曆以農曆的十一月為歲首，此時是周曆四月初，換算成農曆就是二月初，屬於冬末春初。這個季節，城濮地區季節性東北風正猛烈。

晉文公抬頭仰望天空，放鬆心情。此時雖然有點乾冷，但天上萬里無雲。晉文公遠眺的時候，忽然颳起了大風。城濮地區是由黃河沖積出來的平原，一颳風就會塵土飛揚。沙子吹進了晉文公的眼睛裡，他揉揉眼睛，腦子裡突然一道靈光閃過。晉文公命令士兵趕緊在周邊樹林裡多砍些樹枝，這些樹枝會在明日的決戰中派上大用場。

## 城濮之戰

周曆四月六日，天剛矇矇亮，一馬平川的城濮大地上已經隆隆作響。交戰雙方開始排兵布陣了。晉文公作為四國聯軍統帥，登高檢閱了大軍。雖然早上的氣溫比較低，但大軍士氣卻很高昂。作為聯軍主力，晉軍擁有七百乘戰車，戰馬與車上戰士個個全副武裝，背甲、胸甲、腹甲、後甲，能穿上的鎧甲都穿上了，整輛戰車就是一輛重型坦克。

晉軍的陣形面朝南，採用上、中、下三軍橫陣排列。先軫所轄的中軍居中，狐毛所轄的上軍居右，欒枝所轄的下軍居左。秦、齊、宋三國聯軍部署在先軫所轄的中軍裡。

晉文公對眾將士喊道：「軍隊裡有年長的，也有年少的，你們每個人都克盡職守，我相信你們必定會取得勝利。」晉軍爆發出撼天動地的吶喊聲。

楚軍的陣形面朝北，也採用橫陣排列。子玉統率強悍的若敖六卒作為中軍，對陣先軫的中軍；子西統率由息縣縣兵與鄭許聯軍組成的左軍，對陣狐毛的上軍；子上統率由申縣縣兵與陳蔡聯軍組成的右軍，對陣欒枝的下軍。為數不多的王卒與宮甲被部署在左右兩軍。

子玉聽見對面雷鳴般的喊聲，也不甘示弱地駕車馳騁到三軍面前，用盡全身力氣喊道：「今天，我們一定會把晉軍全部消滅！」楚軍陣中也爆發出一浪高過一浪的歡呼聲。

兩軍的殺氣都被主帥調動起來了，大戰一觸即發，雙方將士就等主帥擊鼓進軍了。

然而子玉不知道，一個大圈套正在等著楚軍。這場戰役，表面上是兩軍堂堂正正地對決，實際上並非如此。雖然晉國聯軍在人數上稍有劣勢，但是不要忘了，晉國君臣是老奸巨猾的人。

在接下來的交戰中，晉國君臣說好聽點是採用了「虛實」策略，說難聽點就是暗算了楚軍。

避開中軍之實，擊兩翼之虛，是此次晉軍作戰的指導方針。在晉軍看來，楚軍實力最強的是中軍若敖六卒，那是與子玉休戚與共的家族子弟，而其左右兩翼都是縣兵與戰力弱的小國聯軍。晉軍不僅會重點打擊楚軍兩翼，還玩了很多陰招，虛虛實實地把楚軍玩死。子玉不知道有這麼一句話：「不怕神一樣的對手，就怕豬一樣的隊友。」他最後就被豬一樣的小國聯軍坑慘了。

整場戰役，楚軍被晉軍牽著鼻子走。

晉文公站在戰車中，並沒有急於擊鼓進軍，只是看著自己的大帥旗。此時，碩大的帥旗被東北風吹得呼呼作響。而風並沒有停的意思，反而越來越大，突然，中軍大旗上的飄帶被風颳飛了。晉文公看著這條飄帶越飛越遠，越飛越高，露出了詭異的笑容，並示意擊鼓進軍。

楚軍也不甘示弱，開始擊鼓。雙方的戰車開始加速，戰車後的步卒緊跟其後，奔跑起來。兩支大軍如同兩個擎天巨人，即將對撞在一起。

就在楚軍右軍快衝到晉軍下軍時，出現了一個驚悚的場景：他們沒有看見敵軍，反倒看見漫天的沙塵暴向自己迎面撲來。楚軍右軍被這風沙打得睜不開眼睛，陳蔡聯軍嚇得心驚膽顫，以為晉軍人數遠超自己。

原來前一天，晉文公發現這段時間刮東北風，就讓晉軍多砍些樹枝，綁在戰車後。這樣，戰車一跑起來就會掀起漫天風沙，就像沙塵暴一般。而現在正颳著猛烈的東北風，方向正對楚軍，沙塵也就全部刮向楚軍。

就在楚軍右軍揉眼睛時，晉軍下軍從沙塵暴裡衝出來。這一衝，直接把楚軍的馬匹嚇得驚慌失措，到處亂奔。因為晉軍戰車的馬匹全部裹著老虎皮，楚軍的馬匹一看以為是大老虎，本能地逃命了。已經陣形大亂的楚軍右軍被猛衝過來的晉軍打得七零八落，陳蔡兩國聯軍直接就逃跑了，只剩下子上率領的楚軍在做殊死抵抗。

而子西率領楚軍左軍在衝鋒時，發現晉軍上軍竟然有兩面將旗。一軍之中通常只有一面將旗，因此子西誤以為晉軍主將在晉軍上軍。當楚軍左軍快與晉軍接觸時，晉軍上軍竟然掉頭往後跑了。換到現代，傻子都知道這肯定有鬼，但單純的子西以為晉軍是被楚軍嚇跑了，於是趕緊率軍追趕。他以為只要擊潰晉軍上軍，抓住晉軍主將，這場戰爭就贏了。

子玉在中軍看見左軍在奮勇追擊，而右軍在沙塵暴裡。由於當時的戰爭沒有現在的無線電通訊設備，十萬人的戰線拉得非常長，有時根本不知道友軍情況，因此子玉錯誤地認為左軍已經旗開得勝，右軍正在沙塵暴裡酣戰。他把中軍全部壓上，攻打晉國中軍，並沒有去救援已經快支撐不住的右軍。

當楚軍中軍殺向晉軍中軍時，並沒有迎來對沖的晉軍，因為有一條巨長的塹壕擋在了他們面前。晉軍躲到了塹壕後的工事裡，在與楚軍打陣地戰，負責堅守工事的將領叫祁瞞。

殺來的楚軍蒙了。從來沒見過這麼玩的，說好的打野戰怎麼變成攻堅戰了？無奈的子玉只能命令戰車上的士兵下車，全軍開始攻堅。沒有配發攻堅裝備的楚軍只能兩隻手爬塹壕，因此兩軍中部戰線陷入膠著狀態。

而晉軍中軍將先軫去哪裡了呢？此時他正率領中軍主力突然出現在楚軍左軍的右側。

就在子西歡快地去追殺晉軍上軍時，楚軍左軍已經孤軍深入太遠，脫離了中軍，自己的右側暴露在晉國中軍面前。

瞅準時機的狐毛不再跑了，而是指揮晉軍上軍掉頭與楚軍廝殺。先軫則率領中軍主力橫向攻擊楚軍左軍右側。楚軍左軍受到兩面夾擊，鄭許兩國聯軍直接逃跑，只剩下陷入半包圍中的楚軍左軍在拚命抵抗。

看著遠處晉軍中軍主力正與楚軍左軍奮勇廝殺，負責堅守陣地的祁瞞為了爭功，違命擅自出擊。子玉看見守堅的晉軍出擊，大喜過望。祁瞞所轄的防禦部隊本來就不多，一出擊很快被楚軍殺得大敗。擊潰祁瞞的防禦部隊後，楚軍一下子就衝過了防禦工事。緊接著，楚軍開始在晉軍中軍陣中製造混亂，楚軍中一位叫鬬越椒的將領看見了晉軍大帥旗，一箭就把大帥旗射落。

看見大帥旗被射落，晉文公內心萬分緊張。自己中軍主力全部去打楚軍左軍了，中軍陣地留下的人不多，原本只想依靠防禦工事拖延楚軍，沒想到祁瞞這個渾蛋竟然擅自出擊，讓楚軍徹底殺了進來。戰後一定要把祁瞞碎屍萬段！

晉文公內心很緊張，但是沒有流露任何表情，依然堅守在中軍陣中。他知道，作為三軍總帥的自己，絕對不能亂，更不能為了保命後撤，否則，中軍一垮，此戰必輸。

子玉殺入晉軍中軍，在陣中左衝右殺，越來越深入中軍內部。他的目標是晉文公，他要找到晉文公，將其俘虜或者殺死！在屍山血海中，子玉發現前面不遠處有一輛被重兵保護的豪華戰車，戰車上站著一個盔明甲亮的統帥，正是自己五年前在楚國王宮宴會上見到的晉文公重耳！

晉文公站在戰車上，看見正前方不遠處有一個渾身是血的楚軍將領，正死死地盯著自己。當兩人目光交會時，晉文公不禁打了個寒戰：「子玉！」

子玉看見晉文公，也不廢話，立即糾集身邊將士，朝晉文公所在方向猛衝。戰機稍縱即逝，子玉必須趕緊幹掉晉文公，結束這場天下大戰。

如果楚軍左右兩軍能多堅持一會兒，子玉是有把握打垮晉軍中軍陣，贏得這場戰爭的。

然而歷史沒有如果！

子玉拚死殺向晉文公，晉文公心都跳到嗓子眼，以為自己要被子玉幹掉了。就在這時，楚軍左右兩軍的傳令兵先後跑來告訴子玉，楚軍左右兩軍力戰不支，已被晉軍擊潰，左右兩軍現已不復存在了！

聽到消息，子玉差點暈死過去。他明白，一切都結束了。晉軍左右兩翼會馬上包抄過來，再不撤，若敖六卒就要被圍殲了。現在最要緊的就是把中軍的若敖六卒平安帶回家，這些人都是自己的族人。

子玉強大的內心世界已經瓦解了，他知道自己回去肯定難逃一死，而近在咫尺的晉文公就是自己生命中的剋星，晉國以後更將是楚國的剋星。心有不甘的子玉看了看不遠處的晉文公，發現晉文公也在望著他。子玉朝晉文公惡狠狠地瞥了一眼，命令若敖六卒趕緊撤走。

若敖六卒不愧是精銳之師，很多軍隊撤退都會變成潰逃，而若敖六卒的撤退井然有序，沒有讓晉軍占到便宜。

晉文公看到楚軍雖然大敗，但若敖六卒在子玉的率領下竟然能全身而退，內心不禁暗暗佩服。他原本以為子玉只是一個狂妄自大的人，沒想到子玉也是很有能力的。如果不是楚軍兩翼的小國聯軍逃得快，這場戰爭鹿死誰手，尚未可知。

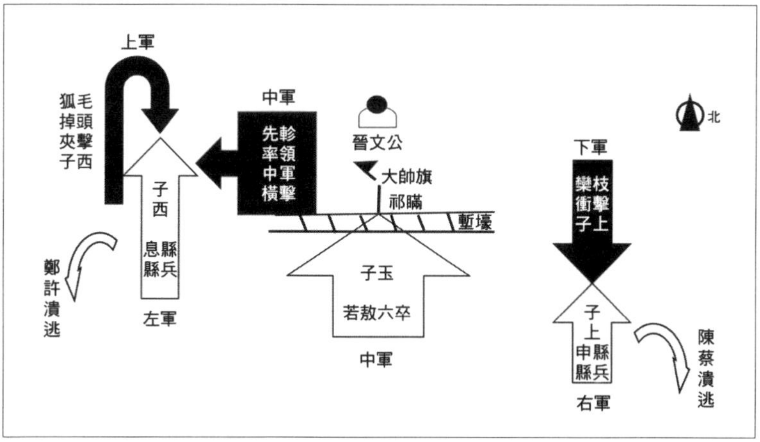


圖7　城濮之戰交戰圖

若敖六卒撤退後，晉國聯軍在楚軍丟棄的大營內發現了堆積如山的補給，全軍在那裡吃了三天，最後把楚營毀壞才撤軍。

遠在楚國的楚成王收到了子玉戰敗的消息，剛開始很高興。但是當他聽到申、息兩縣縣兵全軍覆沒，唯獨若敖六卒回來的消息後，立馬又暴跳如雷！

楚成王最初的設想是，最好子玉與若敖族全軍覆沒，一個都別回來。結果若敖六卒全回來了，楚王直轄的縣兵反倒沒了，偷雞不成蝕把米的楚成王要問責子玉，要弄死子玉！

此時的若敖六卒已經渡過睢水，經空桑，抵達楚國邊境連谷。矗立在若敖六卒面前的是楚國方城。即將回家的若敖六卒沒有看見迎接的人群，看見的卻是楚王的使者。

使者為楚王傳話：「大夫如果回到楚國，對申、息兩縣的父老如何交代？申、息兩縣子弟均戰死沙場，無人能回，你有何臉面面對當地百姓？」

子玉聽完，仰天長嘯一聲，看來自己不得不死了！這場巨大的失敗，必須有人承擔責任。只有自己死，才能背負起這戰敗的罪名，若敖六卒才能回國。

在連谷這個地方，子玉自殺了。隨後，若敖六卒進入方城，回到了闊別已久的家鄉。

子玉雖死，但若敖六卒尚存。仍拿若敖族沒辦法的楚成王，只能讓子玉的副將子西、子上接著做官。至於空缺出來的令尹位子，楚成王可以任命給自己能夠掌控的人。呂臣正是合適人選，他被任命為新任令尹。這是一個老實而平庸的人，是蚡冒族的人，雖然家族勢力不及若敖族，但也是世家大族。拉一派打一派，讓蚡冒族抑制若敖族，是楚王的慣用伎倆。

由於若敖六卒平安撤回，楚國依然滿朝都是若敖族的人，呂臣被若敖族的人完全架空了。再加上他抗壓能力有限，很快得了憂鬱症，不到一年就死了。

楚成王無可奈何，只能再次起用若敖族的人當令尹，這次他選的是子上。子上比起子玉要老實本分不少，至少不敢像子玉那樣不留情面地懟楚王。然而，在楚成王眼裡，無論子上是什麼樣的人，他都得死，因為他是若敖族的人。

西元前六二七年，令尹子上統領大軍與晉國交戰。由於作戰不利，楚成王下令處死子上。

被打壓下去的若敖族對楚成王充滿仇恨，但他們暫時隱忍了起來。在日後的楚國政壇上，他們還會掀起更大的風浪。若敖族的問題，只能等到楚成王的孫子楚莊王來徹底搞定。

城濮之戰只是這場天下大戰的總決戰。這場天下大戰共歷時兩年，牽涉了晉、楚、齊、秦、宋、鄭、陳、蔡、衛、曹、許、魯十二個國家，捲入兵力之多，交戰地域之廣，前所未有！

城濮之戰後，晉國開啟了百年昌隆國運，正式成為春秋第一超級大國。而楚國只能退居老二位置，除了以後出了個難對付的楚莊王以外，一直被晉國壓著打。

晉國是把分封制推向極端的國家，像是以卿族為主體的股份有限公司；楚國則好比以公族為主體的集體所有制公司。這場天下大戰，是一場卿族國家與公族國家的較量。

這場戰爭的勝利，昭示著當時晉國分封制在制度上的勝利。此戰中晉國君臣上下團結一心，因為每個卿大夫都知道，只要做得好，就會獲得更多好處，所以他們都爭相賣命。

但任何事物都具有兩面性，為了獲得更多利益，晉國卿大夫們特別喜歡對外作戰。「國之雖大，好戰必亡」，當晉國打不動外戰的時候，養得巨肥的卿大夫們，必然就要對自己國家下手。

不管戰爭結果怎樣，塵歸塵，土歸土。子玉死了，死在了他強烈的好勝心上。而晉文公對子玉的戰鬥力仍然心有餘悸，直到很久以後，得到子玉自殺的消息，他才長長地舒了一口氣，說：「今後晉國再也沒有敵人了……。」

# 拾伍

# 被封印的秦國

# 燭之武退秦師

城濮之戰取得大勝，但晉文公並沒有急著回國，而是趁勢率領聯軍直奔鄭國。晉文公心裡清楚，要想徹底稱霸中原，僅僅打敗楚國是遠遠不夠的，還要控制宋、鄭兩國。只有控制這兩大戰略支撐點，這個霸業才能立起來。現在宋國已經是晉國的小弟了，就只剩下鄭國了。

之前說過，春秋第一個被地域歧視的國家是宋國，而第二個被地域歧視的國家就是鄭國。宋國被人歧視，是因為他們是商朝後人，固執地堅持自己的文化，與周邊姬姓諸侯格格不入。而鄭國被人歧視，是因為它的地理位置比宋國還要好。鄭國是天下的交通中心，緊挨著天下政治中心雒邑，是天下大國都覬覦的一塊大肥肉。為了生存下去，鄭國只能當沒骨氣的牆頭草，所以會被人歧視，被人看不起。什麼「鄭人買履」、「買櫝還珠」，都是黑鄭國人的。

自從小霸主鄭莊公死後，鄭國國勢江河日下。到鄭文公上臺時，國力已經徹底不行了。縱觀鄭文公四十五年的執政生涯，與其說是一國之君，不如說他是一位風塵女子，誰財大氣粗、膀大腰圓，他就笑臉相迎地侍奉誰。

齊桓公稱霸時，鄭文公給他當小弟。齊桓公死後，楚成王逐鹿中原，鄭文公又倒向楚國，娶楚成王的妹妹做老婆，用天子的禮儀對待楚成王。現在楚國戰敗，晉國率領聯軍直撲鄭國，鄭文公自感大事不妙，又親自帶著好酒好肉，向晉文公請罪拜大哥。就這樣，鄭國背叛了楚國，倒向了晉國。

此時，還有一個人高興得不得了，那就是周襄王。如果說楚成王是霸主陪跑者，那麼周襄王就是霸主見證者。

周襄王是齊桓公扶上位的，齊桓公死後，他就失去了靠山。楚成王鼎盛時期，中原絕大部分諸侯都成為楚成王的小弟，那時的楚成王成為主宰中原的王。周襄王雖然也是天子，但只有一個虛名，自己能不能吃上飯都是個問題。

既然作為周王室嫡系諸侯的晉國打贏了楚蠻，定能重振周王室聲威。周襄王為嘉獎晉文公，做了一件讓晉文公受寵若驚的事——親自前往軍前慰勞。這可是連當年的春秋第一霸主齊桓公都沒有享受過的待遇啊！

周襄王派王子虎前去通知晉文公，已經在鄭國境內的晉文公立即讓人在踐土修建行宮，準備迎接周襄王。

西元前六三二年，周曆五月十四日，在城濮之戰結束一個多月後，周襄王蒞臨踐土。這場國際大會盟一連搞了七天，史稱「踐土之盟」。

此次會盟，天下諸侯能來的都來了，但偏偏有一位重量級的人物沒來，那就是秦穆公。不甘屈居人下的秦穆公，很快將有大動作。

西元前六三〇年秋，晉軍攻打鄭國，並把老朋友秦國一起喊上。晉秦兩國大軍傾巢而出，十多萬人殺向鄭國。

晉國是完全可以憑自己的實力打敗鄭國的，這次之所以要叫上秦穆公一起滅鄭，完全是出於國家安全考慮。平心而論，秦穆公對晉文公是相當不錯的，可是每次有了好處，都是晉文公獨享，壓根兒沒有秦穆公的事。秦穆公內心對晉國極度不爽，以至於沒有參加踐土之盟。

晉文公清楚，對晉國威脅最大的不是楚國，而是近在咫尺的秦國。楚國離晉國路途遙遠，中間又隔了許多諸侯國，晉國與楚國打仗純粹為了爭霸。而實力雄厚的秦國卻不一樣，它緊挨晉國，從秦國雍都到晉國絳都，一路上都是平原，只有中間一條黃河勉強有一點阻擋作用。驪姬之亂後，秦國也曾數次渡過黃河深入晉國腹地，這讓晉文公很是擔憂。

如果讓秦穆公繼續不爽下去，誰知道不高興的秦穆公會不會哪天再次領兵殺向晉國。為撫慰秦穆公受傷的心靈，晉文公私下向秦國表示，以後晉國在中原有什麼好處，一定叫上秦國，絕不吃獨食。

這次滅鄭行動，秦穆公表現很積極。他親率大軍從雍都出發，穿過崤函道，直撲鄭國，要與晉國一起瓜分鄭國。秦國只要占有了鄭國土地，就能將腦袋從崤函道伸到中原，到時候爭霸天下就不再是遙不可及的夢想。

過於自信樂觀的秦穆公哪裡會想到，等秦國真正殺入中原大地，已經是三百年後商鞅變法之後的事了。即使秦軍現在進入中原，最多也只算是武裝旅遊。哪怕鄭國被秦國獨吞，秦國也沒有能力守住霸主之位，因為秦國通往中原的崤函道掌握在晉國人手裡。

崤函道西起桃林，東達澠池，全長一百六十公里，是當時陝西通往中原的唯一出口。尤其是函谷那一段路極為險峻，大山中裂，壁立千仞，有路如槽，深險如函，所以被稱為函谷。函谷最窄處只能容納一輛戰車通過，只要晉國扼守住崤函道，孤軍深入中原的秦軍就猶如被掐住了脖子，只有被宰的份。

周曆九月初十，秦晉兩國均已到達鄭都郊外，晉軍駐紮在鄭都北面，秦軍駐紮在鄭都西面。登上鄭都城牆的鄭文公，被不遠處圍城的秦晉大軍所震懾。他畢竟已經在中原這血雨腥風的江湖混了幾十年，什麼場面沒見過？但這次來了這麼多兵，甚至比城裡的百姓都多，這分明不是來打服鄭國的，而是來滅國的！

可憐的鄭文公，只不過是亂世中的一個紅塵小諸侯，任何一個膀大腰圓的大國來了，自己都得委曲求全，好生侍奉。本來，之前踐土之盟，鄭文公已經把晉文公伺候得很好了，現在就因為一些謠言，晉國就要來滅自己，這也太流氓了吧？而且你晉文公對鄭國耍流氓就夠了，居然還帶個秦國一起來耍！

已經是熱鍋上螞蟻的鄭文公，請了一位老人出山，這位老人叫燭之武。燭之武這個人之前的事蹟，歷史上並沒有太多記載，我們只知道他之前在鄭國鬱鬱不得志，一直對鄭文公心懷不滿。但是有一點可以確定，鄭文公請燭之武出山是因為他確實是個人才。

鄭文公急忙召見了燭之武，對他說：「國難當頭，請先生出山！」

燭之武一開始是拒絕的：「我壯年時候，尚不如人，如今老了，恐怕更力不從心了。」

鄭文公聽完差點給燭之武跪下，他悲情地說：「您作為鄭國人，鄭國如果完了，對您也沒什麼好處啊！」

為了自己的國家，燭之武不得不點頭表示同意出山。接著，他想了一會兒，對鄭文公說：「晚上把我從城牆西門放下去，我去秦軍大營一趟……」

白天，秦穆公極其興奮。他躊躇滿志地看著眼前的鄭都，規畫著未來爭霸中原的偉業。這是秦穆公第一次來到中原大地，他實現了歷代秦君進軍中原的夢想。

而到了晚上，就在秦穆公打算美美睡上一覺，養足精神準備明天攻城的時候，不速之客燭之武來到了秦軍大營門口，要見他。

正要睡覺的秦穆公被這個人的到來攪亂了睡意，一臉不高興。但作為秦國元首，他礙於面子，還是不情願地接待了這個人。結果這一接待可不得了，燭之武給秦穆公上了一堂別開生面的權謀啟蒙課。

鄭國先君都在周天子身旁擔任過大卿士，所以鄭國人向來政治經驗豐富，視野開闊。鄭國在中原險惡的環境下已經混了一百年，鄭國人也不同於高傲的宋國人，一個個都是混世老油條，充滿了圓滑與機智，見人說人話，見鬼說鬼話。而秦國先君只是西陲的弼馬溫，偏居西方的秦人哪見過中原花花世界，來趟中原就像農村暴發戶進城一樣，被鄭國人輕而易舉地哄得找不到方向。

燭之武對秦穆公說：「秦晉兩國大軍已經包圍了鄭都，我們鄭國已經知道自己要亡國了。但是如果鄭國被滅，真的對秦國有好處，那就麻煩秦君讓手下將士趕緊動手吧。」

「滅鄭對秦國沒有好處」的論調一出，秦穆公不作聲，只是接著聽。

燭之武接著說：「越過晉國，去占領遙遠的鄭國，對於秦國來說不是良策。即使秦國占領了鄭國的土地，那也只是一塊飛地，很難遠程控制。而晉國靠近鄭國，占領鄭國就會增強國力。萬一以後秦晉兩國兵戎相見，秦國只能坐看自己手中的鄭國土地被晉國吞下。」

經燭之武這麼一說，秦穆公茅塞頓開。晉國拉自己過來，表面是有肉一起吃，其實還是要坑自己。秦國攻打鄭國，可以減輕晉國的損失；而鄭國的土地即使被秦國占領，對於晉國來說，也只是相當於暫時寄存在秦國手裡。哪天秦晉翻臉，晉國直接把土地搶回來就行了。

「那先生有什麼好的建議呢？」秦穆公問。

「鄭國願以秦國馬首是瞻，作為秦國通往中原的東道主。以後秦國出入中原，我們鄭國一定款待好！」

此時秦穆公雖然有點心動，但還有點猶豫。畢竟這次行動是晉文公邀請秦國來的，自己如果有什麼小動作卻不告訴晉文公，太不講義氣了。

燭之武看出了秦穆公臉上的猶豫，於是又講了一件讓秦穆公害怕的事：「如果晉國在東方滅了鄭國，沒準下一步就會去西方搶奪秦國領土。當年您把晉惠公扶上位，結果這傢伙一渡過黃河，就下令修建防禦工事，防備秦國，可見晉國是個貪得無厭、不講信用的國家。您現在幫助晉國，反而是害了秦國。」

燭之武講完所有的利弊，秦穆公都聽愣了。作為豪爽直男，秦穆公只懂快意恩仇，從來沒有想過政治原來這麼複雜。他的人生信條就是，你對我好，我加倍對你好；你對我壞，我會玩命弄死你。他的心腹大臣百里奚、蹇叔只和自己談仁義道德，從來沒有告訴他，國與國之間鬥爭可以不擇手段。秦穆公與燭之武談完，真是聽君一席話，顛覆人生觀！

燭之武不愧是智勇雙全的謀士。他的高明之處在於，字字句句都強調了「滅了鄭國只會便宜晉國，對秦國沒有好處」和「晉國經常害秦國」兩點，但從頭到尾沒有直接對秦穆公說過一句「你應該坑晉國」的話，而是讓秦穆公自己做出決定。

燭之武給秦穆公上了這堂生動的政治啟蒙課後，秦穆公開始舉一反三，以彼之道，還施彼身。他私下與鄭國訂立盟約，並派杞子、逢孫、楊孫三位將領統領一部分秦軍幫鄭國人戍守首都，防備晉軍進攻。隨後，秦穆公率領秦軍主力回國了。

看到秦軍撤離，晉文公有苦說不出。他原本打好了如意算盤，沒想到最後卻落空了，如果現在再攻打鄭國，就等於向秦國開戰。

狐偃向晉文公提議說：「既然秦國與晉國關係出現裂痕，不如乾脆撕破臉，趁秦軍回國，追擊他們，殲滅秦軍主力，徹底解決這個心腹大患。」

晉文公想了一會兒，然後語重心長地說：「如果沒有秦君，就沒有現在的我。貿然與秦國開戰，把盟友變成敵人，會極大地破壞晉國的霸業！」

於是晉文公下令撤軍回國，鄭國也轉危為安。原本秦晉滅鄭的戰爭，就這麼不了了之。秦國兵不血刃地把鄭國拉為盟友，還在鄭國駐軍，成了最大贏家。

但晉文公手下的從龍之臣們心有不甘。和晉文公不同，他們是好戰的鷹派，作為卿大夫，他們要建立自己的功績。在後來的日子裡，這些從龍之臣將會給予秦國重重一擊。

# 糟糕透頂的軍事行動

西元前六二八年冬天，年邁的晉文公去世，太子歡繼位，史稱晉襄公。

與此同時，晉國朝堂得到消息：秦國三軍突然出現在桃林附近，並向東朝崤函道挺進。秦軍傾巢而出，是因為此時是千載難逢的好時機。晉文公和鄭文公相繼去世，在這兩國大喪期間，秦國可以趁火打劫。

自從上次從鄭國回來，秦穆公已經開竅了，現在的他已不是當年那個只講道義的人了。如今，為了國家利益，他可以不擇手段。

此次出征，秦穆公有把握拿下鄭國，因為之前留在鄭國的秦軍將領杞子已經得到了鄭都北門的鑰匙。只要秦穆公率大軍過來，杞子與秦軍裡應外合，就能拿下鄭都，入主中原，實現歷代秦君的夢想。

但秦穆公的計畫從一開始就遭到心腹老臣蹇叔的反對，蹇叔提出了兩個反對理由：其一，此次攻擊距離過遠，即使拿下鄭都，後期也很難守住；其二，大軍遠征，行動很難保密，鄭國提前做好防備，仗就很難打了。

然而秦穆公管不了那麼多。他現在已是英雄暮年，說不定哪一天就去見列祖列宗了。他想趁自己還沒入土趕緊賭一把，要是賭贏了，就能實現歷代先君的夢想，締造秦國的千秋大業。

於是，秦穆公召集三軍在雍都東門誓師，並任命孟明視、西乞術、白乙丙為秦國三軍將領，準備殺向鄭國。

沒想到，一場威武的誓師大會意外變成了送葬大會。來砸場子的不是別人，正是蹇叔，他竟然在三軍面前號啕大哭起來！他之所以哭，是因為捨不得這三位年輕的將領。孟明視（孟明是字，視是名）是蹇叔鐵哥們百里奚的兒子，西乞術（西乞是字，術是名）、白乙丙（白乙是字，丙是名）則是他自己的親兒子。蹇叔不想看見自己的親兒子、好侄子以及秦國的三軍將士死在一場沒有意義的戰爭裡，白髮人送黑髮人。結果，好好的一場誓師大會，被蹇叔搞得十分晦氣。

一向對蹇叔很客氣的秦穆公勃然大怒，咒罵道：「你知道嗎？你活到頭了！等大軍回來，你墳頭的樹都能合抱了！」心情極差的秦穆公命令大軍馬上開拔。

秦國三軍緩緩地從蹇叔面前走過，每個經過的士兵都用奇怪的眼神看著面前哭成淚人的老頭兒。當西乞術、白乙丙經過蹇叔時，蹇叔拽住他倆。蹇叔沒有說什麼「孩子你一定要在戰爭中活下來」之類的話，而是說：「此次出征，晉軍一定會在崤山附近襲擊秦軍。到時候，我會去崤山為你倆收屍的。」

西乞術、白乙丙哥倆不禁懷疑自己是不是父親從哪裡撿來的，這是親爹嗎，怎麼還咒兒子死啊？不過後來的結果證明，蹇叔說錯了。秦國三軍全軍覆滅，唯獨孟明視、西乞術、白乙丙三位主將活了下來，這完全在蹇叔意料之外。

秦國大軍要走七百五十公里的路程。他們這一路走得很辛苦，除了貴族可以坐在戰車上外，普通士兵就靠兩條腿走。那時也沒有公路，只能逢山開路，遇水搭橋。走艱險的崤函道，難度不亞於鐵人三項。

秦軍從雍都出發，沿渭水而下，越過桃林塞，穿過秦嶺與黃河間的走廊進入函谷，一路從小路行軍到達上陽。這裡就是原來虢國的地盤，現在被晉國占據。經過上陽，秦軍一頭紮進崤山道。

崤山道也不比函谷好走。崤山道分為東西兩段，東崤段長十八公里，道路極窄，最窄的地方和函谷一樣，只能容下一輛戰車；西崤段長六公里，雖然不那麼窄，但也好不到哪裡去，而且全是石頭山坡。

西元前六二七年春天，秦軍好不容易走出了崤山，終於看見平坦的中原大地了。秦軍到達的是王畿地區，那裡可是周天子的地盤。

本來，任何軍事行動都應該保密，更何況偷襲最講究的就是出其不意。為防止走漏風聲，很多軍隊都會選擇晝伏夜出，而秦軍卻把這件事拋到腦後。他們來到王畿地區後，也不避開雒邑，反而大搖大擺地從雒邑城門走過。

一個站在雒邑城頭的王族青年正注視著秦國大軍，看著秦軍在周天子的地盤上招搖過市。他正是周襄王的孫子，人稱王孫滿。戰車上的士兵在路過雒邑城門時，理應下車並摘掉頭盔行禮，而王孫滿看到的秦軍戰士只是非常敷衍地行禮，很快就跳上戰車走了。秦軍前後有三百多輛戰車，車上的戰士都是如此敷衍。烏泱泱的一大群人，就像是去鄭國趕廟會。

王孫滿回到王宮後，向周襄王稟報：「秦軍必定會失敗！」

周襄王疑惑地問：「這是什麼原因呢？」

王孫滿說：「我看秦軍輕佻驕橫，輕佻就少謀，驕橫就無禮。少謀就會自陷險境，無禮就會軍紀渙散。秦軍此次出征，不失敗就沒有天理！」

王孫滿講得很有道理，這支秦軍是一支缺乏紀律的部隊。在商鞅變法以前，秦軍最缺少的就是紀律性。秦軍將士雖然個個驍勇善戰，捨生忘死，但是沒有紀律的束縛，猶如一盤散沙。秦軍之前幾次殺入晉國腹地，完全是因為晉國經歷驪姬之亂後國家動盪，內部不合，這才得手。而現在的晉軍，在晉文公幾次野戰訓練之後，已然成為君主手中的神兵利器。如果秦晉再次交鋒，秦軍勝算不大。

戰國初期著名的軍事家吳起，就以五萬魏武卒擊敗秦國五十萬大軍。他在其著作《吳子兵法》裡這麼輕蔑地評論秦軍：「秦性強，其地險，其政嚴，其賞罰信，其人不讓，皆有鬥心，故散而自戰。」關於擊破秦軍的方法，吳起寫得也很清楚：「擊此之道，必先示之以利，而引去之，士貪於得而離其將，乘乖獵散，設伏投機，其將可取。」

說直白一點，秦人雖然勇敢，國家賞罰分明，但是秦軍沒有良好的紀律性，士兵為了蠅頭小利就會違反紀律。打秦軍時，可以用一些財物誘惑他們，當他們為搶奪戰利品而導致陣形混亂時，就會被一舉擊潰。

個體再強，如果沒有紀律的束縛，沒有默契的配合，再多的士兵也都是烏合之眾。拿破崙就說過：「兩個馬木留克兵（居住於埃及的奴隸士兵）絕對能打贏三個法國兵；一百個法國兵與一百個馬木留克兵勢均力敵；三百個法國兵能戰勝三百個馬木留克兵；而一千個法國兵則總能打敗一千五百個馬木留克兵。」

秦軍跋山涉水，從偏遠西部來到中原的花花世界。一方面，他們很心虛，想偷偷摸摸撿個大便宜，生怕鄭國人知道這個祕密；另一方面，他們又想在全天下面前顯擺自己強大的武力。秦軍這複雜的心理，看上去很是滑稽可笑。

秦軍聲勢浩大地經過天下政治中心雒邑，就等於昭告天下，自己要去攻打鄭國。結果秦軍剛出王畿，到達滑國（今河南省睢縣西北）境內時，一個人找上門來，要和主將孟明視聊聊。這時的秦軍已然是一群想發財想到瘋的殺人狂魔，能來找這群狂魔的首領聊天的人，內心不是一般的強大，簡直是個神人！

這個神人叫弦高，既不是位高權重的貴族，也不是武藝高強的戰士，只是一個身分低賤的鄭國牛販子。然而，所謂「神人」，就是指他雖沒有高超的本領，但思維活躍，善於利用聲勢，具有化腐朽為神奇的力量，能以拉大旗作虎皮的方式恐嚇對方，不戰而屈人之兵，以達到戰略翻盤的目的。

孟明視召見了弦高，結果弦高一開口就說了一句讓孟明視崩潰的話：「我國國君聽說您要到我國去，特意派我來勞軍！」

心虛的孟明視一臉尷尬，恨不得找個地洞鑽進去。

弦高繼續說：「我國雖然不富裕，但是願意為秦國大軍服務。如果您一直留在鄭國，我們將提供每天的補給；如果您離開了，我們會為秦國大軍服務到離開的那一天。」

孟明視很無語。

弦高不露聲色地揭露了秦軍突襲鄭國的陰謀，同時也保留了秦軍主將的面子。這樣高超的談判技巧，令人歎為觀止。

其實，弦高根本不是什麼鄭國使者。他是在去雒邑販牛的路上，聽聞秦軍要進攻鄭國，便一面冒充鄭國使者面見秦軍，一面派人回鄭國通風報信。

此時鄭國的新君是鄭穆公。他接到弦高的密報後，立即派人前去探視秦軍所駐紮的館舍。秦軍戍卒正在厲兵秣馬，一看就是準備作戰的樣子。鄭穆公一看大事不妙，趕緊派皇武子去慰問秦軍駐鄭國的總帥杞子。

皇武子客氣地說：「貴軍為了保衛我們鄭國，已經在這裡有兩年了。為了感謝你們，這兩年一直是我們提供糧草。可是我們鄭國畢竟是小國，給貴軍的補給，財力有限的我們已經支撐不住了。聽說你們要回國了，鄭國北方有一片荒野，那裡的麋鹿很多，你們可以在那裡獵鹿，當作補給。您看怎麼樣？」

杞子聽完不敢吱聲。心虛的他明白偷襲鄭國的計畫已經暴露，皇武子這是在委婉地給自己下逐客令，而自己卻沒有反抗的實力。秦穆公兩年前留下的這支秦軍只能起到威懾晉國的作用，論戰鬥力卻只能算是保安部隊。而鄭國國家地位極高，春秋初年也算是個小霸。前幾年，楚成王率領十幾萬大軍圍攻宋都數月都沒有拿下，鄭國的實力不比宋國差。因此，鄭國要滅杞子這支保安部隊綽綽有餘。

杞子真是欲哭無淚。這麼好的計畫，就這麼被一群張揚的豬隊友給毀了。

皇武子走後，杞子與逢孫、楊孫碰頭商討這件事。現在擺在他們面前的只有兩條路：第一條路是提前離開鄭都，在郊外等待秦國大軍。兩軍會合後，一起攻打鄭都；第二條路就是各自逃命。

如果選擇第一條路，可以參看前幾年楚成王圍攻宋都的結果。本來秦軍只打算偷襲，沒有做好打持久戰的準備，一旦陷入長期圍城戰，必定無法滿足補給。如果無功而返，杞子、逢孫、楊孫作為秦軍遠征的先遣隊，必定被問罪。

為了保命，心虛的杞子、逢孫、楊孫選擇了第二條路，各自逃命。杞子逃到齊國，逢孫、楊孫逃到宋國，反正都儘可能遠離秦國。秦軍在鄭國的戍卒見將領跑了，自己也作鳥獸散。

收到駐鄭秦軍潰逃的消息後，孟明視不得不取消襲鄭的作戰計畫。

此時已經是周曆三月初，遠征的秦軍已經在外逛了快三個月，大軍的補給已經所剩無幾了。原本只想拿下鄭國獲得補給，結果鄭國這隻肥鴨子飛了，還是就地取材吧。

孟明視很快就瞄準了附近的滑國。滑國雖然是個彈丸小國，但是好歹也是有點油水可以撈的，於是秦國大軍順手就把滑國給滅了。

有時候，毀滅一支軍隊不需要花多大力氣，一天時間就足夠讓它腐化了。明末，李自成攻下北京後，缺乏紀律約束的農民軍開始了強徵豪奪，從那一刻起，這支軍隊就輸了。而孟明視所率的秦軍也好不到哪裡去。當秦軍打開城門，占領滑國後，他們就如同魔鬼一樣，到處姦淫擄掠，無惡不作，宣洩自己長途行軍的怨氣。

秦軍在滑國休整了將近一個月後，終於開拔返回秦國。吃飽喝足的秦軍，腰裡都是搶來的金銀珠寶，戰車上綁滿了從當地掠奪過來的婦女。然而，秦軍沒有料到，一場大屠殺在等待著他們。一路上始終沒有露面的晉人早已經把刀磨好，就等著秦軍把脖子伸過來了。

在晉人眼中，秦人就是令自己寢食不安的魔鬼。而崤函道如同一個細長的瓶頸，連通著秦人的老家，瓶口對著的就是中原。晉國這次就要把這瓶頸鎖死，把他們眼中的魔鬼徹底封印在瓶子裡。

## 崤之戰

如果，一個人連招呼都不打一聲就從鄰居家穿過，還在鄰居家門口為非作歹，這很沒有禮貌，讓人憎恨。如果鄰居是一位不好惹的江湖大佬的話，那這個過路人或許將死無葬身之地。

然而，本次歷史事件中的「鄰居」雖為江湖大佬，卻對過路人此次的行徑默不作聲。

這輩子吃了很多苦的晉文公知道什麼時候該進，什麼時候該退，所以對秦國一直採用的是懷柔的外交政策。而從未吃過苦的晉襄公是在沒有競爭的情況下，一帆風順地繼承了王位。心狠手辣的他繼承了父親晉文公偌大的家業，身為天下霸主，又擁有五軍實力，非常膨脹。在他看來，秦國此次出征是不知天高地厚，不給自己霸主面子。

秦軍一路上的一舉一動，都被晉國死死地監視著。晉襄公早就想痛下殺手，徹底搞垮秦國了。但與秦國徹底撕破臉，是一件天大的事，需要三思而後行，晉襄公決定召開廷議。

會上，中軍將先軫率先發言：「秦軍覬覦中原，勞師遠征。既然他們遠道而來，我們就決不能放他們走。」

反對者欒枝說話了：「秦國對先君有恩，如果我們對他們發起進攻，這對得起先君嗎？」

先軫反駁道：「先君去世，秦國不來弔唁也就算了，現在更連招呼都不打一聲，就越過我們國土，去攻擊滑國，這已經很無禮了！如果我們今天把秦軍放走，那就是放虎歸山，禍及幾代人。我們此次伐秦，是為子孫後代而戰！」

先軫話音剛落，滿朝大夫爆發出「伐秦」的吶喊聲，欒枝見此情景只能閉嘴了。大夫們心裡都清楚，如果能把秦國三軍滅掉，這麼大的功勛，足夠給子孫炫耀好幾輩子了。

「伐秦！」晉襄公也大喊道，整個晉國宮廷發出了雷鳴般的歡呼聲。

真理往往掌握在少數人手中，整個晉國朝堂唯一一個頭腦清醒的人就是欒枝。後來春秋歷史格局的發展，證明了欒枝的顧慮是對的。

晉國現在處於大喪期間，不宜出兵，但晉國上下已經等不及了。為了不被秦軍發現，出征的晉國大軍把白色喪服全部染成黑色，自此晉國的喪服全都變成了黑色。

晉襄公雖然是御駕親征，但是由於自己軍事經驗不豐富，還是讓先軫做全軍統帥。三月底，晉國大軍渡過黃河後，並沒有主動進攻待在滑國的秦軍，而是率軍進入崤山。

當時先軫用的就是和後世吳起一模一樣的方法：欲要秦軍滅亡，必先讓其瘋狂。先軫率軍躲藏在崤山，就是要讓秦軍在滑國瘋狂，讓秦軍徹底腐化墮落。秦軍從滑國掠奪來的財富足以讓他們喪失鬥

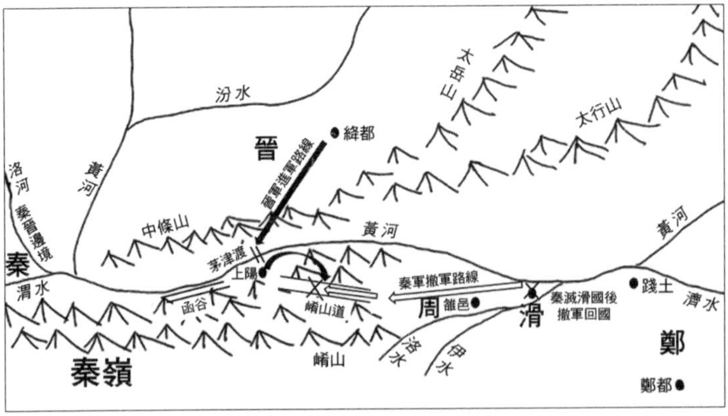


**圖8　崤之戰行軍路線圖**

志，到時候，紀律渙散的秦軍進入崤山道後，就變成了晉軍刀俎上的魚肉，任晉軍宰割。

為了全殲秦軍，先軫在崤山北麓的東西大道山頂上設伏。這裡曾是虢國的地盤，當年晉獻公拼了老命也要占領虢國，就是為了有一天能堵死秦軍通往中原的道路。此次作戰，晉軍還找來當地熟悉地形的陸渾戎配合。一個巨大的口袋陣，擺在了即將到來的秦軍面前。

中國歷史上第一場大規模伏擊戰，即將打響。

周曆四月十三日，秦軍晃晃悠悠地進入了崤山道。秦軍對晉國已經出兵的事一無所知，可見晉軍的保密工作做得比秦軍好上百倍千倍。秦軍也從來沒有想過會有人在半道伏擊，因為當時打仗都是兩軍堂堂正正地對決，打伏擊戰是令人不齒的。

進入崤山道後，掠奪來的財富讓秦軍行軍速度大幅減慢，他們在谷底的行動異常艱難。整支軍隊逶迤數里，戰車變成了貨車，車上綁滿了搶來的婦女。

就在秦軍人困馬乏、需要休息的時候，頭頂上的山峰突然傳來了轟隆隆的鼓聲，箭雨和崤山的大石頭都向秦軍襲擊而來。慘遭伏擊的秦軍在狹隘的山谷中無法列陣，戰車連迴旋的餘地都沒有。秦軍躲過頭頂上的箭雨與石頭後，想從谷底兩端衝出去，但不幸的是道路兩頭早已被堵死。

先軫看秦軍已經被石頭與弓箭殺得毫無還手之力，立刻指揮晉軍與陸渾戎出擊。晉軍與陸渾戎的步兵開始從道路兩頭擠壓路中間的秦軍，數萬秦軍被擠壓在狹窄的谷底。

隨著包圍圈越縮越小，被擠壓在狹小空間裡的秦軍將士如同被困在罐頭裡一樣動彈不得。他們絕望了。有的人已經被擠壓得窒息；有的人被踐踏致死；有的人還沒看清敵人，就被流箭射死；有的人乾脆放棄抵抗，等待被宰。

此時，這場戰爭已不是兩軍對決，而是一場屠殺，崤山道已經變成了地獄。秦國三軍如同在煉獄裡煎熬，他們看不到希望，看不到回家的路。他們只能咒罵晉國忘恩負義，但這無濟於事。等待他們的，是生命被死神無情地奪走的命運！

黃昏時分，殘陽如血，崤山的山谷被秦軍的屍體填平了，血腥味混雜著屍體的惡臭，讓打掃戰場的晉軍聞之無不作嘔。只有天上盤旋的那一大群禿鷲不懼這噁心的氣味，想飛下來啄食屍體，但很快就被晉軍趕走了。

打掃戰場的晉軍在被血水浸泡的屍堆裡尋找三個重要目標，那就是秦軍的三個主將。過了好久，晉軍終於從死人堆裡扒出了埋在下面的三人。這三人雖身負重傷，但都還有一口氣。於是晉軍把俘獲的這三位秦軍主將當作炫耀戰功的活廣告，班師回國了。

秦穆公在秦國始終沒有見到大軍回國。等了很久之後，他才收到消息：「三軍在崤山全軍覆沒，一匹馬都沒回來！」

秦穆公兩眼一黑，一下子栽倒了。他原本只想去中原撿個大便宜，沒想到讓秦國的全部國防力量都報銷了。這下，秦國別說逐鹿中原，老家不被晉國端掉就不錯了。這個打擊對於年老的他來說實在是太大了。

身旁大臣攙扶著秦穆公，又是掐人中，又是灌藥，終於讓他清醒過來。清醒過來的秦穆公趕緊做出了兩個重大決定：第一，全國進行緊急軍事總動員，增強邊境防守，嚴防晉國襲擊；第二，釋放當年攻打鄀國俘虜的楚國申公與息公，派使者與楚國結盟。

秦國是一個中央集權國家，地方有國君委任的庶長，全國很快完成動員工作，大量新兵被徵調過來。

面對秦國遞來的橄欖枝，楚成王也欣然接受，畢竟多一個朋友多一條路。從崤之戰以後的春秋歲月裡，秦國與楚國結成了鐵桿同盟，只要是不利於晉國的事，兩家就一起做。春秋末年，楚國被吳國打得快要滅國時，也正是秦國派兵救了楚國。

凱旋後的晉襄公率大軍回到晉國太廟，向死去的父親舉行隆重的獻俘儀式。此時，晉襄公無限風光，手下的大臣們也都得意洋洋。然而他們哪裡知道，逞了一時之快，晉國霸業也從此走向下坡路。

春秋時代已經過了一百多年了，四大國角逐中原的局面已經形成。但齊國從齊桓公後就日益衰落，現在只剩下晉、秦、楚三國還在角逐。秦國與晉國反目，晉國必然陷於側背受敵的不利狀態，要是與秦國進行中原爭霸，必然無法集中全部力量與楚國抗衡。

而當晉國陷入與秦國的長期消耗戰時，楚國就可以趁機擴展勢力，三十年後，楚莊王已有能力問鼎中原。所以，崤之戰，秦、晉都是輸家，唯一的贏家是楚國。之前提出反對意見的欒枝，是唯一一個看透結局的人，可惜他微弱的聲音被淹沒在了人群瘋狂的吶喊聲中。

## 轉折

一場令人眼花繚亂的諸侯國大戰結束，就如同人踢了一場球賽，累得喘不過氣，必然要坐下來休息，大國也是如此。

不過，戰後各大國表面太平，內部卻是動盪不安。西元前六二六年，楚國宮廷一場弒君大戲將再次上演，這次主角是楚成王和太子商臣。而造成這場悲劇的人，不是別人，正是楚成王本人，禍根則還是老掉牙的劇情——廢長立幼。

楚成王想立小兒子王子職為繼承人，太子商臣聞訊後感到惶恐不安。為了自己的王位，他決定放手一搏。

太子商臣手裡還是有些資本的，楚國的軍事力量由四方面構成，分別是楚王直轄的王卒，太子的宮甲，縣兵，以及大夫手中的私卒。如果楚王想要廢太子，太子完全可以憑藉自己手裡的宮甲來搏一把。

於是，西元前六二六年周曆十月十八日深夜，太子商臣發動宮廷政變！

被圍困在寢宮的楚成王，在臨死前對兒子乞求說：「請食熊蹯（我想吃熊掌）！」

這是父親臨死前最後的心願，商臣卻毫不理會，直催楚成王趕緊死，楚成王只能無奈自殺。曾經橫行天下，令中原諸侯聞風喪膽的楚成王，就這麼悽慘地死了。

楚成王殺了自己的兄長得了王位，卻被自己的兒子逼死。楚國的王位如同一個魔鬼，不停地蠱惑著王族內部的人相互吞噬。

太子商臣繼承王位，史稱楚穆王。

平心而論，從各方面來說，楚成王堪稱一代霸主。他並不比齊桓公、晉文公、秦穆公差，比起宋襄公更是要強上百倍。楚成王在位期間，楚國經濟發展大有一騎絕塵之勢，遙遙領先於中原諸國，就連當初到訪的公子重耳也不得不讚嘆楚國地大物博，國力強盛。楚成王無非是因為城濮之戰的戰敗，光輝形象受損，但和秦穆公崤之戰的三軍盡滅比起來，城濮之戰還真算不上損失慘重。

可是這麼光輝的人物，竟然沒有位列春秋五霸之一，這只怪他有一個比他更牛的孫子——楚莊王。後面的章節，我們會再講到，楚莊王是如何蓋過爺爺的光芒。

西元前六二一年，春秋五霸之一的秦穆公死了。

雍都城外正在舉行秦穆公的盛大葬禮。秦穆公的棺槨前跪著三位渾身劇烈顫抖的人，正是秦國政壇上顯赫的車氏三兄弟，分別叫奄息、仲行、針虎。這三兄弟非常賢能，秦人給這三人組合取了個名字，叫「三良」。三良之所以害怕，是因為他們是來給秦穆公殉葬的，馬上這哥仨就要和秦穆公的棺槨一起被埋進墓裡。

秦穆公用「三良」來殉葬是經過深思熟慮的。秦穆公知道，大貴族對國君有巨大威脅，春秋時大夫作亂殺害國君的故事已經是屢見不鮮了。好在秦國是一個強大的中央集權國家，從建國到秦穆公時只發生過一起三父之亂。儘管如此，也要防患於未然，才能給後世秦君一個安全的環境。從秦穆公開始，人殉成為歷代秦君遏制大貴族的撒手鐧。

縱觀春秋乃至戰國，只有秦國國君一直穩坐釣魚臺，緊握國家大權不放手，秦君的非正常死亡率也是整個東周時代最低的。但是任何事都有正反兩面，秦君把優秀的人才都帶進墓裡，也會導致一個惡果，那就是大夫們不作為、不敢為。

西元前六二一年，周曆八月十四日，晉襄公也死了。他一生都在與秦國作戰，沒想到短命的他與老冤家秦穆公死在了同一年。

晉襄公死的時候留下了一個千乘大國，而他的太子夷皋還是一個正在吃奶的嬰兒，他實在放心不下這個孩子。臨死之前，他讓夷皋的母親穆嬴把孩子抱來，同時還把晉國新任的中軍將趙盾叫來，他要把孩子託孤於趙盾。

趙盾是晉文公「五賢」之一趙衰的長子，也是春秋大夫第一人，開創了「禮樂征伐自大夫出」的時代。

西元前六二一年，是春秋歷史進入轉折的一年。

至此，春秋五霸裡的四位——齊桓公、宋襄公、晉文公、秦穆公均已下線。同時下線的還有楚成王，雖然他沒有位列五霸，論實力也算得上一位霸主。

這五位相互廝殺、相互糾纏，但無論他們使用什麼手段，都是懷揣著夢想，想要建立一套新的天下秩序，來終結這一場亂世。可是到最後，誰也沒有把理想變成現實，一個理想的時代就這樣結束了！

# 拾陸

# 禮樂征伐自大夫出

# 新時代

西元前六二一年，晉襄公死後，年輕的趙盾擔任中軍將，成為晉國政壇上冉冉升起的一顆新星。上臺沒多久，趙盾就做了一件驚天動地的事——廢掉晉襄公的遺孤太子夷皋，另立旅居秦國的公子雍。公子雍是晉文公的兒子。晉文公雖然恨他父親晉獻公，但還是繼承了父親「國無公族」的政策，他沒有像他父親那樣殺孩子，而是把孩子們送到其他諸侯國當卿大夫。公子雍被送到秦國後過得很好，已經擔任了秦國亞卿。

有人可能會問，趙盾作為晉襄公指定的託孤大臣，完全可以立易掌控的嬰兒當國君，以樹立自己在晉國的至尊權威，為什麼要選擇一個不易掌控且年長並有政治經驗的公子雍來做國君呢？

趙盾之所以這麼做，完全是為了晉國的未來著想。自從崤之戰後，秦晉兩國結下血海深仇，秦國隔三差五跑到晉國家門口進行軍事騷擾。這就像一個地痞無賴時不時跑到別人家門口，砸碎窗戶玻璃，撬壞房門鎖芯。雖然主人家晉國能把無賴秦國趕跑，但是經常碰到這種騷擾，晉國也十分頭疼。為了徹底解決這個家門口的無賴，晉國把目光鎖定到了在秦國當亞卿的公子雍身上。因為只有讓他擔任國君，才能讓秦晉兩國冰釋前嫌，重歸於好。

趙盾明白「國賴長君」的道理。晉襄公死後，國內外各方勢力蠢蠢欲動，國家必須要有年長的國君才能穩定局勢。更何況公子雍在秦國已經混到了亞卿職務，說明他具有相當豐富的政治經驗。

只有解除秦國的外部威脅，國家才能長治久安，為了實現這一偉大理想，趙盾寧可不要託孤大臣的名號。因此，趙盾不顧反對，幹掉一批反對者，堅持要廢太子。

然而，自以為勝券在握的趙盾卻忽略了一個人，就是太子夷皋的親媽穆嬴。

孤立無援的穆嬴用了女人常用的撒手鐧——一哭二鬧三上吊。

趙盾只要在朝堂上主持會議，穆嬴就準時到場，抱著孩子在朝堂上大聲數落道：「先君有什麼過錯？他的太子又有什麼罪？你們不立嫡長子為君，反而要去國外找一位公子當國君，你們對得起先君嗎？」

眾大夫內心還是很同情穆嬴的，畢竟晉襄公也是一位有作為的國君。而且，如果趙盾把公子雍接回來，趙盾則成了擁立新君的第一大功臣，而這功勞和自己則一點關係都沒有。

面對穆嬴的胡攪蠻纏，趙盾顯得極其不耐煩，但他又不能把這對母子怎樣，只得趕緊退朝，躲在家裡。穆嬴並不罷休，一路追著趙盾，抱著太子夷皋跪在趙盾家門口，一邊哭一邊喊：「先君當初把太子託付給你，讓你當託孤大臣，說：『這個孩子如果成才了，我會萬分感激你；如果他沒有成才，我死後也會怨恨你。』先君去世沒多久，你就把這話忘了，拋棄太子不管，你讓我們母子倆怎麼活啊！」

先君夫人抱著太子跪在趙盾家門口大哭的事，成為爆炸性新聞，轟動全國。這新聞成了人們街頭巷尾的談資。有時候，人們只會以簡單的善惡觀來評判一個事件，並不會深入分析。晉國輿論全部倒向穆嬴與太子夷皋，都覺得這對母子很可憐，而趙盾則是個欺負孤兒寡母、背信棄義的小人。

趙盾就這樣被人戳著脊梁骨罵了好多天。但是他老躲在家裡也不是事，還有很多政務需要他來處理。終於有一天，他召集眾大夫上朝，準備處理政務。

當趙盾踏入朝堂大門的一剎那，眼前的一幕讓他驚住了：朝堂中央站著懷抱太子夷皋的穆嬴，穆嬴身後站著黑壓壓一片的大夫們，都在惡狠狠地看著自己。

趙盾一個人孤零零地站在朝堂大門口，眉頭緊鎖地注視著眼前的景象。朝堂已經變成了表決大會，如果他還堅持擁立公子雍的話，可能會被眼前的大夫們活活打死。

作為狠人，他從來沒有怕過什麼，但是失控的局面讓他惶恐了，因為大夫們全部站在穆嬴這邊。趙盾可以殺死一個不聽話的大夫，但是他不可能殺掉所有大夫，也不敢把晉國整個大夫集團全部得罪。

作為一個理想主義者，趙盾想讓國家太平、百姓安居樂業，只可惜很少有人能讀懂他，他面對的是一群烏合之眾。

趙盾不願丟下理想，但是現實又如此殘酷。他僵在那裡，眾大夫則焦急地等待著，朝堂上的空氣似乎凝滯了。

眼見趙盾始終不開口，一股股殺氣逐漸從眾大夫身上散發出來。

突然，穆嬴懷中的太子夷皋哭了起來，朝堂上凝固的氣氛瞬間被打破。趙盾被孩子哭聲驚動，腦袋瞬間清醒了。他意識到現在這個嬰兒才是人心所向，才是晉國名義上的武林盟主，如果自己不答應讓這個孩子當國君，恐怕很難走出朝堂。於是趙盾跑到穆嬴身旁，從穆嬴懷中抱起這個嬰兒，並向眾大夫喊道：「我心已決，這是晉國的新任國君！」

朝堂上爆發出了雷鳴般的歡呼聲。

趙盾是為了國，穆嬴是為了孩子，滿朝大夫們則是為了自己的利益。穆嬴和大夫們為了自己眼前的利益，喪失了理智，沒有從長遠考慮。趙盾作為一個理想主義者，徹頭徹尾地敗給了現實，敗給了這些只顧眼前的烏合之眾。為了自己能生存下去，在此刻的朝堂上，他變成了一個令自己討厭的功利主義者。

歷史上，雖然眾多託孤大臣最後都與君王翻臉了，但他們一開始的相處往往都很融洽，託孤大臣會給年幼的君王上課，教他如何處理政務。而趙盾這個託孤大臣當得實在是太失敗了，他從一開始就把與穆嬴和太子夷皋的關係搞砸了，現在還不得不繼續當這個託孤大臣。

太子夷皋在母親的撫養下，潛移默化地接受了這一觀念：「趙盾是咱母子倆最大的仇人，當年要不是老娘我痛哭朝堂，你的國君之位早就被趙盾送給了他人。」

趙盾也清楚，這個梁子算是徹底結下了。太子夷皋長大之時，就是復仇之日。

不過目前，繼位的太子夷皋，即後來的晉靈公，還是個吃奶的嬰兒，國事都由趙盾操勞。

在晉國一家獨大的趙盾，又做了一件震驚天下的大事——會盟諸侯！

過去，召集諸侯會盟，是周天子做的事。後來周平王東遷雒邑，天子大權旁落，就由諸侯裡的霸主召集諸侯會盟。但從來沒聽說過由卿大夫來召集會盟的。

就在令狐之役結束後四個月，趙盾以新任晉君夷皋的名義，向齊、宋、魯、衛、陳、鄭、許、曹八國發出會盟邀請，會盟地點就在鄭國的扈地。

趙盾登上晉國權力中心不到兩年，就破天荒地搞出了卿大夫會盟諸侯的大事，其實是有自己的小算盤的。

在此之前，趙盾還是一個理想主義者，但是在擔任中軍將之後，他才明白理想在殘酷的政治鬥爭面前是多麼蒼白無力。只有緊握權力，才能確保自己在晉國的刀光劍影裡活下來。

晉文公在位時，晉國作為天下霸主號令中原諸侯。現在晉國換國君了，就得讓全天下的諸侯認一認新任霸主。但晉國國君還是一個嬰兒，不能親自主持會盟，這會盟工作只能由不辭辛苦的趙盾代勞，霸主的責任也只能由趙盾暫時承擔了！

從此，趙盾不光成了晉國實際上的一把手，也成為天下的一把手，是為春秋大夫第一人！

趙盾開啟了一個嶄新的時代——禮樂征伐自大夫出。

## 像雄獅一樣

趙盾在晉國一直代行國君之職，有事沒事就帶著大軍打楚國，領著諸侯搞會盟，與春秋五霸唯一不同的就是他的大夫身分。當然，對儼然是霸主的他來說，身分已經不重要了，享受權力帶來的快感才是他追求的目標。

趙盾就這樣沉浸在權力的快感中，直到西元前六一二年。昔日的霸主齊國一直不把晉國放在眼裡，於是趙盾親率晉、宋、衛、蔡、鄭、許、曹七國聯軍征討齊國，誓要把齊國徹底打服。

就在七國聯軍向齊國行軍時，趙盾收到了一封從晉國火速傳來的措辭強硬的軍令：「停止進軍，大軍立刻班師回國！」

趙盾從上位以來一直順風順水，都是他掌控別人，還從沒有誰敢命令他。看到這道軍令，趙盾極其憤怒，怒火中燒地問使者：「這是誰下的命令？」

使者回覆了兩個字：「國君。」

聽到這兩個字，趙盾不由自主地打了一個寒顫。沒想到一轉眼，晉國國君晉靈公已經十二歲了，到了可以對趙盾發號施令的年齡。趙盾已有九年沒有「國君」這個概念了，這九年間，他一直覺得自己就是全天下的老大。

在此之前，國君還是一個乳臭未乾的小孩。十二歲的孩子，生理上剛從兒童期向青春期轉變，但是古代是沒有青春期這一說的，一個人的兒童期一過，似乎就立刻變成了大人，就能做很多大人做的事，例如康熙十四歲就親政了。而此時年僅十二歲的晉靈公也要親政，他要從趙盾手中收回屬於國君的權力。

趙盾遠征齊國，齊國害怕了，就故意行賄晉靈公，讓晉靈公命令趙盾停止進攻齊國。對於從小就被灌輸「趙盾仇人論」思想的晉靈公來說，打不打齊國完全無所謂，因為自己最大的敵人不是外患，而是晉國內部的趙盾。此次趙盾遠征齊國，正好為晉靈公製造了一個讓趙盾在天下諸侯面前顏面盡失的好機會。

收到回國命令的趙盾內心無比憤怒。晉靈公偏偏在自己把七國聯軍召集起來進攻齊國的途中發出撤軍命令，讓自己好不容易組織起來的十餘萬諸侯聯軍立刻解散，而且自己還得老老實實回去，這不是耍人玩嘛！

這事讓全天下都看到了晉國還是國君說了算，被晉靈公戲弄的趙盾成了全天下的笑柄。

而對於有志氣的晉靈公來說，這才只是一個開始。他的人生目標就是打垮趙盾，成為晉國真正的一把手。

西元前六一〇年，趙穿被派去鄭國當人質。按照慣例，派到他國當人質的都是王室宗親，怎麼也輪不到趙穿這個當臣子的來做人質。晉靈公這一招實在太狠，他故意把趙穿當作王室成員，把趙家捧得高高的，就可以順理成章地派趙穿去當人質，這樣就達到了分化趙家力量的目的。

到了西元前六〇七年，十七歲的晉靈公想在正式成人前送給自己一個成年禮物，這個禮物就是趙盾的人頭。對此，他是很有信心的，畢竟他再過三年就正式成人，不再是小孩，已經能做一番事業了。

晉靈公的底氣在於，他手裡有兵。晉國國君手裡的兵被稱為公乘，這是國家武裝力量裡的精銳，並且是常備兵。

卿大夫在自己的封地上也可以徵兵，晉國卿大夫的私人武裝被稱為私屬。國家要打仗時，卿大夫要帶上自己的私屬隨同國君一起出征。

通常情況下，國君手裡的公乘對卿大夫手裡的私屬是有壓倒性優勢的，除非廣大卿大夫們聯合起來，一同對抗國君。晉國從晉獻公時期就開始重用卿族，經常給卿族封官封地，卿大夫的土地全部加起來要比王室多。只要卿族聯手，在土地面積與軍隊數量上對比國君是有優勢的。

所以晉國國君如果想掌控大權，就必須拉一派打一派，從中漁利。可惜晉靈公太年輕，還沒有學會這一招。在沒有給趙盾樹立政敵、滿朝都是趙盾勢力的情況下，他就貿然向趙盾發起進攻，這無疑是死路一條。

這只能怪晉靈公的母親穆嬴只給他灌輸仇恨的思想，卻從未教導他帝王之術。康熙之所以能在十四歲就扳倒權臣鰲拜，關鍵在於他背後有一個強有力的女性，就是他的奶奶——孝莊太皇太后。

一個年少的君王，想在政治博弈中與權臣一較高下，唯一可以依靠的就是家人。而晉靈公在這方面明顯先天不足，所以注定難逃失敗的命運。

雖然晉靈公在與趙盾的交鋒中失敗，但是他還是值得尊敬的，因為他不想做一個傀儡，而是一位有理想有抱負的國君。即使明知會失敗，他也猶如飛蛾撲火般在所不惜。

如雄獅般稱雄一日，勝過如綿羊般苟活百年。

# 神反轉的歷史劇情

西元前六〇七年，晉靈公與趙盾正式交鋒，一場大逃殺的故事拉開帷幕。這個故事被記載到《左傳》裡，後來又被司馬遷在《史記》中引用，故事情節跌宕起伏，人物塑造也很豐滿。然而，我要告訴你的是，這個故事以歷史的角度看，是有問題的。

《左傳》裡是這麼記載的：晉靈公是一個總是橫徵暴斂的無道昏君，平時還喜歡拿彈弓射人。有一次，廚師沒有把熊掌煮熟，晉靈公吃了不熟的熊掌後很不高興，就讓人把廚師殺了，再把屍體裝在簍子裡面，讓宮女們抬出宮去。

趙盾與士會正好入宮覲見晉靈公，看見宮女們抬的簍子外面露出一條胳膊，感到很好奇，便上前詢問。他倆得知此事後，覺得晉靈公做法十分不妥。趙盾與士會多次勸誡，晉靈公就是冥頑不靈，死活不改正自己的錯誤。

趙盾總是勸誡晉靈公，這讓晉靈公極其反感。為了讓趙盾徹底閉嘴，晉靈公派一個叫鉏麑（ㄔㄨˊ ㄋㄧˊ）的刺客去暗殺趙盾。

一般來說，刺客應該是殺人不眨眼的壞蛋，而鉏麑卻是一個講道德、重仁義的好刺客。鉏麑一大早就潛入趙盾家中，趴在屋頂上，看到屋中的趙盾已經穿戴整齊，準備上朝。由於時間尚早，趙盾就端坐在屋子中央打盹。

看到此情此景，鉏麑被趙盾身上散發出來的一身正氣所感動，於是離開趙盾家，還感嘆道：「這樣恭敬勤勉的人，是百姓的好公僕。殺了趙盾，是百姓的不幸；不殺趙盾，是違抗國君的命令。我不想做不忠不義之人，還是死了算了。」接著，鉏麑撞死在一棵槐樹上。

晉靈公一計不成又生一計。到了秋天九月，晉靈公擺下鴻門宴，邀請趙盾進宮聚餐。酒過三巡、菜過五味，晉靈公突然放出一條獵犬直撲趙盾。趙盾的車右兼保鏢提彌明在保護趙盾的過程中，不幸被狗咬死了。

此時，早已埋伏好的甲士把趙盾團團圍住，大殿之上的趙盾孤立無援。就在趙盾感到在劫難逃時，突然從眾多甲士中衝出一位救星。只見這位甲士掉轉手中武器，將趙盾從重圍之中安全救出，一路殺出宮外！

死裡逃生後，趙盾便問眼前這位大俠是誰。

這位大俠說：「我叫靈輒，是翳桑快餓死的人。當年您在翳桑打獵，看我快餓死了，於是賞給我飯吃。您的恩情我一直記著。後來我進宮當了國君身邊的甲士，這次把您從宮中救出，就是為了報答您當年的飽腹之恩。」

趙盾接著問：「靈輒大俠住哪，我好上門答謝。」

靈輒大俠笑了一下，什麼都沒說，揮了揮衣袖走了。

為了擺脫晉靈公的追殺，趙盾開始了逃亡國外、顛沛流離的生活。

可能是趙盾跑得慢，到了九月乙丑日，還沒逃到國外，他就收到侄子趙穿發動政變、把晉靈公襲殺在桃園的消息。於是，趙盾趕緊回到絳都處理國事，畢竟國家不能沒有管事的。

此時一個不怕死的人站了出來，這人就是太史董狐。他用小刀在竹簡上刻道：「趙盾弒其君！」春秋時，史官都是一根筋，只會說真話。

趙盾聽說此事，嚇了一大跳，自己竟然以謀殺國君的形象載入史冊，以後老趙家子孫還怎麼在晉國混？為了老臉，趙盾放下身段，主動去找董狐談談，看能不能通融通融。畢竟自己沒有動手殺國君，太史能否給自己換個光輝形象？

趙盾找到董狐後，對他說：「我沒有殺國君，請您聽我解釋！」

趙盾還沒說完，就被董狐懟了回去：「你是國家正卿，逃亡的時候沒有逃到國外；回來之後，你也沒有把弒殺國君的趙穿繩之以法。你不是兇手，誰是兇手？」

趙盾無力反駁。最後，趙盾被史官董狐扣上弒君的罪名。

按照套路，趙盾在史書上理應是奸臣形象，永遭世人唾罵。但是後世歷史發展卻截然相反，趙盾竟然成了忠君愛國的大夫形象，甚至連京劇舞臺上的趙盾都是正面角色。

而將歷史劇情反轉的人，正是中國歷史上的文化名人——孔子。孔子評價道：「董狐，古之良史也，書法不隱。趙宣子，古之良大夫也，為法受惡。惜也，越境乃免。」意思是：董狐是古代一名秉筆直書的好史官，趙盾是古代一個好大夫。趙盾因為史官的寫法，而蒙受弒君的大罪，如果他當初逃出晉國，就能避免這一罪名。

從孔子的話中，我們可以看出，他給董狐和趙盾都按了讚，還把趙盾落得弒君的罪名歸結到他沒有逃出國境。

有《左傳》的權威記載，又有孔子的背書，於是在這個故事裡，趙盾是一位赤膽忠心的大夫，鉏麑是一位深明大義的刺客，靈輒是一位知恩圖報的義士，唯一的反派就是晉靈公。晉靈公被描述成一位昏庸無道的國君，他的死讓人大呼過癮。

在一個歷史故事裡，如果出現個性鮮明的正反派，如果人物之間矛盾衝突激烈，情節跌宕起伏，如果最後以反派死掉的大快人心劇情結束，那麼這個故事是後世編纂的可能性極高。因為真實的歷史走向，根本不受人控制，我們很少能看見黑白分明的人物，真相往往是被掩蓋了的。

再把這場大逃殺的場景還原，我們會發現這段劇情裡有兩個違背自然規律和物理法則的硬傷：

第一，鉏麑的遺言。

刺客鉏麑準備刺殺趙盾，卻被趙盾的一身正氣所感染。於是鉏麑感嘆了一番趙盾恭敬勤勉之後，撞死在槐樹上。

可是既然鉏麑撞死了，那麼他生前說的話誰記錄的？死人不會說話，除非有時光飛船可以穿越回去，否則一個人在臨死之前說了什麼，有誰知道？

第二，超級英雄靈輒。

靈輒憑一己之力將趙盾從重兵包圍之中救出，一路殺出宮外，這樣的故事情節，實在太離奇。

晉靈公作為春秋第一超級大國的國君，擁有兩項豐厚資源：一是巨大的宮殿，二是屬於國君直轄的精銳軍隊——公乘。另外，他還養著一條兇狠的烈性犬，在需要的時候，獵犬可以輔助攻擊。當他擺下鴻門宴，邀請趙盾來吃飯時，趙盾只帶了一個車右兼保鏢的提彌明赴宴。

在提彌明戰死之後，靈輒竟然憑藉一己之力，保護趙盾從重兵把守的宮殿中殺出，實在不可思議。

細細讀來，你會發現這個歷史故事裡有很多不合邏輯的地方。

但如果你撇開歷史的嚴謹，把「趙盾弒君」當作一篇小說來讀時，你會發現很多不合邏輯的事，都說得通。小說要讓人物栩栩如生，需要描寫其內心活動，塑造正面與反面角色，製造劇烈的矛盾衝突，充滿了轉折，讓讀者讀起來非常過癮。

小說在人物刻畫上，需要作者替人物獨白，也就有了鉏麑對趙盾的感嘆。為了讓高潮不斷疊起，作者對靈輒突破重圍進行了生動描寫。

而講述「趙盾弒君」的《左傳》，如果你以為這僅僅是一部史書，那就大錯特錯了。本來文史就不分家，《左傳》更是一部文學作品，對後世文學影響極其深遠！

## 《春秋左氏傳》

我們在書中經常提到《左傳》。

《春秋》是孔子整理編寫的，他的文風特點就是字字珠璣，說直白點就是字少。由於《春秋》按照年、季、月、日進行記述，重大事件往往也就寫了幾個字，經常讓人不知道在說什麼，於是闡釋《春秋》的《左傳》出現了。

《左傳》全稱是《春秋左氏傳》，是戰國時期一個叫左丘明的史官編寫的。他和孔子都是魯國人，所以他寫的《左傳》是對孔子《春秋》最細緻的解讀，詳細補充了春秋時代眾多歷史大事件。

孔子擁有眾多崇拜者，而左丘明就是那最瘋狂的一個。他竟根據一萬八千字的《春秋》，擴充寫成了十八萬字的《左傳》。先秦時，字都寫在竹簡上，一枚竹簡寫不了很多字，字寫多了竹簡就會又多又沉，而四書五經都是幾萬字，竹簡的重量可想而知。左丘明寫《左傳》用的竹簡有幾百斤重，需要用板車拉好幾趟才能運走。

左丘明可謂將孔子思想發揚到登峰造極。但凡孔子的觀點，他都堅決擁護；但凡孔子的思想，他都堅貞不渝地傳播。

古代學生參加科舉考試，《春秋》是四書五經裡的必考科目，但由於字太少，學生們怕考不好，就催生了《左傳》和《春秋》合在一起印刷的現象，方便學生考高分。所以後世經常會把《春秋》與《左傳》混在一起談。

古人高度評價《左傳》：「左氏之傳，史之極也。文采若雲月，高深若山海！」

對於趙盾與晉靈公衝突的事件，《春秋》裡只有簡簡單單八個字的描述：「晉趙盾弒其君夷皋。」但孔子卻又說過「趙宣子，古之良大夫也」，所以左丘明瘋狂收集資料，把只有八個字的記述，硬生生擴充成了一千多字的故事。

孔子與左丘明都對趙盾做出正面評價，其實也不能怪他們。他倆都做編寫史書的活，收集史料就是他們的日常工作。因為他倆都不是歷史親歷者，所以收集來的史料也是別人傳抄來的。先秦時，交通閉塞，那時候傳播、蒐集訊息基本上靠人的兩條腿，十分不容易。孔子生於春秋晚期，他編寫《春秋》時離三家分晉的時間不遠了。晉國當時都是大夫輪流執政，王室相當於吉祥物一樣，除了當作擺設，什麼用都沒有。所以孔子拿到的趙盾與晉靈公的史料，極有可能被大夫們篡改了很多遍。

而左丘明生在戰國中前期，那時已經沒有晉國了，只剩下趙、魏、韓三國。左丘明從趙國獲得有關趙盾與晉靈公的史料，可能性最大。趙盾是趙國王室的老祖宗，趙國肯定會極力美化老祖宗，總不能讓人一提到趙盾就想到他是個奸雄吧？

要論先秦編劇能力哪家強，趙國當數第一。趙國不光把祖先趙盾洗白了，後來還編出文學作品《趙氏孤兒》，直接把史學大家司馬遷給誤導了。

至於左丘明收集來的資料是否靠譜，對他來說是無所謂的，為偶像孔子代言才是左丘明的榮耀。所以《左傳》裡部分內容是文學性大於史料性，所以我們才會經常看到中文系古典文學研究生，專業不是歷史，畢業論文卻是在研究《左傳》。

《左傳》對《史記》的作者司馬遷有著深入骨髓的影響。司馬遷在寫《史記》春秋內容時，大量引用了《左傳》的內容，在進行人物刻畫時，很多情節寫得繪聲繪色，讓人有身臨其境之感。

最典型的是《史記》寫秦始皇死後，趙高、胡亥、李斯密謀偽造始皇詔書，立胡亥為太子，賜死太子扶蘇。密謀本身就是天知地知你知我知，更何況偽造立儲的詔書，怎麼能讓他人知道？然而你讀《史記》的時候，會發現書上對三位奸人對話的記載極其詳細，彷彿司馬遷就在趙高、胡亥、李斯身邊，看著他們的一舉一動，為公子扶蘇無辜的死感到悲哀。《史記》生動的文學描寫手法，被稱為「史記手法」。

書歸正題，「趙盾弒君」的故事裡，看似壞人取得了勝利。整個故事裡，活得最正直的唯有董狐，他是整個晉國大夫中唯一正直無私的人，他用自己的生命去對抗一群嗜血愛權的猛獸。

董狐秉筆直書讓趙盾不敢殺他，趙盾看似是政治鬥爭的勝利者，但是他卻敗給了眼前毫無權勢的史官，正是董狐揭露了趙盾的真面目。

趙盾不敢殺董狐，甚至害怕他，因為董狐身上背著「大義」二字！正是這些秉持著大義的人，推動著民族與國家滾滾向前。

趙家殺掉晉靈公後，雖然權傾朝野，但是天道輪迴，人生無常。西元前六〇一年，趙盾死後，等待趙家的將是一場滅門大禍！

而就在趙盾弒君後在國內斂財斂權的這幾年，南邊的楚國在一位大魔王的領導下，即將率兵席捲中原！

# 拾柒

# 一鳴驚人

## 童年陰影

西元前六一四年，在位十一年的楚穆王去世了。他的一生在楚國歷史上並不算太驚豔，反倒是他的兒子，後來成了春秋歷史上最具有個性的君王。

楚穆王的兒子熊旅，正是春秋五霸之一的楚莊王。

在歷史上，春秋五霸的名單有很多種說法，常見的有以下幾種：

一、齊桓公、晉文公、秦穆公、楚莊王、宋襄公。

二、齊桓公、晉文公、秦穆公、楚莊王、越王勾踐。

三、齊桓公、晉文公、楚莊王、吳王闔閭、越王勾踐。

但是無論哪種說法，齊桓公、晉文公、楚莊王始終無可爭議地霸占著春秋五霸的名單，因為這三位完全是用赫赫戰功來說話的。

楚莊王能成為春秋歷史上一顆耀眼的明星，這一點估計連他爹楚穆王都沒有想到。因為楚穆王完全沒有把兒子的事放在心上，就連兒子的家庭教師都是隨便找的。

楚穆王給兒子熊旅找了兩個失敗者當老師，一位叫子儀，原是申縣縣公，曾經因為作戰不利被免職。另一位叫王子燮，是楚成王的叔叔，心比天高，想當令尹卻一直當不上。

教師是人類靈魂的工程師，由於這兩個不稱職的老師在熊旅靈魂建設上偷工減料，導致後來的楚莊王暴虐成性，做事驚世駭俗，成為春秋君王裡的「非主流」。

楚穆王死的那一天，不滿二十歲的熊旅繼位為楚王。子儀與王子燮作為太子老師的教學任務算是完成了，但是這兩位老師並不想就此罷休。

「捧著一顆心來，帶著榮華富貴去」，那是子儀與王子燮的畢生追求。

很快子儀與王子燮找到了機會。

楚莊王繼位沒幾個月，楚國邊境的群舒發生暴亂，令尹成嘉和太師潘崇率軍平定叛亂。令尹成嘉正是當年城濮之戰時楚軍主帥子玉的小兒子，楚穆王當上國君後，再次重用若敖氏，讓子玉的長子成大心擔任新任令尹，從此若敖族再次壟斷令尹職位。成大心做了十二年令尹後去世，接任者就是他的弟弟成嘉。

此時楚國兩位重要人物率大軍遠征，郢都空虛，子儀與王子燮認為正是實現夢想的大好時機。雖然他倆才能平平，但是他們手裡有可以號令楚國的楚王。於是，他倆造起反來。

令尹成嘉氣得歇斯底里，立馬掉轉槍頭，殺回郢都。子儀與王子燮想在郢都負隅頑抗，可手下卻沒有一兵一卒。畢竟他倆之前只是教書匠，不是指揮打仗的，捅婁子容易，想挽回卻難於上青天。於是他們挾持楚莊王出逃，半路卻又被忠於楚王室的大夫殺死，楚莊王也就恢復了自由。

本來與自己最親密的老師，卻把自己當作上位的工具，受到如此大的心理衝擊，楚莊王想正常也難了。

西元前六一一年，楚莊王已經繼位三年了，仍然整天渾渾噩噩，平日除了喝酒吃肉，就是縱情美色。為避免搞壞身體，他偶爾也會牽著黃狗出去打獵。

歷史上的「怠政第一人」萬曆皇帝雖然三十年不上朝，但是他在宮裡還是該批奏摺就批奏摺，該宣戰就宣戰。而咱們的楚莊王，對於政務處理完全避之不及，竟全讓新任令尹子揚來做。子揚名鬬般，其父親正是被楚成王處死的令尹子上。前任令尹成嘉在平定子儀與王子燮的叛亂後沒多久就死了，他在臨死之前指定若敖家裡的子揚來接任令尹一職。

子揚每天忙於國事，拿著令尹的俸祿，卻做了國君的活。對於若敖家來說，這可是無上榮光。其實，年輕的楚莊王對若敖族不以為然。在他眼中，若敖族只是替自己幹活的工具而已。若敖族為了壟斷令尹的位子，必然會為自己賣命。

如果楚莊王再這樣對若敖族放任下去，說不定哪一天就會被殺掉，或者被若敖族架空為傀儡。然而此時，一場關乎國家存亡的危機爆發了，楚莊王的「好日子」也因此到頭了。正是這件事，讓楚莊王的人生軌跡徹底改變，不僅拯救了他的後半生，也拯救了整個楚國。

這一年，楚國西南暴發了大饑荒，眾多少數民族和附屬國為了活命，集體造反。其中，庸國是這次造反的中堅力量。

成千上萬的饑民，像洪水一樣聲勢浩蕩地湧向楚國。對於饑民來說，與其活活餓死，還不如去搶掠富庶的楚國，雖然可能被楚軍殺死，但至少還有一線活下去的希望。

為了活命，人總會產生強烈的求生欲，楚國邊境的軍隊根本無法阻擋視死如歸、勢如破竹的饑民。很快，饑民大軍衝入楚國境內，如同蝗蟲一樣，走到哪裡就把哪裡吃光、掠光，然後再奔向下一個目標。

收到消息的楚國朝堂一片震驚。楚國向來是南天一霸，從來只有自己搶別人吃的，哪發生過自己的食物被人搶的情況，更何況對方還是饑民！

沒過多久，傳來了讓楚國更驚悚的消息：派去鎮壓饑民的軍隊，竟然被打得七零八落。一群饑民，為了生存，竟然變成了強悍的軍隊。原本是饑荒引起的騷亂，現在變成了起義！如果再不阻攔，這幫起義大軍就要攻入郢都！

曾經令天下聞風喪膽的堂堂楚國，竟然要被一群暴民滅掉，這豈不讓中原諸侯笑掉大牙！

在楚國生死存亡之際，所有人都在爭論到底是死守郢都，還是學當年周平王遷都，另起爐灶。此時，有兩個有良知的大夫，分別叫伍舉與蘇從。他倆憂國憂民，心想照這形勢發展下去，楚國離亡國不遠了。於是他倆抱著必死的決心去找楚莊王好好聊聊。

在如何覲見楚莊王的問題上，他倆的意見達成一致：不能一起去。因為楚莊王在宮門掛了一塊大牌子，上書：「有敢諫者死無赦！」如果伍舉與蘇從同時向楚莊王諫言，萬一楚莊王不高興，把兩個人一起宰了，那就完了。為了楚國的江山，伍舉與蘇從選擇先後覲見楚王。萬一伍舉被楚莊王宰了，蘇從將繼承他的遺志，接著去諫言。

中國歷史上總會有一些至暗時刻，但也總會有人不惜用自己渺小的生命去趕走看似強大的黑暗。

第一個去向楚莊王諫言的伍舉是一個聰明人，他並沒有像後世的海瑞一樣來一個「自殺式」諫言。他懂得老虎的毛要順著摸。

伍舉進到殿內後，看到楚莊王懷裡抱著兩個美女，正在親熱。楚莊王也不迴避，問伍舉有什麼事。

伍舉沒有直接回答，而是給楚莊王講了一個謎語：「咱們楚國山上有隻五彩鳥，牠三年不飛，三年不叫，這是怎麼回事呢？」

楚莊王聽完微微一笑，他知道這謎語是說自己：「這鳥是神鳥，不飛則已，一飛衝天；不鳴則已，一鳴驚人！」

伍舉聽完，內心那叫一個高興啊：勸諫有用了，大王表態要奮起了！

可是過了幾個月，楚莊王依然無所作為。

這次輪到蘇從進諫了，暴脾氣的他即將開啟自殺式諫言。死亡對於他來說並不可怕，最可怕的是不能盡臣子的本分，坐視國家的滅亡。

蘇從來到宮內，大聲斥責楚莊王。

楚莊王冷冷地說：「你不怕我殺了你？」

蘇從斬釘截鐵地說：「殺了我，如果能讓大王幡然悔悟，那就趕緊殺了我吧！」

楚莊王聽完表情漠然，什麼也沒說就走了。

蘇從愣了：不是要殺頭嗎，怎麼沒下文了？白做那麼長時間的心理準備了。

第二天，楚國王宮傳來旨意，讓所有大夫前往朝堂，舉行廷議。三年沒見過楚莊王上朝的大夫們都蒙了，難道國君正常了？更讓所有大夫沒想到的是，國君不但正常了，而且還鬥志昂揚。

所有大夫集中到朝堂上，終於看見了三年都未謀面的楚莊王。很多大夫心想，一定是叛亂的大火要燒向郢都，楚王被嚇破了膽，方纔召集大家商議對策。

楚莊王端坐在王座上，不怒自威地說：「亂賊殺向郢都，眾位大夫有何高見？」

大夫們並沒有覺察到楚莊王話裡藏著的濃濃殺機，於是開始七嘴八舌地吵起來。吵著吵著，大夫們分成了兩大派：一派是遷都派，主張丟棄郢都，另起爐灶；另一派是主戰派，反對遷都，與敵人死戰到底。

工正（掌管土木基建的官員）賈站了出來，大聲痛斥遷都派：「我們能去的地方，敵人也能去，遷都沒有任何意義！」

賈的話剛說完，遷都派就和他大吵了起來，朝堂上亂成一鍋粥。

此時，楚莊王說道：「請主張遷都和主張死戰的大夫們，分別站成兩隊。」

楚莊王的聲音如同一盆冷水，把朝堂上正在激烈爭吵的大夫們澆醒了：這是要他們站隊了。站隊要是站得好，榮華富貴不得了！於是遷都派與主戰派分別站在朝堂兩側，等楚莊王發話。

然而，楚莊王的表態方式卻是如此令人髮指。

楚莊王嘴角露出一絲冷笑，然後大喊道：「宮外王卒聽命，將殿上主張遷都的賣國賊臣拿下，拖出殿外斬首！」

遷都派想要申辯，卻已經來不及了。上百人被王卒拖了出去，殿內地上留下一攤攤尿液，殿外哭聲喊聲響徹天際，很快就又安靜了下來。殿外此時已變成了人間地獄。

活下來的主戰派大夫也被嚇得面如死灰，其中心理承受能力較差的已經昏厥過去。他們從未見過如此恐怖的場面。

這時，坐在王座上的楚莊王又發話了：「賈大夫，現在國難當頭，你有何高見？」

賈聽到楚莊王問話，內心不寒而慄。他明白，王座上的楚莊王，哪裡是想要什麼民主投票，他要的只是絕對的臣服。現在，楚莊王就是楚國的天，所有人的生死只在他一念之間。賈萬萬沒有想到，楚莊王竟會這麼狠。

賈把目光從殿外收回來，轉向楚莊王，卻又不敢抬頭。他小心翼翼地回答，生怕說錯一個字：「這次叛亂的主力是庸國，其他都是被裹挾的亂民。只要我們集中力量打敗庸國，這場叛亂就自然平息了。」

「說得好！現在楚國就需要像賈這樣的忠臣。眾位主戰的大夫們，剛才殿外被處死的奸臣們空出來的重要職務，我會讓你們接替。同時，我還要重重賞賜蘇從與伍舉，他倆冒著殺頭的危險諫言，都是好樣的！」

年輕的楚莊王殺了上百人，也獎賞了上百人。一邊是地獄，一邊是天堂。

楚莊王要的就是主宰一切，在他看來，別人是否臣服自己很重要。如果你臣服於我，我就賜予你美好的人生；若是你反抗我，我將把你打入十八層地獄，永世不得超生！

楚莊王在殿上的舉動，讓他在所有大夫心中徹底變成了混世大魔王。與楚莊王相處的臣子，個個膽顫心驚，因為他們是在與魔鬼共舞。楚莊王開心時，他會像暖陽一樣給你溫暖；他不開心時，就要殺人解氣。大夫們為此承受著巨大的壓力，嚴重缺乏安全感。

這次廷議中賈大放光芒，從此進入了楚莊王的視線。賈是蚡冒族的人，蚡冒族在楚國算得上大家族。賈的父親是曾接替子玉令尹之位的呂臣，可惜當年他因為被若敖族架空，內心抑鬱，上任一年就死了，所以整個蚡冒族的頭號敵人就是若敖族。楚莊王重用賈，就是把他當作遏制若敖族的工具。

賈還有一項很強的能力，就是咒人死。城濮之戰主帥子玉的「三百乘戰車」的綽號就是他取的，那時他還是個十三歲的少年。有一次，他看到子玉閱兵時，對待表現不好的士兵會用鞭子抽打、用弓箭射穿耳朵。少年賈看到後，當眾說道：「子玉剛而無禮，不可以治民。過三百乘，其不能以入矣。」意思是子玉剛愎自用，不能管理好百姓。如果帶領三百乘戰車出征，就回不來了！子玉從此就有了個「三百乘戰車」的綽號。結果城濮之戰，子玉真的沒有回來。

賈不光詛咒人能力強，對子女的教育也很上心，這一點要比楚穆王強上百倍。他有一個了不起的兒子叫敖，又稱孫叔敖，正是把楚莊王推向霸主之位的名臣，堪稱楚國的管仲。

自從楚莊王在朝堂上殺人立威後，主戰派的大夫們輪班積極籌備平叛工作。有人升官，有人得到賞賜，但是他們仍然不敢掉以輕心，反而打起了十二分精神。很快叛亂得到了平定。

楚莊王用自己的實際行動，實現了「一飛衝天，一鳴驚人」。

事後，楚莊王得勝回朝，擺起慶功宴，犒勞眾位將領。

君臣之間都喝大了。突然一陣大風颳來，把屋內的蠟燭吹滅了。有一位醉酒的將領，伸手拉扯楚莊王身邊美女的衣服。這位美女一把扯掉那人頭上的冠纓，隨即向楚莊王告發。

眾人屏住了呼吸，等著看那個敢動楚莊王女人的傢伙會被楚莊王怎麼懲罰。

然而，楚莊王看了看生氣的美女，只是哈哈大笑地說道：「大家來喝酒，就是要盡興。大家都把冠纓摘了。」

於是眾將領都摘掉冠纓，楚莊王再次點燃蠟燭，君臣就當什麼都沒發生過，繼續喝酒。

透過這事我們可以看出，楚莊王既有兇殘嗜血的一面，又有寬宏大量的一面。像他這樣一位有著雙重人格卻又有作為的君王，在中國歷史上真的不多見。

就在平定叛亂後，不走尋常路的楚莊王，又要再做一件讓天下都瞠目結舌的事——勤王。

## 問鼎中原

西元前六〇六年，楚莊王在繼位的第八年，第一次親率楚國大軍進入中原。此前一年，由於晉國爆發內亂，晉靈公被趙穿弒殺，晉國對中原的控制力下降，這給楚莊王帶來了千載難逢的好機遇。

楚莊王出師的名義卻很無厘頭，他打著「勤王」的旗號，以「尊王攘夷」的名義進入中原，然而此時周王室的小日子過得好好的，根本沒有任何麻煩。

如果給春秋無厘頭事件排名的話，楚莊王的「勤王」事件絕對位列第一。楚莊王來中原勤王的舉動，讓各方勢力都丈二金剛摸不著頭腦。

首先是楚國人自己。楚國從建國開始就一直被當時的中原文明視作蠻夷，西周時的周天子和春秋的中原諸侯，都把楚國人當作蠻夷，攘了四百多年。結果突然有一天，楚莊王對所有國人說：「我們要尊奉周王室，幫他除掉蠻夷的威脅。」楚國人以為自己在做夢，不明白楚莊王為什麼要幫曾經的死對頭，況且周王室也沒有請楚國人來幫忙呀！

其次是中原諸侯。他們猜想，楚國難道是想完成身分轉型，從被人歧視的蠻夷，轉型為華夏文明的一員嗎？不管楚莊王葫蘆裡面賣的什麼藥，中原諸侯都蓄勢待發，準備應戰，因為楚國一向不是什麼善類，它進軍中原，搞不好又要引發一場大戰。

而最覺得無厘頭的要數周王室。如果給歷代周天子做問卷調查，問他們內心最討厭的國家是哪個，楚國一定高票當選！因為天下本應只有一個王，那就是周天子，而現在天下竟有兩個王，另一個就是楚王。在歷史上，姓姬的和姓羋的，一直都是死對頭，可是突然有一天，死對頭主動來找你，說願意來幫你，你肯定覺得其中有詐，對方不是謀財就是害命。

話說回來，這次楚莊王的確是來尊王攘夷的，只是他的氣焰十分囂張。

他先率領大軍攻打崤山邊上的陸渾戎。攘完夷後，楚莊王又帶著剛打完仗的大軍，氣勢洶洶地來到了洛水邊上的雒邑尊王。

躲在雒邑裡的周定王，被不請自來的瘟神嚇壞了。周朝從開國以來，從未被楚國兵臨城下。雒邑城內的貴族沒有人相信楚莊王是來勤王的，都覺得他是來滅國的。楚莊王如果把周天子滅了，那麼他就成了普天之下唯一的王。歷史上也的確有很多人打著勤王的旗號去做造反的事。

為保險起見，周定王決定派人去楚軍大營探探虛實，於是他找了王孫滿。王孫滿不僅是王室成員，也是一位智者。在崤之戰前，他看到秦軍耀武揚威地路過雒邑，就斷定秦軍是一幫烏合之眾，必將失敗。果不其然，秦國三軍在崤之戰被晉軍全殲。

王孫滿受到周定王的委託後，帶上好酒好肉，假裝去犒勞楚軍。出城走了沒多遠，看到漫山遍野的楚軍大營，王孫滿頓時明白：虛實不用探了。楚軍沒有「虛」，全部主力實實在在擺在那，攻下雒邑那是分分鐘的事。

王孫滿進入楚營後，受到楚莊王熱情的接待。

楚莊王說：「我們楚軍來中原，是幫周天子清除蠻夷的。周天子還給我們送來犒勞的物品，真是太客氣了！」

「楚王幫我們除掉了蠻夷，我代表周天子萬分感謝！楚國將士遠征在外，多有不便，不知楚王何時班師回國，我好送送你們。」王孫滿客氣地說，其實心裡巴不得楚軍早點走。

「哎呀，我們好不容易來一趟，就是為了給周天子長天子威儀。有我楚國在，還有誰敢對周天子不敬！正好您來了，就請您檢閱楚國大軍，看看我們能不能給周天子長臉！來，隨我一同上車閱兵！」

王孫滿只想問問楚軍何時走，沒想到卻被楚莊王拉上車去閱兵了。

楚莊王向手下將領喊道：「全軍集合！」只聽戰鼓隆隆響起，大地晃動了起來。戰馬的嘶鳴聲、士兵的吶喊聲，從不遠處傳來。規模龐大的楚軍，正踩著鼓點，以排山倒海之勢，湧向楚王面前。楚軍在極短時間內完成集結，並面朝雒邑方向，列出一眼望不到頭的軍陣。

王孫滿被眼前雄壯的一幕徹底震撼了，他覺察到楚軍陣中殺氣騰騰。

雒邑城內的貴族、百姓，也都被城外楚軍傳來的聲音驚擾了。所有人都登上城牆，驚恐地看著整裝待發的楚軍。

看到氣氛活躍起來，萬眾矚目的楚莊王開始驅車閱兵了。楚莊王的車子從一個個方陣面前駛過時，每個方陣都爆發出雷鳴般的歡呼聲。

楚莊王是在用閱兵的行動告訴城內的周定王，論實力，自己才是真正的王，無冕的天子！你周天子只不過是名義上的王，在我楚王面前什麼都不是！只要我大旗一揮，眼前的雒邑瞬間就能被拿下。

楚莊王檢閱完畢後，驅車來到軍陣中央，指著眼前的大軍，挑釁地對身旁的王孫滿說：「您看我楚軍軍容如何，能否給周天子長臉？」

「楚軍軍容壯盛，天下無敵！有楚國捍衛周王室，周天子可以高枕無憂了！」

王孫滿以為拍拍楚莊王馬屁就行了，沒想到楚莊王接下來問的一句話，讓他膽顫心驚，嗅到了國家危亡的氣息。

「雒邑裡的九鼎有多重啊？」

王孫滿察覺到，眼前這位楚莊王，不像一個君主，更像一個地痞流氓，言語中充滿戲謔。

楚莊王第一次到雒邑，就問九鼎的重量，的確很失禮。九鼎乃是天命所在，是地位的象徵，九鼎在，周天子就是天下共主。楚莊王問九鼎的重量，彷彿一個強盜惦記別人家裡的東西，要先瞭解一下好不好搬。

面對楚莊王的刁鑽問題，王孫滿很難回答。把九鼎說重了不好，沒準人家回去造個比你還重的，就丟人了；如果說輕了，沒有天子的威嚴，楚王一看九鼎還不如自家的重，說不定直接把周朝滅了。既然無法正面回答問題，那就從側面繞過去。聰慧的王孫滿，就用道德仁義作為保護周王室的鎧甲：「天子治理國家，靠的是道德，而不是靠寶鼎！」

此話剛說完，楚莊王突然變了臉，狠狠地說道：「你們不要以為有了寶鼎就了不起，我們把楚國刀劍上的刃尖折斷下來，也能鑄成寶鼎。」

王孫滿並沒有被楚莊王嚇倒，而是不卑不亢地對楚莊王講解起了九鼎的歷史故事：「我來跟您說說九鼎的故事吧。夏朝國運昌隆時，大禹用九州地方官員進貢的金屬鑄造了九鼎。後來夏朝氣數已盡，九鼎就被商朝獲得，因此商朝有了六百年的歲數。商朝末年紂王殘暴無道，九鼎就被大周朝所得。」

「如果君王賢明，哪怕鼎再輕，也不可能被奪走；如果君王無道，哪怕鼎再重，也會被奪走。當年周成王把九鼎放置在雒邑時，專門占卜了一回，據說大周朝能存七百多年，傳三十多代，這就是天命！」

「雖然周王室衰微，但是天命未改，問九鼎的輕重，真的很不合適！」

楚莊王始終沒有打斷王孫滿的話，一直是面帶微笑地聽著，但是笑容裡藏著一絲邪魅，讓王孫滿隱隱感到不安。

楚莊王說：「您說的話讓我受益匪淺。明日，我楚國大軍就班師回國。日後，周天子有什麼需要，儘管吩咐！」

王孫滿完全不敢相信自己的耳朵，他瞪大了眼睛看著楚莊王，想說話卻不知道該說什麼。

楚莊王看見王孫滿這個表情，壞壞地說：「王孫，我看您這表情是捨不得我們走，要不我多待幾天？」

王孫滿無語。

「好啦，我再說一遍，明天我們就班師回國。王孫，您就放心回雒邑覆命吧！」

王孫滿聽到楚莊王的回覆後，如同剛從萬丈高空穩穩落到地面。他癱坐在車上，內心總算平靜了下來。王孫滿看著眼前的楚莊王，心裡明白了，雖然楚莊王看似流氓，其實卻是一個豪爽大度的人，他必將會成為一代霸主！

第二天，楚莊王履行了諾言，撤回楚國。而一個成語就此誕生，這就是「問鼎中原」。

讀者可能會問：「楚莊王大老遠打著『勤王』的名義，先攻擊陸渾戎，又到雒邑城下大閱兵，什麼也沒有得到，就撤軍回國了。他花費那麼大勁，到底是圖什麼？」

楚莊王是一位大魔王，做事無厘頭，總讓人不明白他到底想做什麼。可是他通曉遊戲規則裡的漏洞，往往能抓住漏洞，打著道德牌子，來實現自己的政治意圖。

筆者在這裡分析一下楚王的政治意圖。

意圖一：身分轉換。楚國通過勤王的方式，轉變自己蠻夷的身分。那些道貌岸然的中原諸侯，幾百年來一直說楚國是蠻夷，那楚國就也來玩一次尊王攘夷。既然大家都玩一樣的把戲，那大家就是同類人，以後中原諸侯不要戴有色眼鏡來看楚國。

意圖二：探探天下霸主晉國的虛實。自城濮之戰後，晉國一直是天下霸主。而陸渾戎作為晉國的盟友，曾在崤之戰中為晉國出工又出力。楚莊王這次攻打陸渾戎，不光是為了所謂的「攘夷」，更是為了敲山震虎，威懾晉國。

打完陸渾戎後，楚軍移師雒邑，這更是狠狠打了晉國的臉！從晉文公時代起，晉國就一直奉行「尊王攘夷」的政策，如今楚國大軍都兵臨雒邑城下了，你晉國大軍在哪裡呢？

楚軍在雒邑城下舉行了盛大的閱兵式，而晉國悄無聲息，可見現在的晉國早已沒有當年的霸主雄風，就是一隻紙老虎。

意圖三：滅了周王室。

楚莊王陳兵雒邑，是否有滅了周王室的想法？筆者覺得他是有這個想法的。

楚莊王認為，齊桓公和晉文公曾經高舉「尊王攘夷」大旗，為他們贏得了不少聲譽。實際上他們壞事也沒少做，但是「尊王攘夷」的大旗一旦豎起，就會產生巨大的廣告效應，因為它站在道德制高點上。

中原諸侯大部分姓姬，幾百年前都是周天子分封的。一旦某位霸主擁有強大的實力，就可以祭出「尊王攘夷」這面大旗，脅迫手下諸侯來進攻楚國。之前齊桓公率領八國軍隊，兵臨楚國國門，楚國不得不簽訂召陵之盟。之後晉文公會同秦、齊、宋三國，在城濮之戰中擊敗楚國，從而成為天下霸主。

從此形成了一個有趣的遊戲模式，即對於想當天下霸主的諸侯來說，楚國就是遊戲裡的大怪物，只有打敗楚國，才能獲得霸主頭銜。宋襄公想成為霸主，也急急忙忙地來打楚國。

為了避免楚國再成為霸主攻打對象，就得把「尊王攘夷」的大旗撕碎。所謂「尊王攘夷」，其核心是王，而王就住在雒邑裡。所以，楚莊王兵臨雒邑，是有一舉滅掉周天子的企圖。

然而到底是什麼原因，讓楚莊王最終放棄了雒邑，撤軍回國呢？

筆者覺得，應該是王孫滿所說的「在德不在鼎」，觸動了楚莊王的內心。

楚莊王的爺爺被他爸逼死，兩位老師又挾持過自己，身邊最親近的人竟然都是如此不堪。年輕的楚莊王也曾思考過如何避免這樣的悲劇再次發生，也許他從王孫滿口中得到了答案，那就是「德」。

楚莊王是一個有雙重人格的人，有時候非常寬宏大量，有時候又極端嗜血殘暴。他何時行善，何時作惡，並非任性妄為，而是依據利弊考量。如果行善對國家有利，他就會變成君子，行仁義之事；如果作惡對國家有利，他就會變成魔鬼，破壞一切。他之所以認同德，完全是因為德對國家有利。

楚莊王意識到，如果將德作為楚國文化，來教化百姓、籠絡諸侯，那麼自己國家的營運成本與爭霸風險將會大大降低。鼎盛大國，就該以德服人，海納百川。

為了國家，他選擇了王孫滿的德，認同了華夏文明的核心理念。只有在心理上認同德，才是真正地融入了華夏文明。從楚莊王之後，楚國人逐步認同自己身為華夏文明裡的一員。到了楚莊王的兒子楚共王時期，楚國已經開始以華夏正統自居。

# 拾捌

# 大魔王

# 致師

楚國令尹子揚被楚莊王以莫須有的罪名處死了，而誣衊子揚的人，正是賈。

子揚死後，由於若敖族依然勢力龐大，楚莊王還是選用若敖家的子越擔任令尹。子越名椒，是老令尹子文的侄子，當年曾參加城濮之戰。在戰鬥中，神射手子越曾一箭射落晉軍大帥旗，差點讓楚軍翻盤。

子越剛出生的時候，由於長得太醜，把他大伯子文嚇到了。受到驚嚇的子文勸子越的父親趕緊把子越殺了，免得惹大禍害若敖族。不過子越的父親沒有聽大哥子文的一面之詞。

子越小的時候差點被殺，長大之後竟能坐上堂堂令尹之位，本應揚眉吐氣，但他並沒有感到高興，而是莫名緊張。雖然若敖家始終把令尹的位子攥在手裡，但是楚莊王不會善待痴情於令尹之位的若敖族，他只會把若敖族往死裡整。若敖家可是有三位令尹被楚王弄死的，先後是子玉、子上、子揚。

雖然楚成王愛玩陰的，但是和他接觸久了，熟悉了他的套路，也能提防點。然而楚成王的孫子楚莊王卻是異類，從不循規蹈矩，做事很隨性，人們跟他很難在同一層次交流。所以子越在楚莊王手下做事，很沒有安全感。

擔任令尹後，子越身心極其疲憊。在楚莊王手下做事，那叫一個忐忑不安。說不定哪一天自己做得不好，大魔王不高興，一刀就把自己砍了。

有一天，楚莊王給子越身邊安排了一位副手，子越起初很激動，以為有人能幫他做事了。但是聽到副手名字之後，子越真想一頭撞死在牆上。

這個副手就是若敖族的剋星賈。

賈雖說克若敖族，但是人家是真來幫子越做事的。楚莊王把賈從主管土木建設的工正調任為掌管全國武裝力量的司馬，分擔了子越的軍事工作，幫他減輕了很大一部分工作量。

換作一般人，工作變輕鬆了，職務又不降，工資又不減，應該很高興。但子越卻覺察到，楚莊王已將絞索套在了若敖族的脖子上。

令尹作為楚國二把手，總理全國軍政事務。當年城濮之戰中，子玉就憑藉令尹的身分，率領若敖六卒、縣兵、宮甲、諸侯聯軍與晉國聯軍交戰。而如今，子越雖是令尹，但是兵權已經被賈分走了，除了自家的若敖六卒能統領以外，其他軍事力量根本不聽他的話。

子越明顯意識到，楚莊王奪了自己的兵權，下一步就應該是找個理由殺掉自己了。

與其坐以待斃，不如魚死網破。

子越先殺掉煞星賈，然後跑回自己的封地，率領若敖六卒集體造反。

由於若敖族進軍迅速，很快挺進到離郢都較近的野地。楚莊王手上只有王卒，戍守邊境重鎮的申、息兩縣的縣兵來不及回援。

若敖族畢竟是楚國最大的家族，手下的私人武裝若敖六卒百年來都是楚國對外征戰的主力，人員眾多，裝備精良，經驗豐富。在城濮之戰中，若敖六卒自己就敢與晉國聯軍開戰。楚莊王僅憑手上的王卒，如果與若敖六卒開戰，未必有太大勝算。

為了延遲若敖族的進攻時間，楚莊王想出了緩兵之計，把前幾代楚王的子孫送給若敖當人質。反正王室子孫多，就算人質被殺害也沒關係。

子越也不傻，他要這麼多王室子孫又不能當飯吃，養著還浪費糧食，他只要楚莊王的人頭。

一看緩兵之計不奏效，楚莊王只能親率王卒出征。兩軍在皋滸遭遇，一場大戰即將爆發。

然而這場大戰，卻更像一場決鬥。

在《三國演義》裡，兩軍交戰時，往往會各派一名將領騎馬單挑，如關羽溫酒斬華雄，就是一對一單挑。很多人認為，這是小說為了劇情更精采而虛構的情節，現實中的戰爭很少這樣。

但是在春秋時代，武將單挑其實是司空見慣的。春秋時的單挑被稱為「致師」。由於春秋以車戰為主，車上有三個人，所以出陣單挑的也是三個人，而不像《三國演義》裡是一個人。

兩軍擺好陣後，子越親自擔任若敖六卒致師人。他站在飛馳的戰車上，行駛到兩軍中央。作為神箭手，子越陣前致師，信心十足。他就是要挑戰楚莊王，看作為一國之君的楚莊王熊旅敢不敢像自己一樣玩命。

看到子越前來致師，楚莊王對眾將領說：「子越代表若敖族來致師，我作為楚王，也不能示弱！」

楚莊王此話一出，眾將領都聽傻了。春秋時國君御駕親征是常事，但都是作為軍隊統帥，被層層保護起來，從來沒有見過哪位國君陣前致師的。萬一楚莊王陣亡，這仗就毫無懸念地輸了。

楚莊王這個大魔王，有時候既不在乎別人的生死，也不在乎自己的生死。眾將領拚死拉住楚莊王，勸他不要做蠢事。但楚莊王大喊道：「有阻攔者，殺無赦！」眾將領一聽，就都不再說話了。他們瞭解楚莊王，這位說一不二的君主從來不允許有人違抗自己。

聰明的楚莊王並不是一個人致師，他挑了一個年輕人來擔任車左。此人就是春秋第一神箭手——養由基，人送綽號「養一箭」。養由基的射箭技術高超到什麼地步？他距離柳樹一百步，每支箭都能射到柳葉正中心，成語「百步穿楊」說的就是他。

見到楚莊王的戰車駛到兩軍陣中，王卒發出了驚天動地的歡呼聲。子越與若敖六卒沒想到楚莊王會親自致師，不禁被楚莊王的霸氣所震撼，也膽怯了起來。

楚莊王如雄獅般站立在戰車上，傲視前方的若敖六卒，整個戰場瞬間安靜了下來，所有人的目光都聚焦到他身上。

「叛賊子越，你公然率領若敖六卒造反。今日我陣前致師，就是要滅了你這幫亂臣賊子。」

子越內心既緊張又憤恨。他沒有想到楚莊王走到哪裡都能調動氣氛，如同太陽一般光芒萬丈。

子越不想再讓楚莊王囂張下去，他張弓搭箭，瞄準了楚莊王。

楚莊王哈哈大笑起來：「子越，你有本事儘管朝我這裡射！」

這句話看起來像流氓打架時常說的「有本事你打我呀」，看似挑釁，實則是故意激怒對方，讓對方失去理智，被自己牽著鼻子走。

也許子越是被楚莊王激怒了，沒能正常發揮，他朝楚莊王連射兩箭，第一箭飛過車轅，穿過鼓架，射在銅鉦（用來退兵的打擊樂器）上，第二箭則射到車上的木轂上。面對射來的兩支箭，楚莊王毫不膽怯，沒有半點躲閃，一直穩穩站立。兩軍士兵都看見了，兩支箭繞著楚莊王走，楚莊王有如神助！

看著車上的兩支箭，楚莊王嘴角露出一絲邪笑。

「養由基，該你了！」楚莊王提醒了站在他身旁的神箭手。

子越馬上駕車，想跑回陣中，但他還沒來得及握起韁繩，「嗖」的一聲，養由基一支箭正中他的咽喉，只見子越一聲不吭地從戰車上一頭栽倒。若敖六卒全都驚呆了，原本以為子越是個王者，結果竟然被秒殺。

子越死了，若敖六卒群龍無首，軍心渙散，軍陣混亂，有的人甚至已經駕車跑了，可謂不戰自敗。楚莊王瞅準時機，率領王卒一下就把若敖六卒衝垮了。曾經戰鬥力彪悍的若敖六卒轉眼就敗了，他們在心理上徹徹底底地敗給了楚莊王。

戰後，在如何對待若敖族戰俘與婦孺老幼的問題上，楚莊王選擇了斬草除根，一個不留。顯赫百年的若敖族，就此煙消雲散。

但是若敖族仍有兩條漏網之魚，一個是子越的兒子賁皇，他逃到晉國後被晉國國君封為大夫。還有一個自投羅網的，就是老令尹子文的孫子鬬克黃。

楚莊王誅殺若敖族時，鬬克黃在齊國訪問，聽到若敖族被滅族的消息，他堅持要回國。鬬克黃身邊的隨從拚命勸他不要做傻事，他卻說：「君，天也，天可逃乎？」意思是，國君就是天，我能逃脫了天道嗎？鬬克黃回國後，主動向楚莊王彙報訪問工作，然後向司敗（主管司法的官員）自首。

大魔王楚莊王被鬬克黃的義舉感動了。政治鬥爭本來就存在嗜血性，失敗者為了活命選擇逃亡，這無可厚非。但是鬬克黃始終記得自己是楚王的臣子，無論何種情況都要盡自己的本分，他的身上有著王孫滿說的德。

楚莊王彷彿從鬬克黃身上看到了若敖族祖先鬬伯比、子文為楚國鞠躬盡瘁、毀家紓難的身影，鬬克黃是楚國乃至整個世上不可多得的高尚之人！

楚莊王不但沒有懲罰鬬克黃，還讓他官復原職，並賜給他新的名「生」。「生」字包含了楚莊王對他的敬重，鬬克黃是靠自己的勇氣與忠義給了自己再生的機會。

子越死後，一位年輕人被任命為新任令尹，他將帶著楚莊王與楚國再次走向輝煌。他就是賈的兒子敖。

## 孫叔敖治楚

楚莊王把若敖族滅族後，令尹的位子空了出來。楚莊王滅了庸國後，實現了「一鳴驚人」的諾言。他雖然不在宮裡當「宅男」了，但是依然喜歡出去玩樂。據《呂氏春秋》記載：「荊莊王好周遊田獵，馳騁弋射，歡樂無遺。」

不想操太多心的楚莊王急需一位新令尹。這時沈尹（沈縣縣公）向楚莊王推薦了一位居住在期思（今河南淮濱東南十五公里）名叫敖的年輕人。

敖是賈的兒子，他還有一個被後世熟知的稱呼——孫叔敖。敖的兒子被分封於寢丘，楚語中「孫」通「寢」，「叔」表示敖還有兩個哥哥，「敖」則是他的本名。

賈曾擔任工正，掌管土木基建工作，孫叔敖在父親賈身邊耳濡目染，也成了一名工程師，專業是農田水利工程。

在孫叔敖的父親被子越害死後，楚莊王誅滅若敖族。孫叔敖並沒有去參與平叛，為父報仇，而是在期思修建了一個大型農田水利工程，叫芍陂（ㄅㄟ）。「芍」是指水經過白芍亭，「陂」是堤壩的意思。

期思這裡原本是個艱苦地方，不是洪澇就是乾旱，然而越是艱苦的地方越能鍛鍊人。年輕的工程師孫叔敖在這裡修建了長一百一十二公里、寬五十公里的堤壩，足以灌溉一萬頃土地。

這個水利工程放現在規模不大，但是在春秋時代，絕對堪稱超級大工程，地位相當於現在的三峽大壩。芍陂的修建，使當地成為巨大糧倉，使楚莊王爭霸中原如虎添翼。到了戰國時期，楚國老家郢都被秦國占領，楚國遷都首選地就是期思。

孫叔敖作為總工程師，在完成芍陂修建時只有二十多歲。面對沈尹的舉薦，楚莊王感到很為難。孫叔敖的才能全國都知道，但是他太年輕了，能不能掌舵楚國這艘大船尚不可知。

沈尹與孫叔敖交情很深，深知孫叔敖是世間少有的人才。他說了一句讓楚莊王震驚的話：「孫叔敖，聖人也，王必用之！」

楚莊王心想：「楚國竟然出聖人啦，還不得給予最高待遇呀！」於是就用王輿（楚王自己的座駕）把孫叔敖接了過來。

孫叔敖到了郢都，得到楚莊王親自接見。楚莊王面試這位年輕人，提的問題很直接：「如果讓你當令尹治理楚國，要幾年可以具有稱霸天下的實力？」

孫叔敖想了半天，然後說了兩個字：「三年。」

楚莊王眼珠子差點掉下來。他活了這麼多年，什麼大話假話都聽過了，但是敢拿國家大事開這麼大玩笑的，孫叔敖算是第一人。他不禁懷疑孫叔敖是一個騙子：「你說的當真？」

「當真！」

楚莊王不再說什麼，他被眼前年輕人強大的自信所折服，這種自信是超越年齡的自信。

「你就在令尹的位子上放手做吧！」楚莊王鄭重地對孫叔敖說道。

孫叔敖擔任令尹後，有一次在沂地修城牆，他先讓管理城牆建設的官員做出工程計畫，然後上報給司徒（掌管土地與人民的官員）。計畫裡面必須明確說明工程所需週期、開工時間、所需材料種類、工具的數量、工人數量、運輸原材料的距離、全體施工人員的糧食準備、驗收工程人員的安排等。由於計畫做得很細緻，工程只用了三十天就提前完工了。

如果說孫叔敖修城牆只是發揮老本行優勢的話，那下面一件事就反映出他過人的理財能力。

有一次，楚莊王覺得楚國流通的小銅錢太輕，想換成面額更大、重量更重的大銅錢。

楚國的小銅錢俗稱「蟻鼻錢」，重量也就兩克左右。雖然跟齊國刀幣、晉國布幣比起來很袖珍，但蟻鼻錢有一個其他國家貨幣所不具有的優勢，就是其背後是有黃金支撐的。蟻鼻錢有「金賈四千」的說法，意思是一斤黃金可以兌換四千枚蟻鼻錢。

齊國有海鹽來支撐刀幣流通，晉國有河東鹽池來支撐布幣流通。而楚國雖然食鹽少點，但是不差黃金呀！

楚莊王這麼做，無非是想提高貨幣面值，方便斂財入庫。例如以前收稅只能收兩個小銅錢，現在能收兩個大銅錢，那實際收入就比過去更多了。但蟻鼻錢作為當時堅挺的貨幣，被楚莊王擅自廢除，引起了老百姓怨聲載道。楚國國內貨幣市場混亂，再這樣下去楚國這個大公司就要崩盤了。

經孫叔敖苦勸，楚莊王同意不再擾亂貨幣市場，蟻鼻錢繼續作為楚國法定貨幣流通。孫叔敖對貨幣市場的規範治理，使得楚國經濟實力不斷增強。

經過孫叔敖三年的治理，楚國國力大增。史書上記載：「王以為令尹，治楚三季而莊王以霸。」此時，春秋時代已經過了一半。在爭霸的號角下，每個大國都在不斷搞制度創新。孫叔敖擔任令尹，標誌著楚國逐步進化成一個高階的國家，而其他三個大國和楚國相比，都是比較低階的。

齊國雖然發展最早，創新最多，但是自齊桓公、管仲死後，齊國就在原地踏步；秦國在春秋時就進化到了中央集權，但從秦穆公開始，國君為了大權獨攬，但凡有威脅、有才能的人全部殉葬；晉國為了提高大夫們的工作熱情，把分封制玩到了極致，搞出了六卿的激勵制度，做得好給地給職務，但是當晉國沒有那麼多獎勵給大夫時，大夫就要靠吃晉國國君來填飽自己，所以晉國最短命。

在孫叔敖時期，楚國利用數據進行管理。從城牆修建工序的周密程度，就能看出楚國一個個項目是由受過專業訓練的官員相互合作、層層管理而完成的，這就是先進的「科層制」。

楚莊王對孫叔敖的工作很滿意，什麼事都交給他來辦。孫叔敖從早忙到晚，楚莊王則是無憂無慮地玩耍，只在有需要自己拍板的大事時才露面。

西元前五九七年，楚莊王悠閒不下去了：鄭國出事了。

## 邲之戰

西元前五九七年，鄭襄公選擇了晉國當大哥。他一定是拿尺在地圖上測算過距離，晉國離鄭國近，當楚國打過來時，晉國老大哥可以及時派兵來保護自己。

可惜鄭襄公不知道此時的晉國已大不如前了。

西元前六〇一年，晉國中軍將趙盾死後，按照資歷，由中軍佐荀林父接任新一任中軍將。老一輩的晉國六卿，除荀林父全都歸西了。荀林父憑藉硬朗的身體、淡泊的心態，終於熬到了中軍將！

荀林父不光把老戰友熬死了，把國君也熬死了。晉成公的兒子姬獳繼位，就是後來赫赫有名的晉景公。

此時晉景公還只是一位少年，毫無執政經驗，好在有荀林父輔佐。荀林父這輩子侍奉過晉文公、晉襄公、晉靈公、晉成公、晉景公五位君主，是名副其實的五朝元老，再加上自己口碑好，全國上下就指望他主持大局。

然而，上了歲數的荀林父喜歡耳根清淨，沒有太多的政治慾望。在國內處理政務還行，讓他帶兵上陣殺敵就很不切實際。

鄭襄公如果知道自己在遭到楚國暴打時，晉國老大哥只能派這麼一位快入土的老人領兵救援自己，估計腸子都要悔青了。

就在鄭襄公選擇晉國當大哥這一年的春天，楚莊王快速完成了軍事動員，大軍追尋著春姑娘的腳步，浩浩蕩蕩地殺向鄭國。

楚莊王把鄭國打得幾乎要亡國。鄭襄公光著膀子，手裡牽頭羊，帶著殘存的人跪在大路上迎接楚莊王。鄭襄公這誇張的舉動叫作「牽羊禮」，這可不是普通的投降禮儀，必須得是亡國之君，還要心甘情願地臣服於敵人。

很多亡國之君雖然亡國了，但是老臉還是要的，寧願一死也不搞什麼牽羊禮。所以歷史上舉行過牽羊禮的人，扳手指頭都能數出來。最著名的要數北宋末年的宋徽宗與宋欽宗。這對父子被金朝俘虜，金人就讓他倆舉行牽羊禮。

當楚莊王收服鄭國後，晉國才開始出兵。

| | |
|---|---|
| 中軍將　荀林父 | 中軍佐　先穀（ㄏㄨˊ）（先軫的孫子） |
| 上軍將　士會 | 上軍佐　郤克（郤缺的兒子） |
| 下軍將　趙朔（趙盾的兒子） | 下軍佐　欒書（欒盾的兒子） |
| 中軍大夫　趙括（趙盾的弟弟）<br>趙嬰齊（趙盾的弟弟） | |
| 上軍大夫　鞏朔、韓穿 | |
| 下軍大夫　荀首、趙同（趙盾的弟弟） | |
| 司馬　韓厥（趙盾提拔的將領） | |

晉國的情報工作失誤極大，竟對鄭國此時已經投降一無所知，還以為楚軍已被耗得差不多了。造成這種局面，是因為晉國國內沒有強有力的執政者。晉景公剛繼位，還是一個年輕人，經驗不豐富，大事小事只能依賴中軍將荀林父。荀林父作為五朝元老，政治、軍事、外交，什麼經驗都豐富，就是精力不豐富，別指望一把年紀又生性淡泊的他能像強勢的趙盾那樣讓晉國運轉。

在六月的夏天，晉國召集三軍出發了。

我們來看看新任三軍將領。

這些都是晉國的精英，但是荀林父統領他們卻是力不從心。他們要麼是趙家的人，要麼是祖輩當過六卿的「卿三代」，不少人巴不得荀林父早點死，把中軍將的位置空出來，好讓自己晉升。而要想晉升，需要實實在在的戰功，所以他們對打仗特別積極。

當晉軍到達黃河北岸準備渡河時，終於傳來鄭國已經投降楚國的消息。荀林父長舒了一口氣，既然鄭國已經不是晉國的小弟，再去援救就沒有任何意義了。

荀林父想撤軍，但是又不能讓楚國太囂張，於是想出了一個非常理想的戰略構想。他對眾將領說：「我們現在去救鄭國，將會與楚國硬碰硬。鄭國離晉國近，離楚國遠，不如等楚軍回國，我們再討伐鄭國，便可以恢復對鄭國的控制權。」

荀林父不想打，可是手下的卿三代個個都想打。他們不聽荀林父的命令，強行率領各部渡河。荀林父無奈，只能率軍一同渡河。

晉國三軍到達黃河南岸後，荀林父讓大軍進駐到邲（ㄅㄧˋ）地，那裡位於衡雍西南，生態環境極好，是國家保護動物麋鹿的棲息地。

在三十五年前，衡雍曾經舉行過聞名天下的踐土之盟，春秋霸主晉文公就是在這裡到達了人生巔峰。荀林父之所以選擇這塊福地，一是表明晉國從晉文公時就是天下霸主，二是向楚國發出和談訊號。衡雍是晉文公曾經會盟的地方，大家有什麼爭執，坐下來聊聊，談妥了就搞個和平會盟，沒必要打打殺殺，死幾萬人。

當晉軍進入邲地的時候，楚莊王正率領楚軍向北方行進，打算去著名的旅遊景點黃河邊完成一個夙願——飲馬黃河。

現在大家出去玩，會在景點拍個照，發個朋友圈，親朋好友就都知道你在幹什麼了。楚莊王率領大軍去飲馬黃河，就相當於在發朋友圈。只有讓楚國大軍來到黃河邊上，才能讓全天下諸侯都知道，楚國有逐鹿中原的實力與野心。

就在此時，前方傳來探報：晉軍已在黃河南岸邲地駐紮。擺在楚莊王面前有兩個選項：一是向北與晉軍交戰，一是向南撤回楚國。

孫叔敖對楚莊王說：「我們攻打鄭國消耗了太多的實力，如果再與晉國交戰，勝算可能不大。」

楚莊王明白，楚軍剛花了三個月打下鄭國，現在再與晉國交戰，搞不好會吃敗仗。可是楚莊王又心有不甘，不忍心把到手的果實拱手相讓。

孫叔敖看出了楚莊王內心的糾結，於是替楚莊王下令，所有戰車車轅轉向南方，軍前大旗掉轉到南頭，準備班師回國。

一個叫伍參的大夫擋在了楚莊王車前。他官位不高，但是膽量很大。他對楚莊王與孫叔敖講道：「晉國中軍將荀林父剛上任不久，威望不足。中軍佐先穀剛愎自用，不服從命令。晉軍將領各行其是，完全沒有紀律可言。此次交戰，晉軍一定會戰敗！」

孫叔敖想罵伍參不識時務，卻被楚莊王攔下了。楚莊王覺得伍參說得很有道理，於是愛冒險的他喊道：「全軍向北進軍，正面迎擊晉軍。」

很快，楚軍抵達邲地，與晉國三軍對峙。後來雙方達成了停戰協議，但是由於沒有簽和平協議，雙方仍是敵對關係。

對峙期間，大規模互毆沒有發生，小規模的尋釁滋事還是可以有的。

就在達成停戰協議的第二天，一輛楚軍戰車風馳電掣般地衝進了晉軍大營，車上有三位亡命之徒，分別是車左樂伯、車右攝叔、車御許伯。

晉軍本以為再過幾天就回家了，精神上也就放鬆了警惕。這三人戰車小組配合嫻熟，在晉軍大營內如入無人之境，造成一片混亂。殺到興頭時，三人跳下馬車，車左樂伯又射人又射馬，車右攝叔還生擒一人，車御許伯則牽著韁繩，不慌不忙地整理馬匹。

等晉軍反應過來後，一位叫鮑癸（ㄍㄨㄟˇ）的晉軍將領趕緊率領眾多戰車前去追殺。三位亡命徒駕車跑得飛快，神箭手樂伯還連續射死多名追趕的晉軍。

由於樂伯不停地遠程輸出，最後只剩下一支箭，這時戲劇性的一幕出現了，一隻麋鹿出現在樂伯眼前。樂伯用最後一支箭將麋鹿射死，並對後面死死追趕的鮑癸喊道：「這麋鹿是我送給你的，你就和身邊的戰士們分享吧！」

作為一名貴族，鮑癸覺得樂伯這麼做是君子的行為，決定停止追擊樂伯。

從現代人的角度來看，會覺得樂伯與鮑癸的做法不可理喻，可從當時來看，這就是貴族精神。貴族非常看重道德與禮節，打仗絕不能勝之不武。在他們看來，打仗就是體育競技比賽，決出勝負就可以了，不能把人往死裡打，那樣太野蠻了。所以春秋時的大決戰，往往一天就決出勝負了，輸贏結果雙方都認，不像戰國時的全面戰爭曠日持久。

樂伯射死一隻鹿，然後說是送給後面的鮑癸，就是在示弱。而鮑癸看到對方送禮物給自己，也明白對方是向自己示弱，勝負已分，就沒必要窮追猛打了。鮑癸順帶誇樂伯是君子，意思是指樂伯做事上道、會做人。

亡命三人組平安地回到了楚國大營。然而這件事並沒有結束，晉軍裡面那些不服荀林父的將領們被激怒了。

將領魏錡對荀林父說：「我願作為使者去楚營，要求楚王懲戒尋釁滋事的三個人。」荀林父經不住魏錡的軟磨硬泡，同意他去楚國大營。

魏錡駕著車跑到楚軍大營門口，喊著要致師。不喊不要緊，一喊竟招來了一個狠角色。這個狠角色叫潘黨，位列楚國神箭手排行榜第二名，與養由基是好朋友，二人經常切磋箭術。

魏錡叫得有多囂張，被打得就有多慘。魏錡被潘黨一路追殺，就在他覺得自己快完了的時候，一隻麋鹿出現在眼前。魏錡應該是聽過鮑癸放走樂伯的故事，於是他也把麋鹿射死，對後面追趕的潘黨大喊道：「這鹿是送給你的！」

潘黨看見魏錡認輸，就撤了回去。

魏錡致師失敗，其他人卻不當作教訓，這反而起了壞作用。有一人也想去楚軍大營門口致師，他叫趙旃（ㄓㄢ），是趙穿的兒子。趙旃的人生目標，就是要當六卿，所以他也要蹭功勞。

趙旃對荀林父說，自己也要當使者去楚軍大營。荀林父看到魏錡被暴打回來就已經知道，他們出使是假，尋釁滋事是真。可荀林父沒有辦法拒絕趙旃，畢竟出征的將領一大半都和趙家有著千絲萬縷的關係。

「速去速回，注意安全。」荀林父無奈地說。為了保險起見，荀林父還安排了一隊人馬去接應趙旃。趙旃得到荀林父的允許，屁顛屁顛地去楚軍大營了。

後來趙旃用實力證明，他繼承了父親趙穿的「豬隊友」基因，甚至還進化了。

六月十六日清晨，在外面數了一夜星星的趙旃看到楚軍大營的門開了。他終於等來要過招的人。

然而馬上趙旃就後悔了，因為來過招的是楚莊王。而且楚莊王不是一人來，他帶了一群人，這群人是楚王身邊的近衛軍——乘廣。乘廣總計有戰車三十乘，分為左廣與右廣兩個小隊。右廣負責楚王從雞鳴至中午的警衛工作，左廣負責從中午到日落的警衛工作。

楚莊王並不是來致師的，而是率領自己的近衛軍衝鋒打頭陣的。原來楚軍已經在清晨列好軍陣，準備向晉軍發起總攻。

趙旃被精銳的乘廣追著打，只能駕著戰車拚命往晉軍大營方向跑。為了減輕重量，他把能脫的盔甲、衣服都脫了。此時，一隊晉軍駕著戰車前來接應趙旃，正是荀林父之前安排接應趙旃的人。而楚軍陣中，潘黨看見遠處揚起的漫天灰塵，誤以為晉軍主力開始向楚莊王進攻。他怕楚莊王身陷重圍，立馬向令尹孫叔敖報告。孫叔敖立刻發出全軍總攻的命令，楚軍全速前進，很快衝入晉軍大營。荀林父根本沒有做好迎戰準備，等看見楚軍打過來，已經來不及組織抵抗了，此時唯一能做的就是讓所有人趕緊跑。

於是，荀林父下了堪稱世界歷史上最滑稽的撤退命令：「先濟者有賞！」意思是，先渡河撤退的人有賞！

撤退要有人殿後，要有人打阻擊，而荀林父什麼都沒有布置。很快，晉軍的撤退就變成了潰敗，潰敗又變成了自相殘殺。

由於上軍將士會在戰前做好了潰軍收容工作，上軍損失不大。最慘的要數中軍與下軍，他們潰逃到黃河邊上，發現船上都是趙嬰齊的部隊。潰軍用手扒著船邊，希望能擠上去，卻被趙嬰齊的人用刀砍斷手指。船內全是被砍斷的手指。

趙同與趙括看見自己的兄弟趙嬰齊撤退卻不帶上自己，把自己的部隊全丟在黃河南岸，不禁怒火中燒，梁子就此結下，日後更是釀出了家庭血案！

趙旃一路狂奔，不幸的是車子突然壞了。這一壞不要緊，一個經典的恐怖片橋段來了。

晉軍裡的逢大夫和兩個兒子駕車路過，趙旃呼喊逢大夫救自己。逢大夫知道趙旃是個煞星，躲都來不及，才不會去救他。於是逢大夫假裝沒看到趙旃，趕緊加速驅車逃跑，並告訴兩個兒子千萬別回頭看。

沒想到兩個兒子好奇心作祟，回頭一看，發現了後面的趙旃，立刻告訴了父親。趙旃也發現逢大夫的兩個兒子看到了自己，連忙大喊救命。

逢大夫一看裝不下去了，煞星趙旃已經纏身了，只能去救他了。可能是趙旃體重太重，帶上他後戰車跑不動，於是逢大夫把兩個兒子放下來，指著旁邊一棵大樹說：「我明天會來這裡為你倆收屍。」隨後，逢大夫帶著趙旃駕車跑了。戰爭結束後，第二天逢大夫來到這棵樹下，果然找到了戰死的兩個兒子。

還在酣戰的楚莊王收到戰報，得知潰不成軍的晉軍正在黃河邊上自相殘殺。他沉默了片刻，然後下令停止追擊。既然勝負已分，就沒有必要再打下去了。

楚軍停止追擊晉軍，並且展現了君子美德。

晉軍一些戰車陷在坑裡出不來，楚軍將士並未對他們痛下殺手，而是對晉軍進行快速救援，教他們抽調橫木。但是車子還是出不來，楚軍就教他們拔掉大旗、扔掉車軛，才把戰車從坑底拉出來。戰車維修好後，晉軍並沒有對楚軍表示感謝，反而譏諷地說：「我們晉軍的逃跑經驗不如你們楚軍啊。」

楚軍笑笑，什麼也沒說，目送晉軍駕車走了。

黃昏時分，殘陽如血。楚軍就地紮營，而黃河邊上潰敗的晉軍仍在爭搶著渡河，直到深夜，依然可以聽到喧鬧的聲音。

邲之戰結束的第二天，楚軍正在打掃戰場。潘黨想拍楚莊王的馬屁，彰顯楚莊王的赫赫武功：「大王，您為何不將晉軍的屍體收集起來，築造京觀呢？有了京觀便可震懾天下諸侯，同時也把戰功展示給後世子孫，讓他們不要忘記祖先的武功！」

所謂京觀，就是春秋時的戰爭紀念碑，是把敵軍屍體收集起來，蓋土夯實，築成一個形似金字塔的大土堆。

沒想到，潘黨拍馬屁拍到馬蹄上了。楚莊王雖然喜歡出風頭，但也是一個務實的人。楚莊王當場給潘黨來了一場德育教學，課題名稱就是「止戈為武」。

楚莊王說：「潘黨，你告訴我，『武功』的『武』字是怎麼組成的？」

潘黨說：「從文字構造上來說，『止』、『戈』兩個字合起成了『武』字。」

楚莊王說：「真正的武是要停止戰爭。武功就是要除暴安良，消滅戰爭，安定天下！如今兩國戰士暴屍荒野，沒有收殮，這是不仁！誇耀武功，威脅諸侯，靠武力讓他人屈服，那戰爭將會無休止地打下去。」

潘黨簡直不敢相信自己的耳朵。曾在殿堂上一旨斬殺上百人，將若敖族老少全部誅殺的楚莊王，竟然對自己講，武功的終極目的就是為了和平。

「把兩軍戰士屍體都收殮吧，然後我們在黃河邊上祭祀他們。」楚莊王對潘黨說道。

看來，楚莊王變了。他閱盡了人世間的爾虞我詐、戰火硝煙，他知道，在暴力的摧殘下，無論是高貴的君主還是低賤的平民，都會化作齏粉。楚莊王從小就厭倦了這些，可他作為楚王，為了自己和楚國，只能不擇手段地生存下去。

雖然楚莊王不是完美的聖人，但是內心仍然認同道德的偉大，深知道德是亂世之中能把人與野獸區分開來的唯一標準。如果對手臣服了，就讓他活下去。

不過，雖然築造京觀因為不人道就不做了，但是為楚人出口惡氣還是有必要的。

打掃完戰場後，楚莊王率軍來到邲地附近的踐土，那裡是晉文公打完城濮之戰舉行踐土之盟的地方。楚莊王要在這裡洗刷城濮之戰的恥辱。

三十五年前，晉文公曾在踐土修建了周天子的行宮，用來率領諸侯朝覲天子，獻上楚軍俘虜。楚莊王來到踐土時，行宮因為長期沒有修繕，已經破敗了。

楚莊王命令手下修建一座楚國先王的宮殿，他在要此舉行凱旋儀式，祭告歷代楚王在天之靈！

從此楚國霸權再次在中原大地上建立，楚莊王也成為名副其實的春秋霸主。

# 拾玖

# 趙氏神劇

# 《趙氏孤兒》

一七五五年，法國凡爾賽宮內的宮廷劇場正在上演一齣叫《中國孤兒》的戲劇，編劇正是啟蒙運動的代表人物伏爾泰。

國王路易十五與法國貴族們，被這齣戲劇深深地吸引。觀眾們被劇中人物的俠義情懷所震撼，有的人還被感動得流下了眼淚。從此，戲劇《中國孤兒》一炮打響，成為西方戲劇舞臺上經久不衰的演齣劇目，也成為當時中國文化輸出的成功案例。

伏爾泰沒來過中國，當時能來中國的除了商人，就是傳福音的傳教士。伏爾泰創作的戲劇《中國孤兒》的藍本，就是法國傳教士帶回去的中國經典戲劇《趙氏孤兒》。

戲劇《趙氏孤兒》的故事來源於《史記》，所以司馬遷才是第一創作者。我們來看看《史記·趙世家》是怎麼講述《趙氏孤兒》故事的：

趙盾死後，他的兒子趙朔繼承了趙氏族長的位子。晉景公看趙朔這小夥子才華橫溢，一表人才，就把晉國的公主趙莊姬嫁給了他。

晉國朝中有個大奸臣叫屠岸賈，特別善於對國君阿諛奉承，晉靈公死的時候，他被趙盾貶職。趙盾死後，到了晉景公在位的第三年，屠岸賈再次被起用，擔任司寇（國家最高法官）。

江山易改本性難移，大奸臣屠岸賈恨死了趙氏家族，天天都在籌劃如何將老趙家徹底消滅掉。為了能將罪惡計畫付諸實施，他使出老辦法，對晉景公溜鬚拍馬，把晉景公哄得很開心。獲得晉景公的信任後，屠岸賈利用司寇的身分，向晉景公進行法律知識宣傳。

屠岸賈：「國君，當年趙盾弒殺靈公，這是滔天大罪，若不加以嚴懲，以後必有人效仿，國家遲早要出亂子的。」

晉景公：「你說得很有道理。」

屠岸賈：「靈公當時被弒殺，趙盾雖然不在現場，但他是叛亂的領袖。做臣子的弒殺國君，趙氏的家族子孫卻還在朝中做官，定是一股惡勢力。不能讓罪犯一家逍遙法外，請國君誅殺趙氏！」

聽完屠岸賈的法律知識教育，晉景公覺得必須對朝堂「剷除惡勢力」，不能再讓類似事件繼續上演，必須以儆傚尤：「就依你所言，誅殺趙氏！」

韓厥聽說屠岸賈奉國君之命要誅殺趙氏，立刻向好友趙朔告知此事。

趙朔聽後卻不肯逃跑，他認為君要臣死，臣不得不死。趙朔對韓厥說：「有你在，我們趙家香火就不會斷絕。所以我死而無憾！」

於是，韓厥聽完，假裝有病，足不出戶。

很快，屠岸賈率領大軍突襲趙家府邸下宮。族長趙朔和自己的三個叔叔趙括、趙同、趙嬰齊全被殺死，趙氏慘遭滅族，封地被晉景公剝奪。屠岸賈對趙家毀滅性的打擊，史稱「下宮之難」。

當趙家被屠岸賈當作黑惡勢力一網打盡時，有一條漏網之魚逃了出來。這條魚可不一般，她正是趙莊姬。此時趙莊姬身懷六甲，馬上就要生了，她逃到弟弟晉景公的王宮內，躲藏了起來。

趙家雖滅，卻有兩個死黨活在人間，一位是趙家的門客公孫杵臼，另一位是趙朔的朋友程嬰。公孫杵臼受到趙家太多的恩惠，趙家遭此大難，他打算自殺殉葬。

公孫杵臼找到了程嬰，劈頭蓋臉就問：「你怎麼還不死啊？我打算馬上自殺，為趙氏殉葬！」換一般人被這樣問，肯定要暴跳如雷，程嬰卻沒有生氣。這並不是因為他涵養高，而是他知道趙莊姬即將臨盆的好消息。

程嬰說：「趙朔的妻子即將生產，如果生下來是男孩，那我就好好奉養這孩子。如果生的是女孩，趙家斷了香火，那我就去死！」

過了沒多久，趙莊姬果然生了一個大胖小子，這小孩取名叫趙武。

屠岸賈聽說趙莊姬在宮內生了個男孩，為了斬草除根，親自率兵闖入宮中，搜查男嬰。

趙莊姬把兒子放在裙子裡，並對孩子說：「如果趙家要絕嗣，那就讓孩子大聲哭吧；如果趙家能躲過一劫，你就不要哭。」當士兵搜查時，孩子真的沒哭。

聽說此事的程嬰卻急了，他找到公孫杵臼，商議以後怎麼辦：「雖然屠岸賈這次沒有搜查到，萬一下次搜查到，怎麼辦？」

公孫杵臼說：「扶立幼主和去死，哪件事簡單？」

又是關於死亡的問題，這讓程嬰很無語。報答趙家有很多種方法，為何老要死呢？看著眼前這位毅然決然的義士，程嬰內心既讚歎，又無奈。讚歎的是，公孫杵臼就是頂天立地的義士；無奈的是，無論自己怎麼回答，公孫杵臼都會選擇以死報答趙家。

程嬰最後回答：「扶立幼主難，去死簡單！」

公孫杵臼要的就是這句話，他說：「趙家對你不薄，困難的事你去做吧。你去扶立幼主，讓我去死。」說完他將自己的計畫告訴了程嬰，程嬰同意了。

兩人從別人手裡買了一個嬰兒，給這個嬰兒包上貴族用的小被子，然後公孫杵臼抱著這個小嬰兒躲進深山裡。

而程嬰假裝是趙家的叛徒，向屠岸賈告密，聲稱只要屠岸賈給他千金，他就告訴屠岸賈趙氏孤兒藏在哪裡。

屠岸賈付款後，程嬰帶著士兵進山找到公孫杵臼。公孫杵臼看到程嬰帶著屠岸賈的士兵來了，就開始表演。他大罵程嬰是一個忘恩負義的人，而他寧願自己死，也不願讓趙氏孤兒去死。士兵也不多廢話，直接就殺了公孫杵臼與嬰兒。

而真正的趙氏孤兒早已被程嬰從宮裡接了出來，程嬰帶著孩子隱居在深山裡。

下宮之難結束後十五年，晉景公生病了，總是治不好，於是他就找人來占卜。占卜的結果顯示：「因為趙氏當年冤屈太重，只有復立趙氏，國君的病才能好。」

晉景公心想：「可能是當年把趙氏滅族這件事做得太過分了，所以自己遭受了老天爺的詛咒。自己的治病良藥是趙家人。」

這時韓厥說話了：「趙氏還有一個孤兒在世，這個孩子叫趙武，正是您的姐姐所生！」

晉景公為了病情早日好轉，要求馬上復立趙氏，於是韓厥讓程嬰帶著趙武進宮。

為了試探朝中大臣對復立趙氏的態度，有一次，群臣來探望晉景公病情時，晉景公故意讓趙武出現，並對大家說，這是趙氏的子孫。

群臣看到趙武，對國君的意思立馬心領神會，集體表示贊成趙氏復立。

在趙武拜謝群臣後，朝堂上的大臣們就帶著趙武去屠岸賈家復仇。

到了趙武二十歲的時候，晉景公為他舉行了加冠禮。這時，程嬰來了。他不是向趙武表示祝賀的，而是來道別的：「當年趙氏慘遭滅族，我的好友趙朔被殺。為了救你，公孫杵臼也犧牲了，如今只剩我一個人苟活在人間。現在你已成人，我的使命完成了，是我去黃泉與他們見面的時候了。」

無論趙武如何苦勸，程嬰依舊要赴死。

年輕的趙武內心無比悲痛，程嬰與他雖然沒有任何血緣關係，但是程嬰卻如父如母地撫養著他，看著世界上最親的人要離自己而去，趙武發出了哀號。

任何人都阻止不了一心赴死的人。程嬰自殺後，趙武為他守孝三年。

《史記》裡的故事講完了，「趙氏孤兒」的故事卻並未就此結束。程嬰和公孫杵臼取義成仁的壯舉，成為後世道德的楷模。很多偉大的人物在死後都會被追授一些響亮的名號，而程嬰和公孫杵臼一直到一千六百年後的宋朝又被追封。

宋朝皇室姓趙，因此自認為是趙氏孤兒的後人。宋朝皇帝對於老祖宗的兩位恩人，那是大封特封，分別封程嬰為忠節成信侯，封公孫杵臼為通勇忠智侯。後來宋朝皇帝覺得封侯還是太低了，直接封公，封程嬰為強濟公，封公孫杵臼為英略公。到了宋理宗時，更直接給他倆封王了，程嬰被封為忠濟王，公孫杵臼則被封為忠佑王。在宋朝，程嬰和公孫杵臼成為感動大宋的著名人物，上至朝廷大員，下到黎民百姓，都把他倆當作學習榜樣。

到了元代，由於戲劇行業發達，《趙氏孤兒》這麼好的素材肯定要繼續改編。編劇在改編悲劇情節時，總喜歡把主人公往死裡虐，讓他越慘越好，這樣劇情才更好看。編劇把程嬰買來的嬰兒改成程嬰自己的兒子，讓他為了救趙氏孤兒，親自獻出自己的兒子，並眼睜睜地看著兒子被殺死！

透過元代文藝工作者的改編，《趙氏孤兒》登上了中國古代文藝的巔峰，成為中國四大悲劇之一。

講完《趙氏孤兒》這一經典文學作品，筆者想對大家說的是：一個歷史故事，劇情越是跌宕起伏，人物越是鮮活飽滿，那它虛假的可能性就越高。

所以，《趙氏孤兒》不是一個真實的歷史故事，而只是一部「神劇」，大部分內容都是虛構的。現實世界都是講邏輯的，有因才有果，而「神劇」裡只講戲劇性。我們在這裡做個簡單的推敲。

**神奇之處一：趙朔託孤給韓厥**

韓厥告訴趙朔，屠岸賈要殺趙家。趙朔對韓厥說，有你在趙家香火就不會斷絕。

神奇之處來了，春秋時可沒有超音波，趙朔怎麼知道老婆生的就是兒子呢？萬一生的是女兒呢？

## 神奇之處二：屠岸賈搜查王宮

趙莊姬躲入宮內，那是得到了晉景公的庇護，畢竟她是國君的親人。屠岸賈竟然敢帶兵入宮搜查，這是拿晉景公當空氣啊？

晉景公在晉國歷史上好歹也是有作為的國君，這樣一個國君是不可能讓一個臣子在自己的地盤上隨意撒野。

## 神奇之處三：韓厥得知趙家有後

晉景公生病，占卜結果說要復立趙家病才能好，韓厥立馬就說趙家有後。

而下宮之難後，程嬰躲了起來，生怕別人知道趙家還有後人。韓厥是怎麼知道趙氏孤兒的存在，還能準確找到程嬰的呢？

這些問題不是不能解答，但是當一條史料有如此多疑點時，它的可信度是很有問題的。

其實，《趙氏孤兒》就是被人編出來的「神劇」。

左丘明就是因為拿到趙國的史料，被嚴重糊弄，把趙國老祖宗奸雄趙盾描寫成大忠臣，把晉靈公描寫成荒淫無道的昏君。

糊弄只要一開始就不會結束，戰國中前期的左丘明就這樣被糊弄了。等戰國結束，完整的趙國史料迷惑性更強，接著中招的就是「史聖」司馬遷。

司馬遷寫《史記》的時候，也需要參考資料。他擔任漢武帝時期的太史令，手裡掌握著全國最全的文獻資料。

司馬遷寫的《史記》主要有三大塊內容，分別是講述帝王的〈本紀〉，敘述王侯的〈世家〉和描寫名人的〈列傳〉。而〈世家〉裡，〈趙世家〉是所有〈世家〉裡文字量最多的。

司馬遷在寫〈趙世家〉的時候，一定用了趙國的史料。由於趙國遺留的史料最豐富，所以在《史記》裡呈現得最詳實，而娛樂性也最高。

民國學者李景星先生對《史記．趙世家》有過精闢的概述：「通篇如長江大河，一波未平，一波復起。令覽之者應接不暇，故不覺其長，用筆節節變化，有移步換形之妙。」

可見，趙國史官編寫趙國史料是極其用心的，然而越是費盡心力去編寫的史料，就越容易反映出史官背後趙國王室的心虛。這不僅是因為他們祖上殺過國君，更重要的是，讓趙家滅族的下宮之難爆發的真正原因是趙家內部的性醜聞。

要不是趙武是個不世出的人才，趙家也不可能東山再起，更不可能在後來瓜分晉國。

## 家族性醜聞

現在讓我們來看看歷史的真相到底是什麼。

| | | | |
|---|---|---|---|
| 中軍將 | 郤克 | 中軍佐 | 荀首（荀林父的弟弟） |
| 上軍將 | 荀庚（荀林父的兒子） | 上軍佐 | 范燮（原名士燮） |
| 下軍將 | 欒書 | 下軍佐 | 趙同 |
| 新中軍將 | 韓厥 | 新中軍佐 | 趙括 |
| 新上軍將 | 士朔 | 新上軍佐 | 韓穿 |
| 新下軍將 | 荀騅（荀林父的弟弟） | 新下軍佐 | 趙旃 |

在這裡，我們不需要抽絲剝繭，因為《左傳》明明白白寫著來龍去脈，如果給這個真實的故事取個名字的話，就叫「趙氏性醜聞」。

不過，這場看似由性醜聞引發的滅族，其實是晉景公蓄謀已久的滅趙計畫。

為了鼓勵大夫不斷進取，更好地爭霸天下，西元前五八八年，晉景公將國內三軍擴建為六軍，打破了周天子給諸侯劃定的軍隊編制。

雖然東遷雒邑後周王室一年不如一年，但是各個大國均未突破周天子定下的軍隊編制，直到晉景公擴建六軍（周天子劃定的軍隊編制為天子六軍、大國三軍、次國二軍、小國一軍）、任命十二卿，儼然把自己當作天子了，做出要號令天下的姿態。

然而有人的地方就有江湖，內部也會有矛盾。這十二卿的任職名單裡，藏著晉景公的小心思。

晉景公想打擊趙、郤、欒組成的三家幫。其中，趙氏在國內實力雄厚，關係盤根錯節，晉景公不敢輕易得罪趙氏，於是在十二卿裡給了趙氏三個指標。而對於相對較弱的郤、欒兩家，晉景公就打起了他們的主意。郤氏雖然有郤克擔任中軍將，但是也只有他一人入選十二卿，欒氏同樣只有欒書一人入選。所以三家幫總共只有五個人的指標。

剩下的七個指標，被士氏和荀氏占了五個，這兩家雖然勢力沒有趙、郤、欒三家大，但是晉景公著重提拔士、荀兩家，目的就是借力打力，壓制三家幫。

韓氏有兩人入選十二卿。韓氏與趙氏關係很曖昧，但是韓氏善於見風使舵，風颳向哪邊，他們就倒向哪邊。形勢不明朗的情況下，韓氏也是不敢公開支持趙氏的。

當晉景公期望士、荀兩家處處給三家幫使壞時，卻突然發現欒書竟然是三家幫裡的異類。確切地說，欒書是一個忠君分子。

欒書雖然出身欒氏，但是心向國君，極其痛恨不尊重國君的人，堅決要與郤氏、欒氏劃清界限。與其外部攻破，不如內部瓦解，於是晉景公就讓欒書在三家幫內部鬥爭。

西元前五八七年，發生了一件令晉景公大喜的事，這就是是趙家內部爆出了通姦醜聞。通姦這種性醜聞，對於普通人來說頂多算是道德問題，但是對於政治人物來說，這就是會引發政治地震的醜聞。

趙家性醜聞，是叔叔趙嬰齊與侄媳婦趙莊姬發生了姦情。

趙莊姬是趙朔的妻子。趙朔是個短命鬼，在邲之戰後沒多久就死了，不過死之前已經與趙莊姬生下趙武。歷史上，趙武真正的出生時間要早於下宮之難。

趙莊姬在趙朔死後就搬到弟弟晉景公的王宮裡住，那是相當孤獨寂寞，只能和兒子趙武相依為命。寡婦門前是非多，就在這對孤兒寡母孤獨寂寞的時候，叔叔趙嬰齊經常跑到宮裡給趙莊姬送溫暖。一來二去，趙莊姬與趙嬰齊就悄悄好上了。

天下沒有不透風的牆，宮內人多口雜，姦情迅速傳了出去。晉景公可樂壞了，雖然女主角是他姐姐，但只要是能抹黑趙家的機會，他絕不會輕易放過。晉景公讓欒書趕緊在全國宣傳，欒書化身大喇叭，很快就讓趙家性醜聞成為晉國頭條新聞，成為晉國百姓茶餘飯後的消遣談資。

趙嬰齊不光被外人消遣，趙家內部也要拿他開刀，主刀人正是趙嬰齊的親兄弟趙同與趙括。這兩個人其實早就想動手了。邲之戰的時候，趙嬰齊提前在黃河岸邊準備好逃跑用的渡船，結果竟然不告訴趙同與趙括。要不是楚莊王手下留情，趙同與趙括早就殉國了。

趙同與趙括決定將趙嬰齊逐出家門。趙嬰齊哀求這兩位兄弟，說只要他沒被趕走就說明趙家團結，否則欒書就會乘虛而入。但是趙同與趙括不聽，趙嬰齊被迫流亡齊國。

趙莊姬看到自己的情人被趕走後非常憤怒，但是她隱忍了下來，暗中尋找報仇的機會。

西元前五八五年，晉景公做出了一個天大的決定——遷都！

對於君王來說，遷都就是搬家。原來的都城住得好好的，忽然要搬家換房子，一般都是為了改善現有的居住環境。晉景公住的地方絳都是老祖宗晉武公建的祖宅，可是從晉武公後，絳都不斷上演骨肉相殘、弒君奪權的命案，搞得祖宅變成了凶宅。

凶宅待久了，會使人感覺不精神，容易半夜做噩夢。更可怕的是，晉景公的鄰居個個都不是好惹的。很多大貴族在絳都裡都有自己的府邸，如果他們想造反，在絳都的府邸就是他們的進攻基地。

為了自己的人身安全，晉景公決定搬家到新田，新田因此又被稱為新絳。

擺脫大貴族的束縛後，晉景公在新絳看著自己獨門獨院的新家，內心充滿了喜悅。他要拿趙氏開刀，作為賀自己喬遷之喜的禮物。

西元前五八三年的周曆六月，趙莊姬向晉景公實名舉報：「趙同、趙括要起兵造反。」趙莊姬自從趙朔死後，一直住在宮裡，怎麼可能知道趙家要造反的事？分明就是誣告。但是晉景公作為一國之君，對這一實名舉報，立馬優先處理。晉景公把欒書和郤錡（郤克的兒子，郤氏的族長）叫來，詢問處理意見：「我姐姐向我實名舉報趙同、趙括要起兵造反，你倆怎麼看？」欒書心裡明白，趙莊姬的舉報是真是假根本不重要，重要的是國君要找個由頭收拾趙家。國君招自己前來，就是讓自己站隊，看自己是站在國君這邊，還是像祖先那樣繼續與趙家結盟。

「我也聽聞趙氏有謀反的企圖！」欒書斬釘截鐵地說。

郤錡一聽，這明顯是要剿滅趙氏的節奏啊！他立馬也向晉景公表示，聽說趙氏有造反的企圖。

於是晉景公派兵剿滅趙氏，大軍浩浩蕩蕩殺向趙氏的府邸下宮。叱吒春秋時期四十餘年的趙氏，瞬間灰飛煙滅。

趙氏雖然被滅，但是仍有兩位倖免於難。

一位就是趙武，他母親是晉景公的姐姐，他作為景公的外甥一直生活在宮裡，從而平安躲過了下宮之難。

另一位是趙旃，趙旃的父親就是曾親手弑殺晉靈公的趙穿。趙旃是趙氏的小宗，和趙同、趙括大宗血緣關係不是很近。另外，趙旃一家的封地在邯鄲，遠離晉國政治核心。作為煞星的趙旃運氣特別好，總能剋死別人，自己卻總是安然無恙，不受任何牽連。

就在下宮之難之後沒多久，韓厥進宮求見晉景公。他雖然在下宮之難時保持中立，但是內心始終記得當年趙盾提拔他的恩情。韓厥此次入宮，就是請求晉景公復立趙氏。

韓厥說：「趙氏雖然有罪，但是趙武沒有。《周書》說不要欺負孤兒寡母，我請求復立趙氏！」

晉景公聽完覺得也有道理，畢竟他要剿滅的只是不聽話的趙氏大宗，而趙武是自己的外甥，又在自己身邊撫養，自然感情深厚。

於是，晉景公復立趙氏，讓小朋友趙武擔任趙氏族長，並把趙氏的土地還給了他。趙氏雖然復立，但實力大不如前。邯鄲的趙氏小宗嘴上不說，但心裡始終不服，內部不和的種子也就此埋下。

根據《左傳》記載，下宮之難發生的真正時間是西元前五八三年，即晉景公在位第十六年，而不是《史記》所說的晉景公在位第三年。下宮之難中被誅殺的也只有趙同與趙括，趙朔早就病死，趙嬰齊也逃亡齊國，趙武則一直在晉景公身邊養得好好的。

《左傳》是戰國中前期寫的，裡面寫下宮之難的內容也比較符合歷史事實。司馬遷在《史記》裡寫下宮之難時，為什麼偏偏選用充滿了戲劇性的「趙氏孤兒」的故事呢？司馬遷難道不知道所謂的「趙氏孤兒」是假的嗎？

答案是，他知道這個故事是假的，仍然故意這麼寫。

# 司馬遷的心思

中國人做事總喜歡講「道」，寫文章的時候講究「文以載道」。因此，中國古代很多歷史書籍，不光是記載歷史，還承擔著教育功能。對司馬遷來說，如果寫的文章沒有教育意義，那還不如不寫。《史記》裡經常出現「太史公曰」的一段話，就是司馬遷要發表自己的看法，要評論主人公是好人還是壞人，做得正確與否，有什麼教育意義。這和我們上公民與社會課程一樣，老師講完一個故事後，就會分析故事裡的主人公具有什麼優秀品德值得大家學習。

司馬遷在寫《史記》的時候，就像是把它當作德育教材來寫。現在學校用的教材，有些根據教育部的課程標準編寫，而司馬遷編寫《史記》時也是有標準的，標準的制定人就是孔子。

司馬遷是西漢大儒董仲舒的弟子，儒家的優秀畢業生，他在編寫《史記》時，選取史料的標準就是「考信於六藝，折中於夫子」，意思是以六藝作為判斷歷史真實性的依據，以孔子的言行作為判斷是非的標準。

司馬遷在寫《史記》裡的〈趙世家〉時，其實知曉《左傳》雖然存在一些記載的錯誤，但是對於下宮之難的記載還是具有較高的準確性。但是他在版本的選取上，仍然放棄了可信度較高的《左傳》版本，而選擇了曲折離奇的趙國史料版本。因為趙國史料版本裡面的人物有血有肉，愛憎分明，完全夠得上儒家核心價值觀裡的「仁義」二字。

換作你是司馬遷，手裡有兩個版本的故事，一個版本儘是通姦、權謀、爭權奪利，另一個版本滿是積極向上、捨生取義的人物，為了傳播正能量，你肯定也會選擇後者。

故事雖然可能是假的，但是勸人向善，總歸是好的。

講到這裡，《趙氏孤兒》的故事該結束了，但筆者還想提一下整個故事裡最可憐的人——屠岸賈。

《趙氏孤兒》雖然是個虛構的故事，但是也有人物原型的，故事裡的屠岸賈是真實存在的。屠岸賈是一個平民出身的官員，始終是晉景公用來打擊大貴族的工具，用完又隨手就扔了。屠岸賈的角色設定，完全符合真實歷史上國君利用平民官員的慣用手法。

我們怎麼知道屠岸賈是平民出身呢？因為「屠岸賈」壓根不是他的真名，而只是一個稱呼，他其實是一個連姓氏名字都沒留下的人。「屠岸」是指專門宰殺牲畜的人，「賈」是指卑微的小吏。「屠岸賈」的意思是，這個人原本是個屠夫，後來到政府當了一個小吏。

就是這麼一個不起眼的人，被晉景公看中，一路平步青雲當上了司寇一職。幸運嗎？不幸運。

屠岸賈在國君眼中只是一個打擊貴族的工具而已，因為他在晉國朝堂無門無派，要在眾多貴族的夾縫中求生存，唯一可以依靠的就是國君。所以屠岸賈這種人，只會對國君無比忠誠。

當晉景公打擊趙氏時，一定是屠岸賈充當馬前卒，替晉景公幹殺人的髒活。而他替晉景公做的髒活越多，就越遭人恨。當哪天國君覺得屠岸賈沒有用處時，也預示著他的死期到了。

《趙氏孤兒》故事的結尾，一群貴族把屠岸賈全家殺光，很有可能是真實發生的。貴族們實在太恨一個平民出身的人進入朝堂，太害怕自己手中的權力被平民奪走。

難道屠岸賈不知道這樣很危險嗎？也許他知道，但是平民出身的他終究捨不得那一生的榮華富貴。

春秋是貴族社會，想進入國家政權體系裡當官，最低也得是個士，平民幾乎沒有上升的通道。屠岸賈在春秋時代算是平民裡的勵志人物，他非常珍惜來之不易的幸福生活，他知道國君拿他當工具使，但是他認了。都說富貴如浮雲，但是平凡落魄卻是一輩子的事。一個人沒有獲得過功名利祿，何談「放下」二字。

權傾朝野四十年的趙氏家族被搞定之後，世家大族在晉景公面前都嚇得瑟瑟發抖。國內太平後，晉景公收回手中的權力，將六軍十二卿改為四軍八卿，同時將目光轉向南方的楚國。他不想再與楚國死纏爛打，而是想走和平路線。

# 貳拾 終結一切戰爭的大會

# 音樂外交

西元前五八二年秋天。晉景公視察軍用倉庫，看見一個頭戴南方帽子的囚犯。晉景公很好奇地問官吏，這個囚犯是什麼人。

官吏回答道：「他叫鍾儀，是之前打仗俘虜的楚國人。」

晉景公讓官吏把鍾儀放了出來，問他：「你在楚國是什麼職務？」

鍾儀回答道：「樂官。」

晉景公覺得挺有意思，一般打仗俘虜來的都是貴族，第一次俘虜了個音樂家。

當時的貴族都是樂迷，從小接受的都是素質教育，要學習禮樂射御書數六門課，德智體美勞全面發展，每個人都能彈上幾首曲子。晉景公就是個音樂藝術愛好者，眼見身邊竟然有楚國的樂官，立馬想聽他彈奏。

難得有一次與大師零距離接觸的機會，晉景公趕緊讓人送來一把琴，讓鍾儀彈奏。鍾儀彈奏的是景公從未聽過的楚國曲子，晉景公聽完後大加讚賞：「不愧是楚國音樂家，彈的曲子真是天籟之音。」

聊著聊著，兩人熟了起來。

晉景公問鍾儀：「你們楚王是一個什麼樣的人？」

此時的楚國國君是楚共王熊審，他的父親正是叱吒風雲的楚莊王。而楚共王和他老爹完全是兩個風格，如果把楚莊王比作凶猛的老虎，那楚共王就是溫柔的兔子。

曾在楚莊王手下做事的楚國大臣每天擔驚受怕，就像坐雲霄飛車一樣驚險刺激。在楚莊王手下，做得好有豐厚的獎勵，要是做得不好，楚莊王說翻臉就翻臉。而楚共王上臺後，仁慈寬厚的處事風格讓大臣們如沐春風。

鍾儀如實對晉景公說：「我們楚王是一個仁善的君主，他當太子的時候每天都向老師請教學習。」

晉景公聽完，覺得現在的楚共王不是一個兇狠好鬥的人。晉、楚兩國死纏爛打太久了，都打累了，不想打了。兩大國與其再打，還不如把各自勢力範圍劃分一下，大家井水不犯河水，共享天下太平。

有了和平的想法，晉景公找來范燮商量。

范燮聽完晉景公的想法，覺得兩國確實沒有必要再打下去。於是范燮建議晉景公對鍾儀好酒好肉伺候著，然後把他放回楚國，向楚共王傳達求和的願望。

鍾儀被放回去後，到了周曆十二月，楚國派出大使來到了晉國，願意與晉國和談並舉行結盟儀式。

晉國上下都不敢相信，曾經與自己不共戴天的楚國，現在不僅要來和談，還要和自己摒棄前嫌結盟，難道世界真的要太平了嗎？

晉景公內心十分高興，雖然自己論實力算不上天下霸主，跟老祖宗晉文公不在一個級別，但是如果能促成晉、楚結盟，那也是名垂史冊啊！

為了和平，為了名垂史冊，第二年一開春，晉景公就派出大使去楚國商談具體的和談細節。

眼瞅著音樂外交大獲成功，馬上就要天下太平了，突然峰迴路轉，和平進程就此中斷，全因晉景公上了一趟廁所。

晉景公得了病，而且越病越重。他想吃新麥子，但他在進食前感到肚子發脹，便去上廁所，結果這一去把老命送了。

晉景公在蹲坑的時候，可能是因為病魔纏身，沒有站穩，掉糞坑裡了。

外面的宦官等了好長時間也沒見國君出來，他原本推測估計國君便祕了，要多花一些時間。可是過了很久，裡面還是什麼動靜都沒有，宦官覺得不對勁。他趕緊衝進去，最終在糞坑裡找到了晉景公。宦官趕緊把晉景公從糞坑裡背了出來，可惜晉景公早就死了。宦官作為國君掉糞坑的第一責任人，被抓去給晉景公殉葬了。

如果當時有馬桶的話，晉景公沒準還能多活一段時間，晉、楚和談就會順利進行下去。

一次偶然的音樂外交開啟了和平大門；一次蹲坑差點關上了和平大門。就在此時，出現了一個宋國人，憑一己之力阻止了和平大門關閉。

## 第一次弭兵大會

西元前五八〇年，晉景公死後，他的兒子姬州蒲繼位，史稱晉厲公。看到「厲」這個惡諡我們就清楚了，按照晉國歷史的套路，他肯定又是一位非正常死亡的國君。

晉國從曲沃小宗幹掉大宗，晉武公奪取晉國國君之位後，就一直奉行國無公族的政策。這個政策就像大自然裡殘酷的生存法則，講究優勝劣汰，弱肉強食。在殘酷的家族內部競爭中，晉國王室內的不良基因都被剔除，只留下了優秀基因。

所以，從晉武公以後，晉國國君很少有怠政的，個個都不甘平庸，想執掌大權，爭霸天下。

這其中，有的人雖然失敗了，死後被加以惡謚，遭到勝者的詆譭，但是人家至少是努力過的，晉厲公就是這樣悲情的君主。他拳打秦國，腳踩楚國，離天下霸主只差一步之遙，可惜後來禍起蕭牆，葬送了自己的大好前程。

晉厲公上臺時，父親晉景公給他留下了大好的政治局面。趙氏被滅後，卿族們頓時老實本分起來，對國君堅決擁護。南方的死敵楚國也暫時消停了，沒有在中原與晉國為敵。

晉厲公有一顆爭霸天下的雄心。從晉文公之後，晉國就失去了天下霸主之位，晉、楚兩國爭霸天下時，晉國總感覺力不從心，有後顧之憂。讓晉國分神的後顧之憂正是西邊的秦國。

原本秦國和晉國的關係如膠似漆，晉國一直對秦國說想要和秦國一起紅塵做伴，共享人世繁華。結果崤之戰，晉國把秦國坑得老本都賠光了。

秦國不是齊國，齊國被晉國在鞍之戰中打敗後，就臣服於晉國，而秦國人有仇必報。在崤之戰後，晉國雖然多次擊敗秦國，但是秦國就是不服輸，一旦恢復元氣，就去騷擾晉國。

由於秦國就在晉國家門口，相對於遙遠的楚國，秦國才是晉國的心腹大患。

就在晉厲公繼位這一年的冬天，一位宋國的大夫來到晉國，帶來了千載難逢的打擊秦國的好機遇。

這位宋國大夫叫華元，他八面玲瓏，跟誰的關係都處得好。華元有兩個鐵哥們，一位是楚國現任令尹子重，另一位是晉國現任中軍將欒書。

華元作為一名宋國人，看著自己的國家夾在晉、楚兩個大國之間，如同風箱裡的老鼠兩頭受氣，心裡十分憂慮。他聽說之前晉、楚有媾和的想法，但因為晉景公意外去世，就不了了之了。為了自己的祖國不再遭受戰火，也為了天下百姓不再流離失所，華元自告奮勇充當了晉、楚媾和的中間人。

華元先去了楚國，希望透過子重向楚共王溝通晉、楚和談。楚國君臣爽快答應了，並委託華元作為楚國和談代表，前往晉國議和。

華元來到晉國後，通過欒書引見，見到了晉厲公。晉厲公非常詫異，要知道從邲之戰後，天下的戰略態勢一直是楚攻晉守。萬萬沒想到，如今楚國竟然主動媾和。

晉厲公正好想收拾秦國，但是礙於秦楚聯盟，一直不敢有大的舉動。既然楚國主動上門求和，那就答應與楚國媾和，再收拾秦國。

深感自己聰明的晉厲公爽快地答應了媾和，表示第二年舉行兩國首次會盟。

晉厲公的父親晉景公是真的渴望和平，而晉厲公只是利用暫時的和平機會打擊秦國。現在最吃驚的就是華元，他作為一個小國的大夫，竟然憑一己之力，就讓天下兩大巨人坐在一起和談了。

西元前五七九年，周曆夏五月，晉國代表范燮與楚國代表公子罷、許偃在宋國西門正式舉行會談。雙方代表在誠摯友好的氣氛中，就雙邊關係和共同關心的天下與地區問題，深入交換了意見，達成了廣泛共識。

晉、楚兩國代表對在宋國逗留期間所受到的熱烈歡迎和盛情款待深表謝意，並對宋國華元大夫推動天下和平所做出的努力表示崇高的敬意。

會談最後，雙方簽署了中國歷史上第一份「和平協議」。

協議內容如下：

1. 晉、楚兩國再也不開戰了。

2. 誰要敢欺負我們其中一個，我們一起收拾他。

3. 以後兩國要經常派使者串門，有什麼事一起坐下來好好商量。

4. 誰要是違反約定，天打五雷轟。

這次和平會盟，史稱「第一次弭兵大會」，「弭兵」的意思是平息戰爭。

弭兵大會召開，天下就此和平了？

做夢吧！

弭兵大會召開後，天下僅僅和平了一年。第二年，晉厲公就主動挑起戰爭，攻打秦國，爆發了著名的麻隧之戰。

晉國和談是為了騰出手打心腹大患秦國，而楚國主動要求和談，是因為它的東南也突然出現心腹大患，這就是吳國。吳國在東南如日中天，誓要與楚國爭奪南天一霸的角色。楚國必須儘快解決與晉國的爭端，掉轉槍頭制服吳國。

和平並不徹底。

## 不確定的博弈

西元前五四六年的早春，宋國大夫向戌站在宋都睢陽的城樓上望著城外的農田。一年之計在於春，農民們在農田上辛勤地忙碌著，都想藉著肥沃的土地多種些糧食。睢陽城外的農田異常肥沃，因為農田下埋著數不盡的死人。

春秋時代以來，宋都睢陽曆經了無數次戰火，數不清的敵國曾兵臨城下。每次大戰爆發，來時都是人海，去時都是血海。戰死在睢陽城下的人，都成為無名的孤魂野鬼，屍體就地掩埋。經過上百年的積累，成千上萬的屍骸化作營養充分的有機肥，滋養著睢陽城外的農田。

向戌不禁感慨，亂世之中人如螻蟻，命如草芥。宋國貴為公爵級國家，卻是大國爭奪的魚肉。不過這兩年中原暫時太平了一些，小國們得到了難得的喘息機會。

此時向戌萌生了一個大膽的想法：不如趁現在天下局勢穩定，自己當一個和平使者，讓全天下的國家聚在一起，再開一次弭兵大會。

第二天，向戌在宋國朝會上把自己的想法說了出來，結果所有人都覺得他瘋了。三十年前，宋國華元大夫憑一己之力，促成了一場舉世矚目的弭兵大會，竟然讓曾經不共戴天的晉、楚兩國坐下來握手言和。然而，和平僅維繫了一年，晉、楚兩國就又打得跟血葫蘆一樣。

就在所有大夫都覺得向戌異想天開時，坐在寶座上的宋平公發話了：「你不妨去試試吧。」「有一點請你記住，這是你的個人行為，與宋國無關。」宋平公補充道。

在宋平公看來，向戌的成功率幾乎為零，但即使他失敗了，對於宋國來說也沒有什麼損失。萬一向戌成功了，宋國就可以永享太平，何樂而不為？

小國的可憐之處在於做事不得不小心謹慎，生怕一個不經意的舉動得罪了大國，從而遭到滅頂之災。

向戌也能理解宋平公內心的無奈，為了宋國的社稷與百姓，他選擇了獨自承擔風險。

「請國君放心，這是我的個人行為。」向戌嚴肅地答道。

俗話說，弱國無外交，但是向戌不信這個邪。他不但要為國家爭取獨立自主，更要主導天下風雲，開一場終結一切戰爭的大會。

所謂英雄，就是在勝算很小的博弈中勝出的人物。

要想博弈取勝，天時、地利、人和三要素缺一不可。向戌敢於博弈的底氣，就是因為他發現上天賜給自己的時運無比地好。

晉、楚兩個超級大國是天下動盪的根源，而此時這兩個國家因為各種原因，都想和談。只要將他倆拉到談判桌前，那就成功了一半。

向戌擁有全天下最強大的人脈資源。他和第一次弭兵大會的倡導者華元大夫一樣，是一個八面玲瓏、左右逢源的交際高手。他有兩個鐵哥們，一位是晉國的趙武，另一位是楚國的屈建。這兩位都混到了國家二把手，趙武擔任晉國中軍將，屈建擔任楚國令尹。

向戌立即前往晉國。他認為只要能搞定趙武，就能搞定晉國。

趙武真是一員福將，剛繼任中軍將就雙喜臨門：晉國兩大敵人都主動上門求和。

自從崤之戰後，秦國與晉國徹底翻臉，戰爭成為兩國唯一的交流方式。晉國雖然無數次將秦國擊敗，但執拗的秦國人只要一緩過勁兒，就不停地向晉國進行軍事騷擾。

作為秦國歷史上第一個鴿派君主，秦景公已經厭倦了世代廝殺。他主張祖先的仇恨不要干擾這一代人的幸福，為了秦國能沐浴和平的曙光，秦景公主動放下秦人的高傲，派出自己的親弟弟向晉國尋求和平。

面對秦景公的和平特使，晉國表現出了高度重視。

特使來的當天，趙武的副手叔向專門去找精通外交禮節的子員前來接待。然而，秦晉首次和談這麼具有重要歷史意義的事情，總有人想蹭熱度，這個人就是子朱。

子朱對叔向三次請求由自己來接待秦使，可叔向就是不理他。子朱憤怒了，他朝叔向怒吼道：「我也懂外交禮節，為什麼不讓我來接待？」

叔向呵斥道：「秦、晉兩國常年兵戎相見。感謝上天，現在兩國終於可以坐下來和談了。如果談不成，我晉國三軍將士又會有無數人戰死沙場。子員是一個經驗豐富的外交工作者，讓他來處理接待秦使的工作，我放心。你外交經驗不足，做事不靠譜，我才不敢用你。」

叔向的話說完，周邊的大夫覺得非常有道理，於是一起把子朱拖走了。

很快秦晉達成了和平協議，三家分晉之前，秦晉再未發生大戰。

而新一任齊國國君齊景公也主動向晉國臣服，心甘情願扮演千年老二的角色。

趙武作為晉國朝堂中少有的鴿派，兒時經歷過家族被屠戮的下宮之難，經歷了太多血雨腥風的他深深地體會到生命的可貴。

趙武深知國內六大氏族處於均勢，大權在握的六族已經失去了對外征戰的渴望，不如還天下百姓一個太平，給子孫後代留下好的基業。

向戌到達晉國後，直接求見趙武，對他說要舉行一場弭兵大會，讓天下諸侯罷兵言和，以後再也不打仗。趙武二話不說，立刻表示同意。

眼見晉國竟然如此爽快，向戌立即啟程去了楚國，求見令尹屈建。

「晉國中軍將趙武說了，願意與楚國弭兵！」向戌對屈建說道。

屈建聽完差點沒哭出來，高興地說道：「太好啦，天祐楚國啊！」

對楚國來說，晉楚弭兵也可以算苦盡甘來了，因為東南的吳國已經打得楚國快招架不住了。吳國多次出擊楚國，打得楚國連還手的機會都沒有。屈建的兩位前任令尹子重、子囊因與吳國交戰慘敗，喪師喪地，都得憂鬱症死了，導致最後楚康王不得不起用一位老爺子——養由基。

此時養老爺子一大把年紀了，但是無將可用的楚王也只能拜養由基為宮廄尹，作為楚國與吳國交戰的前線最高指揮官。到達職場頂峰的養老爺子並沒有享受到功名利祿，因為吳軍實在太難對付了。每一次對吳作戰，都是在消耗他的元氣。

終於在一次戰鬥中，養由基的戰車被吳軍困住了。如果放在過去，他肯定能將所見敵軍一個個射於馬下。但現在年老的他已經拉不動弓、駕不動車了。

自知難逃一死的養由基用盡最後的力氣，站在戰車上挺起胸膛，威風凜凜地迎接死亡。只見吳軍朝養由基射出一陣箭雨，養老爺子瞬間被暴雨般的箭矢吞沒了。

「神將」養由基死後，楚國人徹底明白了一個道理：曾經在中原晃蕩了一百多年的楚國認錯了敵人，楚國真正的剋星不是晉國，而是東南的吳國。

兩個超級大國願意和談，再把齊秦兩國搞定，剩下的小國就會跟著大哥一起來。

向戌又先後去了齊國與秦國，這兩個國家表示他們也早就不想打了。可是去開會就要爭盟主，雖然齊、秦只是二流大國，但是大國威儀還是要有，不能屈居他國之下，所以兩國就不去和平大會了。要爭盟主，就讓晉、楚兩國爭吧，如果大會談成了天下弭兵的協議，兩國也自然會遵守。

向戌簡直不敢相信，自己作為一個小國的大夫，竟然真的讓鏖戰上百年的大國走到了談判桌前，運氣真是好到爆！

可是，和談未必真的那麼簡單。

# 第二次弭兵大會

一場旨在終結一切戰爭的大會即將舉行，史稱第二次弭兵大會。

這是天下所有諸侯翹首以盼的大會。從周平王東遷雒邑後，王室衰微，諸侯並起，每個人都在戰亂中出生，又在戰亂中死去，沒有人享受過長久的和平。

大家都想：去它的戰爭，活著才是真理！

大會的地點選在宋都睢陽的西門，和第一次弭兵大會的地點一樣。這個地點遠離晉、楚兩國勢力範圍，讓宋國占有地利優勢，而且睢陽交通方便，到晉、楚兩國的距離也相同。

此次弭兵大會，天時、地利都有了，就差人和了，可是這人和差得不是一星半點。各國上報的參會人員名單讓向戌大失所望。天下諸侯說是對此次和平大會極其重視，幾乎全都參與了，可為了安全起見，來參加和談的都是國家的二把手，國君一個都沒有來。

向戌很無奈，原本想讓每個國家的國君一起出席會議，大家相逢一笑泯恩仇，從此就是一家人。但他也知道，一個火星子，就能讓會場變成屠宰場。說句實在話，也不能怪諸侯。

周曆五月二十七日，向戌聽說晉國談判團到達宋國，早早在都城的西門外迎接。

當他看到所謂的晉國談判團時，眼珠子差點掉下來。隊伍領頭的是趙武，叔向是他的副手，他倆身後跟著一眼望不到頭的晉國大軍。

「這是來打仗的，還是來談判的？」向戌心想。

「大夫，我看出了你的心思，你別誤會，我們真的是來談判的。沿途治安不好，這些軍人是來保護我們談判團的安全的！」趙武滿臉笑容地說道。

晉國第一個到達會場，就像布置會場的主持人一樣。

隨後一群小諸侯也來了，他們本著「行走江湖，安全第一」的宗旨，每個人都帶著大隊人馬前來。

周曆六月十六日，楚國令尹屈建與副手公子黑肱率領楚國大軍抵達會議現場。

楚國抵達會議現場後，氣氛異常緊張。楚國帶著自己的小弟，駐紮在宋都西門的南方；晉國帶著自己的小弟，駐紮在宋都西門的北方。南北兩大集團在宋都西門擺開陣勢。晉、楚兩國代表礙於面子，誰都不願意邁出第一步。

向戌站在宋都城樓上看著城外的兩撥大軍劍拔弩張，他明白此次談判必須要成功，否則城外又將是一片血海，搞不好還會連累城內百姓。

扮演傳話筒的向戌在晉、楚兩軍大營內不停穿梭，希望拉近兩大國的距離。

楚國令尹屈建對向戌說：「楚國渴望和平，可是沒有了戰爭，臣服於我們的小弟心也就散了，到時候也不向我們朝貢了，我們大國的尊嚴將蕩然無存！不如讓我的附庸諸侯朝覲晉國，也讓晉國的附庸諸侯朝覲我楚國，誰要是不聽話，我們一起攻打它！」

向戌聽完後，明白了楚國談判的痛點與訴求：楚國害怕天下和平了，就沒有人交保護費了，所以期望南北兩大幫派合併到一起，兩位大佬向全天下諸侯收保護費。

楚國的要求對於小國來說是有點過分。過去交保護費只用給一個大佬，現在卻要交雙份。但是能用錢辦成的事兒都不是事兒，畢竟錢沒了還可以再賺，打起仗來人死了就不好辦了。

向戌到晉軍大營向趙武傳達了楚國的談判條件，趙武聽完覺得可行，但是又指出屈建的話裡的大漏洞，那就是齊秦兩個大國怎麼處理。

齊國是北派裡的二長老，秦國是南派的二長老。雖說兩國實力是千年老二，但是一直也以大國自居。晉國可以讓齊國朝貢自己，但是讓齊國去朝貢楚國，齊國死都不會去。同樣，秦國也是如此。

向戌又跑到楚營裡，將條件裡的漏洞告訴了屈建。

屈建一聽，馬上意識到這個漏洞的危害極大，處理不好就會釀成戰爭隱患。他不敢私自做主，火速派人回國請示楚康王。

楚康王立即做出批示：齊秦兩國的朝貢問題先放一放，先讓其他小國向晉、楚朝貢。

收到楚康王的重要批示，屈建終於長長地舒了一口氣。雙方大的分歧沒有了，那就正式見面吧。

晉、楚之間的博弈初告段落。博弈的實質就是利益的重新分配，應該考慮雙方的利益均衡。既然雙方的利益都滿足了，就可以談細節了。

周曆七月二日，晉楚雙方談判團正式會晤。雙方在輕鬆友好的氣氛中長時間溝通，坦誠交流，就晉楚關係及共同關心的勢力劃分、保護費收取等問題，全面深入地交換了意見，達成了廣泛共識。

會議當晚，雙方代表擬定弭兵協議，並約定三日後帶著各自小弟舉行弭兵大會，歃血為盟，共享天下太平。

周曆七月五日，隨著晉、楚、宋、鄭、魯、陳、衛、邾、蔡、曹、滕、許十二國代表步入會場，中國歷史上第一場和平大會正式舉行。

然而，原本應是喜氣洋洋的和平大會，現場氣氛卻是殺氣騰騰。

楚國代表搶先步入會場。他們高昂著頭，邁著大步，穿著膨脹得像棉花糖一樣的衣服，衣服裡面還傳來盔甲與兵器鏗鏘刺耳的撞擊聲。場外的楚國大軍已經列好軍陣，做好戰鬥準備。

對於大佬楚國來說，嘴上都好說，但真要做起事來，就得留一手，畢竟誰知道晉國會不會黑吃黑。

隨後入場的趙武則被楚人蠻霸的作風所震驚，他對副手叔向說：「楚國人會不會下黑手？當年楚成王就是在會盟時把宋襄公綁架的。」

叔向知道楚國的黑歷史，但是他對趙武說：「您放心，楚國這是想要和平，但又對我們不信任。他們骨子裡仍懷有霸主妄想後遺症，才會做出這樣的狂妄舉動。即使楚人真是要火併，他們也會掂量自己的實力。會場外有我們晉國大軍，不遠處又是宋都睢陽，宋國人又是我們的盟友，打起仗來楚人占不到便宜！」

趙武聽完才稍稍放寬了心。

弭兵大會按照標準的會盟流程有條不紊地進行，但是到了歃血為盟的環節，卻出現了問題。關於誰先手執牛耳進行歃血的問題，趙武與屈建起了爭執。

兩個人都抓著牛耳不放手，因為按照會盟的慣例，只有會盟的領袖才能第一個歃血。雖說雙方都想和平，可是一遇到要分先後的場合，可惡的霸主思維又顯露出來。

趙武大喊：「晉國第一個到達會場，我們又是天下霸主，沒有誰能排在晉國前面！」

屈建毫不示弱，怒道：「誰說你們是天下霸主，論實力楚國才是老大！」

就在兩人在盟壇上爭執的時候，壇下的楚國士兵脫掉外套，露出裡面的鎧甲，並且把寶劍從腰間抽出，做好了火併的準備。晉國隨行的人員也跑出會場，準備調動晉軍殺入。

一場大規模的火併即將爆發。

好在明白事理的叔向跑到趙武身邊，一把拽回了爭執的趙武。他對趙武說道：「大局為重，讓楚國先歃血！」

趙武立馬冷靜下來，意識到不能再鬧下去了，於是主動讓屈建歃血。屈建緩過神來，看見壇下都已經亮出兵器了，一身冷汗也「唰」地冒出來，知道自己玩大了。他趕緊拜謝趙武，隨後手執牛耳，率先歃血。

在明爭暗鬥中，弭兵大會結束了。

會後，宋國款待了各國代表。大家胡亂吃喝一通後，各回各家。

和平的奇蹟真的發生了！

從西元前五四六年第二次弭兵大會結束，到西元前四五三年趙、魏、韓正式建國，近一百年的時間裡，中原地區雖然偶爾有小戰，但再也沒有爆發過大戰。

晉、楚兩國的小弟同時對兩位大佬進行朝貢，各國之間相互通婚，禮尚往來，中原一片和平景象。

這一切都要感謝向戌。雖然他只是一個大夫，但他憑一己之力，以堅忍不拔的精神，讓仇殺上百年的晉、楚摒棄前嫌，化干戈為玉帛。

那些所謂的春秋霸主，為了一己之私利，將霸業建立在纍纍屍骨之上。而向戌所促成的弭兵大會，是為了宋國百姓的幸福，更為了天下百姓們的幸福，向戌才是真正對歷史有推動作用的人。

天下和平了，不同的人開始了各自的追求，時代產生了裂變。沒事做的國君開始大興土木，修建自己的安樂宮，大權徹底旁落；精力充沛的大夫們，不斷兼併土地，在自己的封地上進行細緻化管理。各種先進的技術也運用在軍事與生產上。

一個全新的世界開始慢慢浮現出來。

第二次弭兵大會召開時，魯國一位叫孔丘的七歲小朋友，正在與母親過著清貧的日子。

他們一家是落魄貴族，日子過得很艱苦，但是孔丘仍要感謝向戌。如果沒有向戌召開弭兵大會，孔丘很可能在成年後被拉去充軍。他雖然沒有享受過榮華富貴，但是貴族當兵的義務免不了。按照之前隔三差五的大戰爆發頻率，孔丘很可能在成為「聖人」前就為國捐軀了。

# 貳拾壹　聖人出

# 大儒常無父

西元前五五一年，魯國昌平鄉陬（ㄗㄡ）邑的一戶人家裡，不到二十歲的女主人剛剛生下了一個孩子。

這家的男主人已經快七十歲了，他被人們稱為「叔梁紇」。他姓子，氏孔，名紇，字叔梁，所以也可以稱他為孔梁紇。看到子姓，就能猜到他祖上可能是從宋國來的，因為子姓是宋國的國姓。

叔梁紇祖上是宋國的司馬，後來因宋國內亂就逃到了魯國，從此在魯國紮根。叔梁紇祖上雖然在魯國沒有大富大貴，但是混得也不差，世代在魯國擔任武將。到了叔梁紇這輩，他在戰場上大顯神威，屢立戰功，官至陬邑宰，即陬邑的長官。

在叔梁紇與妻子顏徵在給他們愛情的結晶取名的時候，顏徵在擁有主導權。話說之前她在家門口的尼丘山祈禱生一個男孩，結果得償所願。現在懷裡的孩子，頭部中間低四邊高，就很像尼丘山。顏徵在為了感謝尼丘山，把「尼丘」兩個字拆開來，「丘」用作孩子名；等孩子成年取字時，「尼」用作孩子字。由於這個孩子排行老二，所以他的字是「仲尼」。因此，這個孩子姓子，氏孔，名丘，字仲尼。

孔丘三歲的時候，他的父親叔梁紇去世了。

對於一個孩子來說，父親死了是一件非常悲痛的事，卻也是一種人生磨礪。這樣的孩子，從小擔當家庭重任，比一般孩子更加早熟，所以古人說：「大儒常無父。」

顏徵在帶著孔丘來到魯國首都曲阜，住進了城中闕里的陋巷中。闕里雖然是貧民窟，但它靠近魯國宮城的闕門，是王公貴胄出入的地方，這就像住在北京的二環內，經常能看到國家重大儀式活動一樣。

魯國是周禮發明人周公旦的封國，但凡魯國舉行的儀式活動，都是嚴格按照周禮執行的。孔丘從小耳濡目染，周禮成為他生活中不可或缺的一部分。

在別人家小孩玩扮家家酒的時候，孔丘小朋友也玩家家酒，不過他沒有扮新郎、扮大人，而是拿出家裡的禮器，學著大人玩起祭祀活動。其實孔丘模仿的就是早期的「儒」，「儒」的本義就是術士，負責治喪、祭祀的宗教儀式。後來「儒」在孔子手上發揚光大，變成了一個著名學派。

孔丘自己也不會知道，他玩家家酒的地方，以後將會有座供奉自己的大廟，就是大名鼎鼎的孔廟。

孔丘漸漸長大，八歲那年，顏徵在給他報名上了小學。雖然孔丘家裡比較窮，但是上學的錢還是付得起。

當時的學制只有小學、大學兩個階段，學校都是公辦的，又被稱為官學。可那時的公辦學校不像現在的公辦學校一樣，所有人的孩子都能去上學。那時的公辦學校只收貴族子弟，再不濟也得有士的身分，所以都是名副其實的貴族學校。

當時，小學、大學的老師都是政府委任編制，教學內容也和現在一樣是分科的。現在分文科、理科，那時分文科、武科。文科學禮（周禮）、樂（音樂）、書（讀書寫字）、數（算數），武科學御（駕駛駟馬戰車）、射（弓箭射擊），這六門課又被稱為「六藝」。小學作為春秋時的基礎教育，主要目的就是給貴族掃除文盲，所以主要教六藝裡的書和數，讓孩子能讀、能寫、會算。

孔丘的父親雖不是當朝大夫，但也曾擔任地方官，起碼也是一個士，所以孔丘正好符合入學資格。

孔丘到十五歲的時候，已經完成了小學的學習，而且成績優異，順利地升入了大學。

後來，孔丘回顧自己的一生時，曾感嘆「十有五而志於學」，因為大學的難度比小學的難度大幅提升，要學禮、樂、御、射了。

御、射兩門課畢竟只是軍事體育課，平時多加鍛鍊，就可以掌握了。而禮、樂這兩門課可不簡單，都是非常燒腦的。這兩門課還有對應的四本教科書，分別是《詩》、《書》、《禮》、《樂》。

這四本書又有一個尊稱——「經」。經是真不好讀，又拗口，又難懂。人的口音又會隨時間改變，除了《詩》至今讀起來朗朗上口，另外幾本經書連古人也經常被搞得頭大。但這四本經對於學霸孔丘來說是小意思。後來孔丘晚年在六藝之外還加了兩本經進去，分別是《易》、《春秋》。

孔丘上了大學後，就像魚入大海一樣歡暢。他如飢似渴地學習知識，但就在他進入大學的第二年，母親顏徵在去世的噩耗傳來了。

母親是孔丘在世上唯一的親人，失去母親的孔丘受到了重大打擊。而就在這一年，又發生了另一件大事——孔丘遇到了他人生中的宿敵。

有一次，魯國三桓中實力最強的季孫氏族長季平子召開了宴會，邀請眾多社會名流前來赴宴，其中就有孔丘。

古時候，父母死後，子女要守孝三年。孔丘當時還在守孝期，於是他身著喪服，腰間繫著孝服的麻帶，就來到了季孫氏家門口。

旁人不知道的還以為季平子死了，孔丘是來奔喪的。季孫氏的家臣陽虎一看孔丘穿得這麼晦氣，立刻把他轟了出來。陽虎在當時雖是季孫氏的家臣，但掌握著季孫氏家族的大權，後來他把季孫氏徹底架空，差點滅了三桓。

孔丘被趕走了，但他與陽虎的糾葛才剛剛開始，這兩人將是一輩子的敵人。

守孝三年結束，孔丘在十九歲那年結婚了。他的老婆亓官氏是宋國人，這樁婚姻是孔丘父母在世時定下的。

到了二十歲，孔丘開始擔任基層官員。他先在季孫氏手下擔任倉庫管理員，後來擔任管理牧場的小吏。

不要小看孔丘在基層的這幾年經歷，社會是所大學，在裡面能學到課本裡學不到的知識。孔丘不光體會到了底層人民生活的不易，也發現勞動人民的智慧是無窮的，所以後來他自己也說：「三人行，必有我師焉。」

由於工作認真負責，孔丘仕途順風順水，三十歲時當上了管理國家工程營建的司空。

由於孔丘當時名氣很大，又尤其擅長「禮」這門學科，於是魯國三桓裡孟孫氏的族長孟僖子在臨死前，讓長子孟懿子與次子南宮敬叔拜孔丘為師，學習「禮」。

孔丘收了兩名重量級人物為徒。孟懿子成了孟孫氏的族長，後來與孔丘因為政治理念不同，分道揚鑣。南宮敬叔則一直追隨孔丘。

可是突然間，孔丘就不上班了。他不批公文了，也不做官了，而是放飛自我，去心中的精神聖地——雒邑，去找一位大師點悟自己的靈魂。

## 儒與道

按照超級英雄的成長套路，主人公成長到一定階段後，會進入瓶頸期。此時就會有貴人來幫助主人公脫離困境，讓主人公能力大增。

孔丘要找的大師，那可是學術巨擘，在後世老百姓心中更是位神仙級別的存在。孔丘經過他的點化，思想躍入了一個新的境界，此後孔丘才堪配「子」這一稱號。

大家看《西遊記》的時候，會發現天宮裡有一位白鬍子老頭，身騎青牛，手拿金剛鐲，家住兜率宮，宮裡有個把孫悟空燒了七七四十九天的煉丹爐。沒錯，他就是太上老君，孔丘要找的人就是他。

太上老君雖是神話裡的人物，但是他是有原型的。太上老君的原型就是老子，姓李，名耳，字聃

（ㄉㄢ），是道家的祖師爺。

老子雖是人，可由於學術造詣高，後來被當作了神仙。老子當時是雒邑周王室的國家圖書館館長，圖書館裡有海量藏書。孔丘想去那裡一邊博覽群書，一邊向老子學習「禮」，因為孔丘聽說老子是全天下最懂「禮」的人。學生南宮敬叔也和他一起前往。

所謂的「禮」，就是周公旦制定的周禮，是人與人之間的行為規範。這是一套國家統治工具，成本極低，但它的效率極高，影響了兩千年。周禮內容無所不包，小到老百姓的婚喪嫁娶、衣食住行，大到國家的戰爭祭祀、禮儀外交。周禮與其說是制度，更不如說是文化習俗。

孔丘向魯昭公提交辭職報告時，魯昭公很感動，覺得學霸就是學霸，一生都在勤奮求學，比只知道爭權奪利的三桓要強上百倍。魯昭公為了鼓勵孔丘師徒好學的精神，幫他們開好給周王室的介紹信，並撥款給他倆配了一輛馬車、一個僮僕。

西元前五一八年，孔丘前往雒邑學習。由於第二次弭兵大會的成功舉行，中原地區久不聞戰事，孔丘一行人平安抵達雒邑。

一安頓下來，孔丘就帶著徒弟直奔國家圖書館，一邊如飢似渴地閱讀著珍貴的藏書典籍，一邊等著老子的到來。他心中有無數關於「禮」的問題要向老子請教。

終於等來了老子，孔丘好不容易看到了心中的學術偶像，於是一場儒、道兩大教主歷史性的會面開始了。

歷史上，不同教派總是發生衝突，經常會相互詆毀，甚至打得你死我活。可是儒、道兩大教主卻是在和平友好的氣氛下見面，二人的思想進行了激烈的碰撞，產生了耀眼的火花。

孔丘問老子：「聽說您是天下最懂『禮』的人，我從魯國而來，就是向您學『禮』的。」

老子：「那你告訴我學『禮』有什麼好處。」

孔丘：「古代的聖王都是以『禮』治理天下，因此才會有太平盛世，人與人才能和諧共處。現在禮崩樂壞，我就是要復興『禮』，讓天下重回聖王統治的時代。」

老子聽完，大笑了起來。他笑著說道：「夫禮者，忠信之薄而亂之首！」意思是，「禮」這個玩意兒，是忠信不足的產物，是造成禍亂的罪魁禍首。

孔丘聽完簡直不敢相信自己的耳朵，天底下最懂「禮」的人，竟然是反對「禮」的。他問：「先生，您為何這麼說？」

老子回答：「自從平王東遷雒邑後，天下就是一個禮崩樂壞的時代。殺戮、仇恨、貪慾，『禮』能拯救這個世界嗎？」

孔丘聽到這兒，沉默了。

老子看著孔丘臉上寫著大大的「喪」字，意識到這位年輕人被自己打擊得不輕，還是得給年輕人一些信心呀。

老子又說：「你說的那些所謂的聖王、周公早就化成黃土，只不過他們的言行留在了世間。時機一到，有德之人便會掌管世間；時機沒到的時候，他們也只是街上行走的普通人。精明的商人財不外露，有德之人看上去大智若愚。捨棄你的嬌氣與慾望，不忘初心，去追尋你想要的東西吧。」

孔丘聽完，感覺高人說話果然不同尋常。他好奇地問：「先生，那您覺得什麼可以拯救世間呢？」

老子答：「道。」

孔丘問：「什麼是道？」

老子答：「道可道，非常道；名可名，非常名！」

孔丘聽到這裡，陷入深思，他心想：「原來老子在心中，已經徹底放棄了『禮』，自己創設了一個新的思想世界。」

與老子的歷史性會面，讓孔丘徹底顛覆了三觀。

孔丘與老子所處的春秋末期是一個大崩潰時代，貴族把控的社會如同被白蟻蛀空的大壩，社會裡的每個人像決堤的河水一樣，身處在劇烈的動盪之中。

老子選擇了放棄過去，遁入玄而又玄的道中。孔丘是一個從小長在市井巷中的底層貴族，擔任過基層官員的他太瞭解百姓的疾苦，所以他是一個積極入世的人。

孔丘同意老子關於「禮」不能拯救世間的看法，但他認為不是「禮」出了問題，而是人出了問題。至於出了什麼問題，孔丘也說不出來，於是他就在雒邑的圖書館裡，一邊看書，一邊思考問題。

隨著時間的推移，孔丘腦中的知識量不斷暴增，在和老子的交流中，他也不停地颳起腦力激盪。

有一次聊天時，老子說了一句：「天地不仁，以萬物為芻狗！」孔丘似乎找到了他想要的東西，這東西就是世人所缺的「仁」。

什麼是「仁」？那就是每個人要有仁愛的心，克制自己內心過度的慾望，讓自己做的每件事都符合「禮」的要求。這樣世間才會井然有序，天下才會太平。既然天地不仁，那我就要讓天下仁。

孔丘提出的「仁」，無疑是一個創舉。「禮」很早就有了，但那只是一套人與人之間的行為規範，沒有精神內涵。而孔丘把「仁」的精神內涵注入「禮」中，讓「禮」充滿了人情味。這也是我們中華民族被稱作「禮儀之邦」的原因。

老子丟棄了「禮」，創造了「道」；孔子繼承了「禮」，發揚了「仁」。「道」太玄乎，後來慢慢走向了宗教，而「仁」卻走進世間每一個人心中。

在雒邑做了一年訪問學者後，孔丘該學的也都學得差不多了，於是他向老子告別，準備回國。

老子依依不捨地拉著這位後生的手說：「有錢人送別他人時，會送金銀財寶；品德高尚的人送別他人時，會送良言。自以為聰明的人，經常會受到威脅，那是因為他愛背後說人壞話。有的博學善變的人會遇到不公正的待遇，那是他經常指責別人有過錯。做子女的不要忘記父母，做臣子的不要忘記君主。」

老子這番話也是告誡孔丘，他雖學富五車，才華橫溢，但是做人要低調，不要輕易顯露鋒芒，要盡好自己為人子、為人臣的本分。

孔丘聽完，向老子拜別。路上，孔丘對南宮敬叔說：「龍乘風可以上九天，老子在我眼中，就是龍一樣的人。」

孔丘經過學術的洗禮、「神人」的指點，已從一位高級知識分子進化成一代學術宗師。這時的他，已經可以名副其實地叫孔子了。

## 開創私學

西元前五一七年，孔子回到魯國。孔子原本想著能大展拳腳，可是連施展的機會都沒有就避難去了，因為三桓跟魯國國君火併，他作為忠君派也被牽連了。孔子不得不到齊國避難，直到西元前五一六年魯國局勢穩定後才回到了魯國。

從齊國回來後，孔子在魯國無官可做，因為三桓對他很警惕。吃不了公家飯的孔子，靠什麼養活自己呢？

孔子想來想去，自己最擅長的就是教書，那就自己開個私塾吧。

在此之前，貴族子弟都是在公辦學校裡學習，叫官學。孔子自己開的學校，則叫私學。孔子這一自主創業的行為，對於當時的中國來說，簡直就是開天闢地。

中國人向來重視教育，因為哪怕自己出身再差，只要認真學習，就能改變命運。而告訴中國人這條道理的，正是孔子。

在孔子之前，寒門出不了貴子，因為只有貴族才有受教育的機會。從孔子之後，寒門也能出貴子了。

孔子開辦的私學，不管學生出身如何，無論是貴族眼中的「泥腿子（編注：出生地位低賤的人，常用於對農民的蔑稱，或指在農村蠻不講理，橫行霸道的人）」，還是盜賊、乞丐，只要想學習，孔子都可以教。孔子徹底打破了貴族壟斷知識的局面，底層人民自此就有了從知識領域挑戰貴族的能力。

現代人的眼中，民辦學校都是貴族學校，學費很貴，普通人上不起。然而孔子開辦的民辦學校，那學費可是良心價。只要送給老師十條肉乾，就可以享受春秋頂級學術大師的教學。

孔子既沒有錢建豪華的校舍，也沒有錢僱用其他教員，私學裡就他一位老師。

上課的地點也無所謂，有時候在屋子裡，有時候在戶外，有時候邊走邊聊。

孔子的課堂教學氣氛非常活躍，有的時候孔子一邊彈琴一邊講課。所以，孔子課堂上經常會出現學生之間因為意見不合相互爭論的一幕，老師批評學生，學生頂撞老師。雖然亂哄哄的，但這確實是為學術爭鳴，這也正是孔子想看到的。

孔子的教學方法也很靈活，主要就兩點：因材施教，循循善誘。

因材施教就是看學生是聰明、普通還是愚鈍，根據學生資質的不同，講的內容與深淺程度也會有所不同。

至於循循善誘，就是孔子在教學中一直與學生互動。學生顏回曾讚歎道：「夫子循循然善誘人。」

有一次，孔子的學生子路向他請教問題：「什麼是君子？」

孔子回答：「提高自己的修養，保持嚴肅恭敬的處事態度。」
子路說：「這樣似乎不夠吧？」
孔子說：「提高自己的修養，用你的君子氣質感染你周邊的人，讓他們感到安全與快樂。」
子路又問：「還有什麼更高層次的嗎？」
孔子回答：「提高自己的修養，可以讓百姓安樂，堯舜那樣的聖君都不一定能做到。」
對於子路提出的每個問題，孔子不僅回答，還引導他自己提出更高層次的問題，這就屬於典型的啟發式教學。
孔子不僅是一名任課教師，還是一位名副其實的班主任，負責學生的各種管理工作。做過班主任的老師都明白，如果班級裡面有幾個熊孩子，打也不能打，罵也不能罵，往往要付出大量的心血，熊孩子還不一定領情。
孔子的班裡就有這麼一位熊孩子，斯文的孔子經常能被這熊孩子氣得吐血。這人叫宰予，字子我。有一次宰予向孔子提問：「父母死後，子女要守孝三年，這時間是不是太長了？一年可以嗎？」
孔子聽完，內心燃起了熊熊烈火。守孝三年是周禮規定的，怎麼能輕易破除？孔子強壓住心中的怒火，問道：「如果父母去世，你只守孝一年，你能安心嗎？」
宰予回答：「我安心。」
孔子被氣得說不出話來。
如果說宰予只是因為學術問題惹孔子生氣，倒也還說得過去，但他別的行為卻真正讓孔子暴跳如雷，因為宰予逃課了。

有一天，孔子在課堂上點名，發現少了宰予，於是到宿舍找到了他，原來這傢伙還在床上睡懶覺。孔子氣得指著宰予破口大罵，於是一句流傳千古的罵人名句出現了：「朽木不可雕也，糞土之牆不可杇也。」意思是，你是塊腐爛的木頭，都不能用作雕刻；一堵用糞土壘起來的牆，不值得塗抹。

不過話說回來，孔子對待不聽話的學生的做法，跟同時代的古希臘哲學家、數學家畢達哥拉斯一比算是相當仁慈了。畢達哥拉斯是發明勾股定理（或稱畢氏定理）的學術大神，他的一個學生發現老師的數學定理中存在錯誤，於是向老師提出疑問。畢達哥拉斯一看，這個數學問題解決不了，有損自己的威名，於是把提出這個問題的學生扔進湖裡淹死了。

孔子雖然被宰予氣得夠嗆，可生氣歸生氣，哪怕憋出內傷，面對能上房揭瓦的熊孩子，老師還是得感化他，教育他。萬萬沒有想到，這位熊孩子日後卻成了孔子門下著名的「十哲」之一。孔子死後，很多弟子離開了，宰予卻積極與另一名同學子貢為老師樹立聖人形象。

由於孔子教書效果好，名氣越來越大，投奔他的學生也越來越多。據說孔子一共有三千個學生，比一所明星高中的人數都多。

試想那時又沒有電視、網路，只能面授，孔子就一個人，怎麼教得了這麼多學生？

答案很簡單，那就是老師帶大弟子，大弟子再帶小弟子。我們在武俠小說裡，經常聽到某位大俠自稱是某位門派掌門的入室弟子。但凡有「入室弟子」的名號，武功都十分了得。

所謂入室弟子，就是老師收的學生太多，教不過來了，只能先教一些學習比較好的學生。這種學生可以直接進入老師的房間，由老師面對面親自傳授，所以稱為入室弟子。入室弟子學完，就去教其他弟子。

孔子從三十六歲一直教到了五十歲，一直是一名優秀的民辦教師。年近五十時，孔子開始認真研究《易》。由於他太喜歡讀《易》，最後就連串竹簡用的繩子都磨壞了。而就在他一心研究《易》的時候，有人找他去做官了。

# 貳拾貳　萬世師表

## 陪臣執國命

孔子是一個有抱負的人，他一直想步入政壇。可他一打聽清楚請他做官的人是誰，又立刻拒絕了。請他去當官的，不是別人，正是當年把他從季孫氏大門趕走的陽虎。

陽虎是季孫氏的家臣，專業術語叫「陪臣」。陽虎出身極其普通，可後來卻成為春秋第一家臣。

古人有句老話叫「修身齊家治國平天下」。這句話指的是古人政治修為的四個層次。「修身」很好理解，就是說提高自己的修養；「齊家」，很多人認為是把家族管理好的意思，其實這就理解錯了，這裡的「家」指的是大夫的封地，「齊家」就是幫大夫管理好封地；「治國」就是幫諸侯管理好國家；「平天下」就是幫天子管理好全天下。

春秋時，每個大夫自己的家就是一個迷你的小王國。國君召集大夫們開會叫上朝，大夫召集自己的家臣開會叫家朝。大夫在自己家裡也設置相應的管理職位，負責管理家裡所有事務的官職叫家宰，管理封地上城邑的官職叫邑宰。家宰下面還有分管各個部門的官員，掌管土地的叫司徒，掌管私卒的叫司馬，掌管工匠的叫工師。

原則上家宰的職務要高於邑宰，但是由於邑宰管理這封地上的城市，手握實權，家宰有的時候對邑宰也得忌憚三分。陽虎就是季孫氏家裡的家宰，而這位家宰，竟然也是魯國的實際統治者。

這麼荒唐的情況也只能出現在魯國。魯國是周公旦的封國，分封制在周公旦手上完善並推廣，所以魯國人一直把分封制當作自己的「非物質文化遺產」，在自己巴掌大的土地上發揚光大。國君把地分封給了大夫，大夫把地分封給了家臣，家臣一旦勢力壯大，就能把大夫架空，從而控制大夫，甚至更進一步，控制國君。像晉國六卿就決不會讓自己的成功在自己的家臣身上重演，所以六卿的家臣始終扮演職業經理人的角色，只拿工資，不給土地。

陽虎作為季孫氏的家宰，並沒有幫季孫氏管理好家，反而霸占了季孫氏的家。

西元前五〇五年，季孫氏的族長季平子死後，年幼的季桓子繼位。陽虎瞅準時機軟禁了季桓子，還殺了季孫氏很多人。控制了季孫氏後，陽虎在魯國就是一人之下、萬人之上了。由於叔孫氏與孟孫氏的族長也是小孩，陽虎一時間權傾朝野，魯國國君也要聽命於他。

孔子把這個混亂現象稱為「陪臣執國命」。

執掌大權後，陽虎想拉攏一些有名望的人加入自己的陣營，於是把目標瞄準了孔子。

陽虎邀請孔子出來做官，孔子直接拒絕，避而不見。孔子雖然討厭三桓，但更痛恨陽虎。三桓好歹是合法的卿大夫，而陽虎不過是一個家宰，說白了就是一個管家，竟然敢裝模作樣地主宰魯國。

陽虎沒辦法，讓人送給孔子家一隻烤豬。按照當時的禮節，收受禮物的人要回拜。陽虎知道孔子是魯國最講究禮節的人，他肯定會登門拜謝。孔子莫名其妙地收到一隻烤豬，一看署名是陽虎送的。孔子也不傻，專門瞅準陽虎外出的一天登門拜謝，這樣既符合禮節，又避免了與陽虎見面。陽虎倒也沒有為難孔子，還是你教你的書，我專我的權。

但陽虎想要將在魯國顯赫上百年的三桓徹底剷除，絕非一件簡單的事，因為他手裡可調動的兵力不多。他能主宰魯國，也是仗著自己是季孫氏家宰的身分，可是陽虎和季孫氏都住在魯國首都曲阜，而季孫氏最大的封地是費邑，封地裡的人口、糧食、私卒都由邑宰管理，邑宰才是季孫氏裡最有實力的人。費邑的邑宰公山不狃（ㄋㄧㄡˇ）已經把費邑經營成自己的獨立王國，任何人都無法染指，包括季孫氏。

魯國就像一個層層轉包的公司，每個主管看上去都很厲害，其實都是唬人的空殼子，真正有實力的都是地方大員。曾經把國君架空的家族現在被自己手下的家臣給架空，季孫氏混到這個德行，也真算得上可憐。

為了完成自己剷除三桓的偉業，陽虎去找了公山不狃。陽虎告訴公山不狃，只要幹掉三桓，他倆就是魯國最有權勢的人。

西元前五〇二年，陽虎與公山不狃在曲阜東門外埋伏好大批人馬，邀請三桓來赴宴。

季桓子坐在馬車上被人送往宴會地點。他請求車夫能幫他逃跑，車夫受過季孫氏的恩惠，於是猛揮馬鞭，衝破阻礙，直奔孟孫氏的府邸。季桓子之所以往孟孫氏家裡逃，是因為孟孫氏的族長是孟懿子，孟懿子的老師正是陽虎的死對頭孔子。

當季桓子衝入孟孫氏府邸內大喊「救命」時，他看見無數盔明甲亮的武士已經做好了戰鬥準備。

孟懿子一收到陽虎的請柬，就感覺其中有詐。吃飯上哪兒不好，偏要去城門外的荒郊野地，那地方除了謀財害命，還能做什麼？於是孟懿子聯繫孟孫氏主基地郕邑的邑宰公斂處父，讓他把自家的私卒全部調過來，還叫上叔孫氏，準備與陽虎決一死戰。

陽虎與公山不狃發現季桓子跑了，宴會也不辦了，率領人馬衝入曲阜城內與孟孫氏展開大戰。然而孟懿子早有準備，把公山不狃從費邑帶來的人馬殺得大敗。

陽虎見大勢已去，也就逃跑了，公山不狃帶著殘兵敗將退回費邑堅守不出，繼續待在自己的小王國裡。

經過一天的激戰，孟懿子拯救了三桓，季桓子也擺脫了陽虎魔掌。可是新的問題也擺到了眾人的面前。

## 墮三都

三桓把陽虎趕走了，卻沒有迎來美好的明天。他們坐了下來，痛定思痛。

三桓作為魯國曾經的三巨頭，國內從無對手，字典裡只有「狂妄」兩個字，從來不知道「低調」是怎麼寫的。哪個國君要是不聽三桓的話，會被直接趕走，就此浪跡天涯，杳無音訊。歷代魯國國君在面對囂張的三桓時都會懷疑人生，覺得他們三家才是魯國真正的掌權者。

可現在，三桓怎麼會被家臣陽虎欺負到這般地步？曾經的魯國老大差點就被一鍋端了。到底是什麼原因，讓三桓發生如此巨變？

問題就出在三家的主基地上。

季孫氏的主基地是費邑，叔孫氏的主基地是郈（ㄏㄡˋ）邑，孟孫氏的主基地是郕邑。雖然陽虎被趕走了，可是三家的主基地也都被各自的邑宰霸占了。

三桓表面風光，可混到現在，封地除了產權屬於自己，使用權、居住權都被邑宰霸占著，自己只能在首都曲阜當「裸官」。

怎麼辦？

孟懿子提議，讓自己的老師孔子出山，幫大家拿回屬於自己的東西。於是三桓去找當時的魯國國君魯定公，請孔子出山。魯定公是被趕走的魯昭公的弟弟，現在國君與三桓都是弱勢群體，都希望孔子出山，打破魯國君不君、臣不臣的局面。

西元前五〇〇年，孔子正式出山，擔任大司寇，相當於司法部部長。闊別政壇十幾年的孔子一出山就不得了。在齊魯夾谷之會，孔子透過外交手段，從只吃不吐的齊國嘴裡要回了原本屬於魯國的土地。

西元前四九八年，孔子要執行自己醞釀已久的拆牆計畫，史稱「墮三都」。

按照周禮，大夫封地的城牆尺寸要比國都的城牆小。而在禮崩樂壞的時代，大夫們拚命修自家封地的城牆，三桓的費邑、郈邑、郕邑的城牆都遠高於首都曲阜的城牆。春秋時，軍隊缺乏專業的攻堅設備，很難攻下這麼高的城牆，況且三座城都已經脫離了三桓的控制，是魯國的三顆定時炸彈。

拆除三桓封地的城牆，既削弱了三桓的勢力，也打擊了囂張衝天的家臣，最終得利最多的就是魯國國君。

面對這些擅自加高加寬的違章建築，孔子找來產權人三桓，召開了動員會議。在會上，孔子宣傳了拆遷政策：「早拆早受益，晚拆晚受益，不拆不受益。」

三桓心想，反正這三座城自己也管不了，還不如讓孔子拆了，自己好趁機奪回屬於自己的不動產。於是三桓旗幟鮮明地表示，百分百配合孔子的工作。

孔子親自擔任拆牆工作的負責人，指揮國君手下的士兵開始了拆牆工作。

第一個主動要求拆牆的是叔孫氏。在叔孫氏的帶領下，孔子趕走了邑宰，成功拆除了郈邑的城牆。拆牆工作取得開門紅後，季孫氏也主動要求把費邑的城牆強拆了，然而一場大規模的暴力抗拆事件爆發了。

費邑的邑宰正是當年和陽虎一起造反的公山不狃。為了做好拆牆的說服工作，讓公山不狃意識到強占他人不動產是一種不法行徑，孔子安排子路擔任季孫氏的家宰，讓子路以家宰的身分勸說公山不狃配合拆牆工作。

費邑是季孫氏苦心經營上百年的主基地，裡面兵多糧廣，實力超過魯國任何一個城市。但現在費邑就是公山不狃自己的地盤，把城牆拆了相當於迎回原來的主人季孫氏，公山不狃才不甘心。

於是公山不狃先下手為強，帶著費邑的兵，向首都曲阜發動偷襲，順利攻破曲阜的城牆。魯定公與三桓躲在季孫氏家裡的堡壘中，等待救援。

孔子雖是個知識分子，但不是一個書呆子，他早就料到會出現暴力抗拆的違法事件，所以提前做好了準備。孔子帶著拆牆人員放下鏟子與鎚子，拿起武器，回師救援曲阜。

孔子帶領國君的親兵在曲阜主場迎戰叛軍，三下五除二就平定了叛亂，公山不狃不得不像陽虎一樣亡命天涯。

得勝後，孔子在季桓子的帶領下拆掉了費邑的城牆，費邑再次回到季孫氏的手中。

三桓拆了兩桓，還剩孟孫氏的郕邑沒拆，而郕邑不能拆。

郕邑在魯國最北邊，緊靠齊國，它既是孟孫氏的主基地，也是對抗齊國入侵的軍事重鎮。如果把郕邑的城牆拆了，齊國就能輕而易舉地占領郕邑，進而威脅魯國腹地。

而且，郕邑的邑宰正是當年挫敗陽虎叛亂、拯救三桓的公斂處父。公斂處父雖然在郕邑裡飛揚跋扈，但對孟孫氏的命令還是會老老實實地執行。郕邑的主要控制權仍在孟孫氏手裡，而不是在邑宰手裡。孟孫氏才不會傻到把城牆拆了，讓齊國軍隊與國君的軍隊來去自由。

不過這些都不是城牆拆不動的主要原因，更深層的原因是，孟孫氏的族長孟懿子與孔子是師生關係。

孔子是討厭三桓，但是他老人家討厭的是三桓藐視國君、凌駕於國君之上的行為。如果三桓能改過自新，就還是好同志，畢竟三桓的職位、封地都是合法的。

三桓裡勢力最大的是季孫氏，最不聽話的也是季孫氏。陽虎被趕走後，季孫氏就是孔子的最大敵人。

孔子是底層貴族出身，在魯國朝堂沒有任何根基，一沒封地，二沒私卒。而政治博弈需要實力，單打獨鬥是贏不了的，所以孔子必須要找一個強有力的靠山。

學生孟懿子就是孔子的靠山。讓孔子把自己靠山家的城牆拆了，削弱自己的靠山，就是削弱自己，孔子才不傻。因此，哪怕後來魯定公派兵圍了郕邑，孟孫氏的城牆照樣拆不了。

孔子在魯國政壇混得順風順水。平定了家臣之亂，三桓也老實了，魯定公為了感謝孔子，讓孔子代理國相一職。五十四歲的孔子收到任命，不禁一陣狂喜，只要試用期一過，他就能轉正當國相，一人之下，萬人之上，光宗耀祖。

孔子狂喜的表現被他的學生看到了。這個學生叫什麼名字，史書裡沒有記載。可這個學生說的話，卻是肺腑之言：「君子大難臨頭不恐懼，大福將至不喜形於色！」

孔子卻完全沒當回事，說道：「還有一句話：『身居高位禮賢下士而自得其樂』！」

孔子不知道，命運總愛與人開玩笑，當一個人在命運最高峰狂笑時，接下來迎接他的就是跌入低谷。

## 周遊列國

孔子在辛勤地治理魯國時，魯定公卻沉迷於酒色。齊國害怕孔子把魯國變強，因而向魯國施加外交壓力。三桓裡勢力最大的季桓子已經長大成人，也不願意看到孔子主宰朝堂。

各方勢力開始擠壓孔子，孔子發現自己的工作越來越難做，處處受到掣肘。魯國朝堂正面臨內憂外患。

西元前四九七年的一天，魯國舉行祭天儀式，魯定公沒來，讓季桓子代理祭祀。祭祀結束後，季桓子把祭肉分給了前來參加祭祀的大夫，唯獨不給孔子。

讀書人心氣都比較高，孔子也不例外。孔子心想：「我好歹也是代理國相，這點面子都不給我，我不幹了！此處不留爺，自有留爺處！」於是孔子帶著一群弟子，周遊列國去了。

「周遊」聽上去像是孔子帶著學生出去自駕遊玩，實際上孔子周遊列國跟流亡差不多，吃不飽，睡不好，小命還差點不保。在孔子流亡途中，還產生了一個形容人落魄的專有名詞——喪家狗，記載在了《史記》裡。

西元前四九六年，五十五歲的孔子帶著徒弟一行人先來到靠近魯國的衛國。衛國當時的國君是衛靈公，他在歷史上出名不是因為本人，而是因為他有一個有名的老婆——南子。

南子是宋國的公主，長得非常漂亮，嫁給衛靈公後，與人私通，被人稱為「美而淫」。而衛靈公知道自己被戴綠帽後，並沒有阻止，反而鼓勵老婆繼續與人私通，可見衛靈公的大腦異於正常男人。

可這個大腦不正常的衛靈公對孔子倒還不錯，按照孔子在魯國的待遇發給孔子俸米六萬斗，可惜沒有給孔子安排官做。

南子聽說孔子名氣很大，於是想見見孔子。孔子雖然知道南子「美而淫」，可他吃了衛靈公那麼多糧食，衛靈公的老婆要見他，他也不好拒絕，只能硬著頭皮去了。

見完面後，孔子出來了，他的學生子路很不高興。孔子看出子路的心思，於是對天發誓，說道：「予所否者，天厭之！天厭之！」意思是，如果我做錯了事，讓老天厭棄自己！

孔子在衛國住了三年，什麼官也沒當，工作也沒做，人都長胖了。孔子不喜歡安逸的生活，既然在衛國不能發揮自己的才能，那就換一個地方。

孔子離開了衛國，途經曹國，到達了自己先祖的祖國——宋國。宋國的司馬不喜歡孔子，而且還想殺了他，孔子只能趕緊逃跑。

孔子和他的弟子又跑到了鄭國。在一行人到達鄭國首都後，弟子們才發現孔子走失了，於是弟子們到處張貼尋人啟事。有人告訴子路：「外城的東門，有一個人狼狽不堪，精神萎靡，像喪家犬一樣，可能是你們要找的人。」

子路趕緊跑到東門，看見孔子孤零零一個人。孔子激動地看著子路，子路要再來晚點，他就要流落街頭，以乞討為生了。

孔子問子路：「你是怎麼找到我的呀？」

子路說：「有人告訴我，東門有個人像喪家犬一樣，於是我就找到了你。」

孔子聽後，苦笑道：「我的確像條喪家犬。」

孔子一行人接著走啊走，又來到陳國，陳國國君友好地接待了孔子。孔子在那兒待了三年，可是也沒發揮什麼大作用。

楚昭王聽說孔子很有才能，於是請孔子到楚國去。孔子從陳國出發要經過蔡國，陳、蔡兩國大夫怕孔子去楚國會壯大楚國國力，於是派人在陳蔡邊境圍住孔子，打算餓死孔子。

眼看著孔子餓得眼睛發花，學生子貢突圍出去，到楚國邊境搬來救兵，這才把孔子救了出去。

孔子到了楚國，他的學說卻沒有市場，遭到楚國大臣們的排擠，不得不又離開楚國。在離開的路上，孔子遇到一名楚國隱士，他叫接輿，人送外號「狂人」。

接輿嘲笑孔子，並富有深意地說道：「鳳兮鳳兮，何德之衰？往者不可諫，來者猶可追。已而，已而！今之從政者殆而！」意思是，鳳啊，鳳啊，你的德行為何會衰退呢？過去的事情就讓它過去吧，抓住機遇把握好未來。放下吧，放下吧，遠離那些危險的政治任務！

孔子聽完想和接輿好好聊聊，可是接輿轉身就走了。

放下自己的執念，遠離政壇，這對別人來說也許是好的建議，可是對孔子來說，不可能。孔子是一個積極入世的人，只有從政，才能將自己的思想傳播開來。無處可去的孔子只能再次回到衛國，因為只有在衛國，他才會受到尊重。

西元前四八八年，六十三歲的孔子再次回到衛國，此時的衛國國君是衛出公。孔子在衛國一住就是四年，不少弟子也在衛國做了官。

西元前四八四年，孔子收到一封來自魯國的信，寫信人是季康子。季桓子死後，他的兒子季康子邀請孔子回國。

六十七歲的孔子踏上了返鄉之路，從此再未出國。

十四年周遊列國，讓孔子產生強烈的挫敗感，也讓他看透了很多事情。步入耳順之年的孔子，什麼話都能聽進去，即使是尖酸刺耳的話，他也只是放在心裡，不去爭論。

## 仁者無敵

季康子還是沒有給孔子官做，他要的只是孔子的學生。

在孔子回國的第二年，他的兒子孔鯉死了。作為一名民辦教師，孔子只能將兒子薄葬了。

西元前四八二年，將滿七十歲的孔子對著自己的學生回顧了他的一生：「吾十有五而志於學，三十而立，四十而不惑，五十而知天命，六十而耳順，七十而從心所欲不踰矩。」

七十歲的孔子，已是從心所欲不踰矩，內心比較自由，做什麼事也不會壞規矩。

官場失意，對孔子來說其實也是一件好事，因為官做得越大，就越沒時間做學問，典型的例子就是管仲。管仲做了國家二把手，每天累得半死，哪有時間去做學術研究，更別說搞一個門派了。賦閒的孔子，則有時間去編書、帶學生。

思想流派和武林門派很像。一個武林門派想要威震武林，首先要有自己的獨門祕籍，例如少林寺的《易筋經》；其次還要有厲害的弟子，例如武當派張三手手下有武當七俠。

儒家之所以最後能稱霸中國思想界，就是因為有可以「吊打」其他思想流派的「武林祕籍」和眾多知名弟子。

對於看透世事的孔子來說，當不當官已經無所謂了，他現在只想在生命結束前，多多傳播自己的思想。所以在生命的最後幾年裡，他一邊教學生，一邊編教材。

孔子把魯國史官記載的史料，編纂成了赫赫有名的史書《春秋》。同時，孔子對《易》進行了修改，把這本教人算命的書，變成了一本充滿哲學思想的書。孔子還對市面上常見的《詩》、《書》、《禮》、《樂》進行了修訂。

此後，孔子把《詩》、《書》、《禮》、《樂》、《易》、《春秋》作為課堂教學用的標準教材，這六本書也被稱為「六藝」或「六經」。後來《樂》失傳了，六經就變成了五經。

以前貴族也學六藝，分別是禮、樂、射、御、書、數。貴族的六藝與孔子的六藝，最大差別在於貴族六藝裡有射和御。

射和御涉及設備與場地，這是要花錢的。「射」是射箭，古代一個貴族要熟練開弓，最起碼要練三年。而「御」是駕車，春秋的「御」，是學習駕駛駟馬戰車。要養四匹馬，而馬要吃草，病了要找獸醫，這相當於現在買輛超級跑車回家，不但價格貴，保養費也是驚人，還要有專門的賽道。而孔子收的學費不過每人十條肉乾，就憑這點學費，怎麼能開得起射和御兩門課程呢？

孔子的兒子死了也只能薄葬，由此可以看出孔子並不富裕。哪怕讓孔子把房子拆了，也供不起駟馬戰車。所以射與御只能在貴族官學裡學，由專門的老師教，畢竟這倆玩意兒太燒錢。

而孔子自己編的六本經書，哪怕學生家裡窮得叮噹響也是可以啃下的。

可別小看這六本書，據《史記》記載，在孔子的三千弟子裡，真正學透六本書的只有七十七人。

講完孔子的教材，我們來說說他的優秀學生。

衡量一位教師是否成功，就看他教出來的學生是否優秀。孔子有十位優秀學生代表，分別按照四個科目劃分，號稱「四科十哲」。

德行科，都是德行兼備的人才。

顏回，字子淵，是孔子母親家的親戚，窮苦出身，老實本分，從不頂撞老師，任勞任怨。孔子對顏回非常疼愛，可惜顏回英年早逝，孔子很傷心。

子騫，是個大孝子，不屑於當官。

伯牛，德行很好，他後來得了痲風病，孔子不怕被痲風病傳染，主動探望他。

仲弓，品德高尚，後來擔任季孫氏的家宰。在平定陽虎之亂後，季孫氏的家宰幾乎被孔子的學生壟斷了，因為季孫氏看中孔子學生都是有節操的人，不會像陽虎那樣犯上作亂。

政事科，都是行政管理方面的高手。

子有，善於行政理財，後來也擔任過季孫氏的家宰。

子路，只比孔子小九歲，家境貧寒，也擔任過季孫氏的家宰，後來隨孔子周遊列國，留在衛國當官，最後死於衛國內亂。

言語科，都是口才好、能說會道的人。

宰予，這位被孔子罵作「朽木不可雕也」的學生，後來在齊國擔任大夫，死於齊國內亂。

子貢，孔子的得意門生。孔子最疼愛的是顏回，其次就是子貢，《論語》裡子貢與孔子談話的篇幅非常多。子貢經常作為魯國外交大使出訪他國。孔子死後，子貢竟然為孔子守孝長達六年，要知道，親生父母去世才守孝三年。

文學科，都是學習能力強、努力鑽研書本的人。

子游比孔子小四十五歲，子夏比子游大一歲。他倆在孔子徒弟裡算是很小的，但這二人熟讀經書，對儒家思想的流傳發揮很大作用。

在「十哲」之外，還有一名叫曾參的學生。這是孔子晚年收的學生，具有極高的學術造詣。孔子萬萬沒有想到的是，正是這位曾參和他的弟子，讓儒家的思想學說發揚光大。

西元前四七九年，孔子去世了，享年七十二歲。

孔子的弟子為了能讓老師的思想流傳於世，就把孔子說過的話編成了一本語錄，叫《論語》。從此，孔子學生們的著書立說行動越做越大。

孔子在臨死前，把自己的孫子子思託付給曾參，希望曾參好好教導他。曾參不光將自己從孔子那裡所學的知識傾囊授給子思，還編寫了《大學》一書。此書成為後世科舉考生的必學課本，書裡「格物致知」的思想又啟發了兩千年後的王陽明，王陽明在此基礎上創立了心學。

曾參把子思教育得很好，子思長大後，也寫了一本書叫《中庸》。子思死後，他的弟子收了一個學生叫孟軻，就是赫赫有名的孟子。孟子死後，他的弟子們把孟子說過的話也編成了一本語錄，叫《孟子》。

《論語》、《大學》、《中庸》、《孟子》號稱儒家的「四書」。「四書五經」後來成為參加科舉考試的學生的標準教材，孔子後來還被追封為「聖人」。

估計孔子也沒想到，自己百年之後會有這麼大的影響力，更沒想到自己會被封聖。孔子曾經有個學生說他老人家是聖人，孔子聽到後說道：「若聖與仁，則吾豈敢？抑為之不厭，誨人不倦，則可謂云爾已矣！」意思是，「聖」和「仁」這兩個字，我是不敢當。我只是朝著聖與仁的方向不斷努力，教導別人不知疲倦，則可以這麼說！

孔子和普通人一樣，有過寒窗苦讀，有過春風得意，有過壯志難酬，但這不妨礙他成為我們民族心中的聖人。他的「禮」，讓我們成為禮儀之邦；他的「仁」，讓我們心中有仁愛之心。

更重要的是，孔子創立的私學，讓公辦貴族學校就此沒落，形成了民進公退的局面。到了戰國，遍地都是諸子百家的私學。

正是孔子，一手拉開了戰國「百家爭鳴」的大幕。

# 貳拾參

# 鐵三角

# 刺客專諸

就在孔子活躍的時期，南北兩個方向都發生了劇烈的動盪。南方的楚、吳、越三國先後發生了規模宏大、時間漫長的滅國戰爭。北方的齊、晉兩國內部發生了大夫搶奪國家控制權進行改朝換代的重大歷史事件。

花開兩朵，各表一枝。先說說南方，因為北方齊、晉兩國的紛爭說白了就是大夫為爭奪土地而架空國君的內部之爭，其慘烈程度遠不及南方，而楚、吳、越三國將春秋時的戰爭藝術推向了頂峰。

楚國在春秋末期遭遇了史無前例的滅頂之災，而這場災難的禍根，就是楚平王自己沒有管好下半身。

上了歲數的楚平王，不知道腦子裡哪根弦搭錯了，主動破壞自己兒子幸福美滿的家庭生活，搶了兒子的未婚妻。

楚平王年輕的時候娶了蔡國公主為妻，生了太子建。在太子建小的時候，楚平王就給他找了兩個人當家庭老師，一位叫伍奢，擔任太子太師，相當於主講老師；另一位是楚平王的狐朋狗友費無極，擔任太子少師，相當於配班老師。

伍奢與費無極同為太子老師，卻相互不和，兩人經常因為教學理念不同而展開爭吵。由於伍奢是主講老師，每次都能在爭吵中占據上風。太子建雖然是個孩子，但也知道哪個老師厲害就聽哪個的，於是他在伍奢的課堂上就認真聽講，在費無極的課堂上就睡覺、開小差。

「量小非君子，無毒不丈夫」是費無極的座右銘，課堂教學失敗的他不認真展開教學反思，反而心生歹念。眼前的太子建看不起自己，等他以後繼位了，得勢的伍奢肯定會整死自己。越想越害怕的費無極，打算利用自己與楚平王的關係，扳倒太子建與伍奢。

西元前五二七年，太子建長大了，該娶媳婦了。楚平王打算為兒子找一個秦國公主當老婆，這樣可以讓秦楚兩國聯盟更加穩固，於是派自己的死黨費無極去秦國迎親。

費無極到秦國看到公主嬴氏後驚為天人，他也由此心生陰謀。費無極知道楚平王好色，於是在嬴氏到達郢都後勸楚平王：「反正嬴氏還沒有嫁給你兒子，不如大王把嬴氏娶了吧。」

楚平王一聽，也沒覺得多不好意思，不跟太子建打招呼就直接娶了嬴氏。在他看來，只要姑娘沒過門，他就有追逐愛情的權利。太子建的未婚妻，轉眼間變成了太子建的後媽。

嬴氏也很爭氣，不久就給楚平王生了一個大胖小子，取名為壬，這個孩子就是後來被吳國打得東躲西藏的楚昭王。

楚平王看小兒子是越看越喜歡，就有了廢掉太子建的想法，費無極趁機把自己醞釀已久的毒計獻給了平王。計畫很簡單，就是讓太子建和他的老師伍奢駐守邊疆，遠離政治中心，再捏造謀反的罪名，把他倆處死。

俗話說，「虎毒不食子，人毒不堪親」，而喪心病狂的楚平王為了自己的愛妃和心愛的小兒子，採納了費無極的計策。

太子建被害死，伍奢和自己的長子伍尚被楚王處死，次子伍子胥跑得快，沒有被逮住。伍子胥想來想去，覺得能容納自己的，只有楚國的死敵吳國。

可是去吳國，要路過楚國的關隘，而伍子胥現在是全國通緝的要犯。伍子胥只能一路喬裝打扮，好不容易快到吳楚邊境了，重兵把守的昭關擋在他面前。伍子胥發現城門口站滿了全副武裝的士兵，牆上還貼著他的畫像，怕別人認出他來。

小說、演義裡都說，伍子胥為了想出過昭關的辦法，整晚失眠，一夜熬成了白頭。

一個叫東皋公的人覺得伍子胥是一個忠義之士，於是讓自己一位長相與伍子胥相似的僕人去城門口，結果僕人被當成伍子胥抓了起來，伍子胥自己則逃出生天。

逃到吳國後，伍子胥求見吳王僚，希望自己能得到重用。可是吳王僚嫌他是敵國的人，壓根兒就沒理他。為了養活自己，伍子胥只能就地當農民。

伍子胥內心充滿了仇恨、委屈、迷茫，可有句話說得好：「蛟龍未遇，潛水於魚鱉之間；君子失時，拱手於小人之下。」

有一天，伍子胥在一個村落裡，看見一個額頭高聳、兩眼深凹、虎背熊腰的大漢怒氣衝衝地站在路中央，正與另一人產生口角，眼看就要打起來了。

大漢看上去是非要把對方撕成碎片不可，對方看見大漢的氣場，癱倒在地上，連忙喊：「好漢，我錯了，下回不敢了。」

大漢發出雷霆般的怒吼：「認錯沒有用，看我怎麼弄死你！」

可大漢話剛說完，就聽見遠處一個女子喊道：「專諸，你趕緊給我滾回來吃飯。」

「哦，老婆別生氣，我來吃飯了！」

大漢立馬轉身跑回家了。這位叫專諸的大漢竟然是「妻管嚴」，外表看似凶悍，內心卻有柔軟的一面。躺在地上的那位大口喘著氣，十分感謝大漢的老婆，否則被這位大漢一拳打下去，誰知道自己會不會半身不遂。

這一幕剛好被伍子胥看到。伍子胥覺得這位長得高大魁梧的大漢以後可以派上用場，於是伍子胥一路尾隨專諸，來到他的家門口，開始對專諸展開情感攻勢，交朋友，拉家常。那時候的人都很淳樸，你對我好，我就把你當親兄弟一樣，很快專諸與伍子胥成了死黨。

專諸萬萬沒想到，正是眼前這位親密無間的朋友，日後成為自己黃泉路上的引路人。

這也說明伍子胥是一個高明的人，雖然時運不濟，但他還是在為自己的未來儲備人力資源。不管三教九流，只要能為己所用，他都願意放下身段主動去結交。

結交了專諸之後，伍子胥依舊過著種田的生活。就這樣日復一日，伍子胥用糞叉的技術不斷進步，再這樣下去，中國歷史上就要多一個農業專家了。

一心想復仇的伍子胥覺得不能再這樣下去了。他想來想去，認為既然吳王僚不要自己，那就投奔公子光。公子光是吳王僚的堂弟，伍子胥憑直覺認定，公子光不是一個老實本分的人，他表面和吳王僚兄弟情深，實際上一直覬覦王位。

這都要怪吳國繼承王位採用的是兄終弟及的方式。發動吳楚八十年戰爭的吳王壽夢有四個兒子，按年齡大小依次是諸樊、餘祭、餘昧、季札。除了季札淡泊名利沒有當國君，諸樊、餘祭、餘昧先後擔任了吳王。

風水輪流轉，父輩都死光了，那就應該輪到兒子輩了。公子光是諸樊的長子，吳王僚是餘昧的長子。諸樊比餘昧大，公子光在王位的繼承順序上本來有優先權，可是吳王僚把本屬於公子光的王位給搶了。公子光知道自己弱小，於是隱忍下來，一直暗中等待合適的時機。

伍子胥與公子光素未謀面，但伍子胥相信公子光一定會重用自己，因為只有自己才能幫他登上王位。於是伍子胥自稱是來自楚國的流亡大夫，敲開了公子光家的大門。

公子光很謹慎地接待了伍子胥，而伍子胥單刀直入地說：「公子，我可以幫你登上王位。」公子光臉「唰」地一下就白了。他不知道眼前的伍子胥是敵是友，萬一這是吳王僚派來故意試探自己有沒有二心的呢？

「這位先生，你剛才所說的，可是大逆不道的話。」公子光緊鎖眉頭，試探地說道。

「公子，我跟你直說吧，我輔佐你登上王位，是為了復仇。」

「復仇？」

伍子胥滿腔怒火地說：「我們伍家在楚國世代忠良，結果全家卻被昏君楚平王殺害，只有我一個人逃了出來。我必須借助吳國的力量才能報仇雪恨，所以我將用我的才學輔佐你登上王位，將吳國國力推向頂峰，助吳國滅掉楚國。你信也好，不信也罷，反正我說的都是實話，我就是要殺光楚王全家！」

公子光倒吸了一口氣，他以為伍子胥是為了榮華富貴而幫自己，沒想到伍子胥真正想要的是復仇。可是楚國畢竟是個超級大國，幾百年來，從來沒有一個諸侯國越過方城，兵臨郢都城下。不過公子光轉念一想，千萬不能低估復仇的力量，它能將一個人的潛能激發到意想不到的狀態。

「你有什麼方法可以幫我？」公子光嚴肅地問道。

「你只需要告訴我，吳王僚最大的愛好是什麼。」

公子光仰著頭，嘴裡不停地念叨：「最大的愛好是什麼？」他的腦子在不停地思索，吳王僚算是一個職業君王，不近女色、不愛打獵、不愛喝酒……。

「對了，吳王僚愛吃魚！」公子光苦笑道。這是他唯一能夠想到的吳王僚的愛好。

伍子胥聽到這個消息，大腦開始飛快地運轉。伍家在楚國數百年，什麼宮廷政變、陰謀詭計沒見過？他很快就想出了一招，於是兩人找了一個小房間，密謀起來……。

沒幾天，伍子胥把專諸帶來引薦給公子光。公子光一見到專諸，就覺得這人塊頭真大。

於是公子光與伍子胥把專諸當作祖宗一樣供了起來。專諸家的房子破了，公子光給蓋座新的；專諸缺錢了，公子光送來數不盡的金銀財寶，夠專諸用幾輩子；專諸缺吃的，公子光送來成噸的糧食，專諸家都能開米店了。

專諸被公子光與伍子胥搞得都不好意思了，不知道該怎麼報答。而公子光與伍子胥拉著專諸的雙手，含情脈脈地說：「都是兄弟，客氣什麼啊？」

「好兄弟，一輩子！」專諸感動得痛哭流涕，他從小到大就沒有遇到過對他這麼好的人，比親爹都親。

西元前五一五年周曆一月，伍子胥去見專諸：「我有一事相求。」

專諸說：「請儘管吩咐，我在所不辭！」

伍子胥：「公子光在太湖邊上給你報了一個高級廚師特訓班，你去學三個月，專門學烤魚。」

專諸：「什麼，學烤魚？難道公子光愛吃烤魚？」

伍子胥：「你不用多問，你只需要把烤魚技術練到爐火純青就可以了。」

周曆四月，等專諸已經把烤魚技術學到家了，公子光召他回來。專諸回來見到公子光與伍子胥，原以為自己將在府裡擔任廚師了，哪知道公子光對他說的話，讓他後脊背發涼：「專諸，我需要你幫我殺一個人！」

專諸不屑地說：「是哪個人敢惹公子生氣？你告訴我，那人叫什麼名字，住哪裡，我馬上把他人頭送來。」

公子光：「吳王僚。」

專諸沉默了。

專諸雖說是一個壯士，但他也知道刺殺吳王可是有去無回，要說出「不怕死」三個字，真的很難。

看到專諸為難的表情，公子光與伍子胥很緊張，生怕專諸撂挑子。

但是專諸最終說道：「公子待我猶如親生父母，我願為公子赴湯蹈火。」

公子光與伍子胥長舒了一口氣。

公子光之所以召專諸回來，是因為此時是刺殺吳王僚千載難逢的好時機。三個月前楚平王去世，吳王僚想趁楚國大喪，對楚國發動一場大戰，趁機撈一把。於是吳軍主力全部出征楚國，國內空虛，而吳王僚自己卻沒有去。

公子光向吳王僚發出正式邀請：「過幾日，請到家裡來吃大廚做的太湖烤魚。」吃魚達人吳王僚立馬答應了。

在刺殺吳王僚的前一天晚上，專諸被公子光和伍子胥叫到面前。

公子光隆重地給了專諸一把寶劍，劍身上的花紋像魚腸一樣。當專諸把劍從劍鞘裡拔出時，一道劍氣撲面而來。

伍子胥看著寶劍，充滿敬畏地對專諸說道：「專諸，這把寶劍名叫魚腸劍，是聞名天下的越國鑄劍大師歐冶子所鑄。他用了赤堇山之錫，若耶溪之銅，經雨洗雷擊，得天地精華，才鑄就此劍。這把寶劍輾轉多處，最後被公子高價求得。希望你用此劍擊殺公子仇人。」

「眾所周知，吳王僚出行，身邊衛士眾多，那我該如何刺殺？」專諸問道。

「烤魚的時候，你把寶劍藏於烤魚肚內，然後把烤魚端到吳王僚面前，到時從魚肚內拔劍刺殺就可以了！」

「哦。」專諸感嘆了一聲。他終於明白公子光和伍子胥為什麼要讓自己學烤魚而不是酸菜魚了。

這裡就要說下春秋時劍的長度。去過秦始皇兵馬俑博物館的人，應該看到過秦軍的銅劍，長的都是八九十公分。但大家不要以為青銅劍全都是這個長度，這麼長的銅劍都是戰國後期的。由於製造工藝的限制，春秋時期的銅劍都是短劍，最長也就五十多公分，例如著名的越王勾踐劍全長五十五・七公分，很多銅劍也就是四十多公分長。

唐代司馬貞給《史記》作註釋時說：「匕首，短劍也。」所以那時短劍也稱匕首。一條大魚烤好後是能完整塞下一把青銅短劍的。

過了幾天，吳王僚應邀赴約。為了自己的安全，吳王僚帶了人數眾多的親兵，從王宮門口一直排到公子光家門口，吳王僚自己身上還穿了三層軟甲。到了公子光家後，他身邊還有兩位持戟貼身侍衛，寸步不離。

公子光與伍子胥把家裡的甲士全部藏在地下室，因為只要專諸把吳王僚殺死，剩下的親兵都將是無頭蒼蠅。

吳王僚與公子光寒暄過後，專諸端上了自己做的烤魚。吳王僚的親兵對他搜了身，沒有發現可疑物。

專諸把烤魚端到吳王僚面前，一股香味撲面而來，吳王僚聞得口水直流。就在吳王僚想用筷子夾魚吃時，專諸突然從魚肚中拔出魚腸劍，朝著吳王僚胸口刺去，一劍貫穿他的三層軟甲，吳王僚一命嗚呼。

吳王僚身旁的親兵立馬殺死了專諸。而公子光借專諸上菜的時候偷溜出去，指揮甲士從地下室一擁而出，攻打吳王僚的親兵。親兵看主子已經被殺了，頓時都作鳥獸散。

政變成功的公子光登上了王位，他就是歷史上著名的吳王闔閭。

## 兵聖孫子

西元前五一二年，吳國新都姑蘇城外一間破舊的茅草房內，一位從齊國流亡來的年輕人把剛寫完的書整理好，準備第二天帶著書去求見吳國二把手伍子胥。

這位年輕人就是中國兵家的開山鼻祖，他叫孫武，字長卿，後世尊稱他為孫子。

孫武之所以選擇求見伍子胥，是因為他可以幫助伍子胥復仇。

在伍子胥的經營下，吳國國力蒸蒸日上。但是伍子胥有一個弱點：他雖然搞內政是一把好手，打仗卻不是強項。這還怎麼幫助吳王滅楚，還怎麼向楚國復仇呢？而孫武覺得，自己可以彌補伍子胥的弱點。

孫武出生於齊國一個軍事世家，祖上參與過齊國的所有戰爭。多年的耳濡目染，使孫武對指揮作戰有自己獨到的見解。後來由於齊國內亂，孫武流亡到了吳國。在流亡吳國期間，孫武過著隱居的生活，一邊種田一邊寫書。他總結了古往今來的戰爭，參透了其中的奧義，寫下了震驚天下的兵法十三篇，後世尊稱為《孫子兵法》。

孫武敲開伍子胥家的大門，伍子胥親自接見了他。當伍子胥看完孫武所著的兵法十三篇後，內心感到巨大的震撼。在伍子胥的印象中，打仗很簡單，不過就是兩軍對壘，相互對衝，一戰定勝負，但孫武在兵法裡描述了許多伍子胥前所未見的花式打法，他從來沒想過仗還能那樣打。

伍子胥激動地與孫武聊了起來，越聊越投機，簡直就是相見恨晚，一對黃金搭檔就此誕生。

這兩位能珠聯璧合，不僅僅是因為他倆一個理政強一個治軍強，更主要的是他倆性格互補。一個是熊熊燃燒的火焰，一個是寬廣博大的海洋。伍子胥性格剛烈，極其渴望出人頭地，內心充滿了復仇的火焰；而孫武為人低調謙和，做事極其理性，只想施展自己的才能，對權力沒有太大的慾望。按照後來的職務來說，伍子胥要比孫武高一級，但是兩人始終相處融洽。

伍子胥趕緊向吳王闔閭推薦孫武，闔閭在召見孫武並看完兵書十三篇後，被孫武徹底俘獲。

吳王闔閭：「先生的兵法是我讀過的最新奇的書，這書所講的理論很好，但是不知道能否指導實踐？」

孫武：「可以，我們在宮裡不好外調大軍進來，不如用宮中的宮女來試驗。」

吳王闔閭：「好啊。」

孫武：「大王請把您的兩個寵妃給我，我讓她倆當隊長，各自率領一隊。」

吳王闔閭：「沒問題，就在宮殿前的廣場演練。」

很快，廣場上來了三百名宮女，孫武讓她們把盔甲穿戴好，手裡握緊劍與盾。接著，孫武指導這些宮女擺好隊列，然後開始了戰術隊形的講解工作：「戰士們，敲一遍鼓時，全軍做好戰鬥準備；敲第二遍鼓時，全軍開始往前齊步走；敲第三遍鼓時，全軍開始做出刺殺動作，聽明白了嗎？」

孫武大聲喊完後，沒有聽到回覆，而是聽到一陣哄笑。孫武的臉繃緊了，臉上開始露出一絲殺意。

孫武連續敲了三遍鼓，依舊沒有看見宮女們按照他的講解行動，吳王的兩個寵妃，帶頭笑得尤其大聲。

「軍法官何在？」孫武的一聲怒叫響徹了廣場。

「在！」軍法官站了出來。

「三令五申，士兵不執行軍令，是隊長的罪過，按照軍法該如何處置？」

「斬！」

「把那兩個帶頭不守軍令的隊長軍法處置！」孫武毫不留情地說道。

軍法官二話不說，手起刀落，兩顆人頭滾落在地面，屍體上的血如噴泉般飛濺得到處都是。剩下的宮女全都嚇癱了，原本以為自己披堅執銳只是玩玩角色扮演，萬萬沒想到，竟是真的演練。不想腦袋搬家的宮女們在孫武再次擊鼓時開始整齊劃一地操練，生怕做錯一個動作。

站在遠處看臺上的闔閭差點沒氣暈過去。他原本想派人讓孫武刀下留人，沒想到這傢伙下手太快了。失去了兩個愛妃，闔閭心疼不已。本想找孫武算帳，可孫武是按照軍法辦事，闔閭找不到藉口。在喪妃之痛的重大打擊下，闔閭在宮裡躲了好多天。

過了一段時間，伍子胥去找闔閭。闔閭已經走出了喪妃之痛的陰影，於是伍子胥再次向闔閭推薦孫武。可是一聽到「孫武」這兩個字，闔閭立馬感覺到胸口疼痛，扭頭想走。

「大王，你若想滅楚，只有孫武可以助你！」伍子胥抓住闔閭的手。

「那好吧。」闔閭為了滅楚，勉強地答應了。

闔閭雖然內心生氣，但不妨礙他很快與孫武、伍子胥成為鐵三角。吳王闔閭是明君，伍子胥是能臣，孫武是名將，正是這鐵三角，將威震天下的楚國打得差點滅國。

## 《孫子兵法》

提到孫子，就必須提他的代表作《孫子兵法》。《孫子兵法》的思想博大精深，可以指導戰爭、商戰、外交以及為人處世。

《孫子兵法》在中國是歷代軍人的啟蒙教科書，在全球也擁有眾多狂熱粉絲。雖然它只有五千多字，可是句句精練，讀起來朗朗上口，很容易被推廣。書裡的很多話現在連小孩子都知道，例如「攻其無備，出其不意」、「知己知彼，百戰不殆」、「兵者，詭道也」。

《孫子兵法》的頭號粉絲要數曹操，他平時隨身攜帶此書，有空就看。正是依靠這本書，曹操才能縱橫天下。取得輝煌的成就後，曹操不無感慨地說道：「吾觀兵書戰策多矣，孫武所著深矣。」

曹操在繁忙的工作之餘，竟然還給《孫子兵法》作了註解，方便人們閱讀，這就是著名的《孫子略解》。很多人都為《孫子兵法》作過註解，其中曹操的版本是最有名的，讀曹操註解過的《孫子兵法》，就猶如讀一本成功學的書。

更有趣的是，諸葛亮也是《孫子兵法》的粉絲。諸葛亮之所以神機妙算、運籌帷幄，也是因為他熟讀《孫子兵法》。他曾感慨道：「戰非孫武之謀，無以出其計運。」

《孫子兵法》區區五千字，說話直接，也不繞彎子，在開篇第一句就講清楚孫子對戰爭的看法：「兵者，國之大事，死生之地，存亡之道，不可不察也。」意思是，戰爭是國家大事，關乎國家生死存亡，不能不慎重對待！

在孫子眼中，戰爭太兇殘，總打打殺殺的，不好。能不打仗就儘量別打仗，儘量採用別的方式來解決。

中西方對戰爭的看法是截然相反的。西方的兵學思想就兩個字——毀滅，中國的兵學思想也是兩個字——慎戰。

西方人不懂，本應該教人如何打仗殺人的兵書，怎麼變成一本宣揚和平的書。中華文明能活到現在靠的不是武力征服，而是海納百川的胸懷與博大精深的文化。無論你從哪裡來，你只要認同我的中華文明，你就融入了我。哪怕我暫時被你征服，最終你還是會被中華文明征服。

講到這裡，有人會問：《孫子兵法》既然教人和平，那還怎麼指導作戰？筆者就來講講《孫子兵法》的精髓。

《孫子兵法》告訴我們，要珍惜和平遠離打仗，但是敵人打上門來，我們也會奉陪到底。而且，我們有很多種打擊敵人的方法，會打得敵人懷疑人生。

如果國君突然對你委以重任，封你為大將軍，讓你帶兵打仗，而你是一個軍事菜鳥，什麼都不懂，那你該怎麼辦呢？答案是，趕緊看《孫子兵法》，因為它的內容通俗易懂，操作易上手。

當你拿起《孫子兵法》十三篇，可不能亂翻。這十三篇的順序可不是亂編排的，而是有著層層遞進的關係。按照順序，依次是〈始計篇〉、〈作戰篇〉、〈謀攻篇〉、〈軍形篇〉、〈兵勢篇〉、〈虛實篇〉、〈軍爭篇〉、〈九變篇〉、〈行軍篇〉、〈地形篇〉、〈九地篇〉、〈火攻篇〉、〈用間篇〉。

作為一名將領，你首先要考慮的是戰爭能不能給國家帶來收益，如果做的是賠本買賣，國家遲早要破產清算。

怎麼看戰爭的收益呢？〈始計篇〉、〈作戰篇〉、〈謀攻篇〉告訴我們該如何做好戰前計算。戰爭打起來很費錢，又會死很多人，所以打仗要慎重，能不打就別打，否則老本都不夠你賠的。

雖然不想打仗，但還是要做好戰爭的準備，戰前要比較敵我優劣勢，做好詳細的作戰計畫和充足的物資準備。要儘量集中比敵人更多的兵力，因為自己的實力越強勝算就越大，當自己實力比對方強時，就可以威懾敵方，達到不戰而屈人之兵的目的。

在戰爭無法避免的情況下，作為將領的你就需要制訂戰略計畫。〈軍形篇〉、〈兵勢篇〉、〈虛實篇〉就是教你如何制訂戰略計畫。

在制訂戰略計畫的時候，要根據自己的實力結合各種有利的要素來攻擊敵人，要善於造勢，而虛實則是戰爭藝術的精髓。唐太宗李世民看完〈虛實篇〉後，瘋狂點讚並留言：「朕觀諸兵書無出孫武，孫武十三篇無出虛實。夫用兵，識虛實之勢，則無不勝焉。」

每個人都有虛的一面，也有實的一面，你要虛虛實實迷惑敵人，讓敵人摸不著頭腦，同時要避開敵人實的一面，用力擊打他虛的一面。

例如戰國時齊、魏兩國的馬陵之戰，齊國孫臏用兵就是虛虛實實。孫臏暗中調兵遣將，增加軍隊，表面上卻減少行軍途中所用的飯灶，以迷惑魏國龐涓，讓他產生齊軍士兵大都逃散、兵力大減的錯覺。結果，龐涓帶領魏軍盲目冒進，齊軍打了他們一個措手不及，大獲全勝。

制訂完戰略計畫後，就是制訂具體的戰術打法。〈軍爭篇〉、〈九變篇〉、〈行軍篇〉、〈地形篇〉、〈九地篇〉、〈火攻篇〉、〈用間篇〉就是告訴你，根據什麼情況，可以實施什麼打法。

〈軍爭篇〉告訴將領如何在戰爭中組織和調動軍隊。一個軍隊最完美的戰鬥表現就是「其疾如風，其徐如林，侵掠如火，不動如山」，這句話成為歷代將領治軍的終極夢想。

〈九變篇〉告訴人們一將無能累死千軍的道理，要求將領必須是一個大腦清醒的人。

〈行軍篇〉講的是在進軍、紮營、兩軍對壘時，將領應該如何利用有利的地形作戰。

〈九地篇〉告誡將領，一旦打仗就要有必勝的信念，危急關頭要有置之死地而後生的決心。

〈火攻篇〉教你如何放火，還告訴你放完火後不能得意忘形，一定要冷靜。

〈用間篇〉教你如何進行情報戰，提出能收買敵人就儘量收買敵人。

十三篇的大致內容講完了，怎麼用，就靠實戰演練了。

正是《孫子兵法》造就了無數英雄豪傑。如果你想成為一位名將，請翻開《孫子兵法》；當你面對敵人，不知道該怎麼打時，請翻開《孫子兵法》；當你人生遇到問題，不知道該怎麼處理時，請翻開《孫子兵法》。

# 貳拾肆

# 風林火山

## 步兵突擊

吳滅楚的戰爭一觸即發，而吳國兵力只有三萬三千六百人。要知道，楚國全國兵力達二十多萬人！對，吳國就是這麼囂張，就是這麼不自量力。

吳國的底氣來自吳軍的武器和士兵。

吳國手裡的第一大王牌兵器，就是被歐洲人視為魔鬼的武器——弩。弩射出的箭，其動能、初速、射程、穿透力遠高於弓射出的箭，而且一個人在幾天之內就可以熟練操作弩。

弩原本是楚國人發明的，可是楚國是一個貴族把持的國家，絕不會讓這種魔鬼的武器流行，所以弩在楚國只可能小範圍裝備。吳國卻不一樣。吳國算是春秋諸侯裡的後起之秀，是由斷髮文身的部落發展成國家的，國內沒有老牌諸侯國裡的大貴族，國王相當於一個部落的大酋長，國家主要階層就是老百姓。在這樣一個國家裡，一旦出現「黑科技」，沒人能控制其傳播。

吳國人對弩一見鍾情，拚命仿造，瘋狂裝備。雖然歷史資料沒有直接告訴我們吳軍配備弩的總數量，但是我們可以從其他資料中看出一些端倪。例如吳國的水師大翼船，戰鬥人員有三十八人，配備弩三十二把，裝備比率高達百分之八十四。吳軍估計是全世界第一支大規模裝備弩的軍隊，其恐怖的遠程輸出能力在當時可以算是全球第一。

吳國後來的死敵越國曾經想報復吳國，但范蠡對越王勾踐驚恐地描述吳軍的弩：「輿舟之利，頓於兵弩！」意思是，無論是戰車還是戰船，都會被吳軍的弩打敗。

吳國還有第二大王牌兵器，就是鑄造精良的青銅武器。

很多人以為春秋時最精良的武器都在越國，因為湖北省博物館裡有著名的越王勾踐劍。這把劍埋在土裡兩千多年，挖出來的時候就跟全新的一樣，劍氣逼人，鋒利無比。可是很多衝著越王勾踐劍慕名而來的遊客，往往忽略了旁邊冶鑄精良、可以與越王勾踐劍媲美的吳王夫差矛。

吳國與越國在青銅武器鑄造技術上都是舉世聞名，而楚國人一直在模仿，從未超越過。弩與更精良的青銅武器讓吳國在武器裝備上與楚國產生了代溝，如果交戰的兩軍在裝備上有著代溝，那將迎來一邊倒的屠殺。

聊完了吳國的武器，我們來聊聊吳國的士兵。

毛澤東說過：「武器是戰爭的重要因素，但不是決定的因素，決定的因素是人不是物。」

吳國是個小國，它能湊出來的兵力也就三萬多人，而且幾乎都是兩條腿的步兵，吳軍也被稱為春秋時期第一個成建制的步兵軍團。

春秋時大家普遍愛馬，可如果你在吳國愛上一匹馬，你只會感到絕望，因為那裡沒有草原。所以位於江南水鄉的吳國，陸軍的主力就是兩條腿的步兵，戰車只是輔助兵種。

然而雖然吳軍都是步兵，但是戰鬥力超強，打起仗來都不要命，因為他們知道自己為何而戰。

吳國是一個年輕有活力的國家，沒有大貴族，國內貧富差距又不大，老百姓就是社會中堅。吳國沒有經歷過井田制的荼毒，老百姓都是自己有田的自耕農，再加上太湖地區是魚米之鄉，老百姓普遍富庶。所以，吳軍士兵在打仗的時候知道，打仗不僅是保家衛國，更是為了保護自己的私人財產。

而相較而言，諸侯國的步兵都是底層赤貧的老百姓，打仗時跟在貴族戰車屁股後面。吃不飽，穿不暖，沒有自己的地，打贏打輸和自己都沒有關係，他們不知道為何而戰。

用一個專有名詞來命名吳國的步兵，就是「公民兵」。

我們會發現，歷史上，中西方公民兵都有幾個特點：家裡有點錢，打仗要麼是為了保護財產，要麼是為了發家致富，而且以步兵居多，因為對於老百姓來說，買匹戰馬就跟買輛超級跑車一樣不切實際。

有句古話說得好：「兵貴精而不貴多。」公民兵雖然不如貴族武裝精良、武藝高超，但是他們戰鬥意志強，紀律嚴明。

吳國那些平民出身的步兵，在黑科技的武裝下，即將向超級大國楚國發動一場滅國級戰役。

## 柏舉之戰

西元前五〇六年，周曆十一月初的一天深夜，楚國郢都還在沉睡，一輛馬車突然從城外急速駛入城內，直奔令尹府邸。到了令尹府邸大門口後，車上跳下一位信使，瘋狂地拍打大門。府內的僕人一邊咒罵一邊穿衣服出來開門。當信使告訴僕人來意後，僕人臉色大變，連滾帶爬地帶著信使去找令尹囊瓦。

還在酣睡的令尹囊瓦被僕人強行推醒。囊瓦被擾了美夢，帶著氣起床。可是他一聽到信使報告的消息，立馬抽了自己幾個大嘴巴，看自己是不是在做夢。

信使說：「舉水（今湖北省麻城）地區發現大批吳軍，正向漢水方向快速行進。」

令尹囊瓦根本不相信這是真的，因為吳軍根本不可能空降進入舉水。要知道，楚國從建國以來，一直憑藉堅固的方城防禦工事，將任何想入侵楚國的敵人擋在國門之外。只有攻下方城才能深入楚國腹地，而舉水位於楚國腹地，難道吳軍是插了翅膀飛過來的嗎？

就在囊瓦半信半疑的時候，第二位信使又闖進他家大門。這位信使帶來了讓囊瓦徹底崩潰的消息：「大別山冥厄隘口出現大股吳、蔡、唐聯軍，正向漢水方向急行軍。」

令尹囊瓦驚出一身冷汗：「方城沒有敵情，兩支吳國大軍竟然從天而降般地出現在楚國腹地，並朝漢水出發。看來吳軍目的很明確，是要越過漢水，拿下郢都。得趕緊召集大軍截住吳軍，不然老家要被端了。」

這會兒輪到囊瓦屁滾尿流地往王宮跑了。很快王宮燈火全部亮了起來，緊接著郢都各大臣的住所也亮了起來。軍情緊急，大家都不睡覺了，朝著王宮一路狂奔。

十七歲的楚昭王慌了。他是楚國歷史上第一個被外敵入侵腹地的君王，他唯一能做的就是任命令尹囊瓦為主將，左司馬沈尹戌為副將，率領大軍前去抵抗吳軍。

楚國人始終不明白，吳軍是如何飛過固若金湯的方城，深入到楚國腹地的，這已經完全超出了他們當時的認知，無疑是一起巨大的「黑天鵝事件」。營造上百年的方城顯得毫無用處。

吳楚作為不共戴天的死敵，不是你死，便是我亡。吳王闔閭手下的總參謀長孫武，早在幾年前就開始制訂詳細的滅楚計畫。

在孫武看來，楚國地廣人多，吳國地少人稀。如果吳國與楚國打持久戰，只會空耗吳國國力，最後倒下去的就是吳國。所以必須以最短的時間、最少的消耗去滅掉楚國，完成蛇吞象的壯舉。

楚國的門戶是方城，這是楚國營造一百多年的防禦工事，從來沒有一個外部敵人能越過方城。而且方城附近還有申、息兩縣，這兩縣作為楚國邊境的軍事重鎮，縣兵人數眾多。方城防線周邊擁有十萬楚軍，而吳軍全國能湊出來的士兵只有三萬多人。讓三萬多人去攻打十萬人把守的銅牆鐵壁，無異於雞蛋碰石頭。

既然大門突破不了，那就翻牆吧。楚國的圍牆就是巍峨的大別山，東西長三百八十公里，南北寬一百七十五公里，重巒疊嶂，很難通行。這座山形成了天然屏障，把楚國與中原大地隔開。

在楚人看來，大別山是上天賜給楚人的天然防禦工事，因為戰車無法越過大別山。春秋時戰車是戰場上的主力，主力都來不了，還打什麼仗啊？

但是戰車無法越過，不代表兩條腿的步兵不行。

深入楚國腹地的吳軍，就是翻越大別山進來的。

《孫子兵法》有云：「攻其無備，出其不意，此兵家之勝，不可先傳也。」翻牆也是一門技術，有的人翻得好，雙腳平穩著地；有的人沒翻好，來了一個「屁股向後平沙落雁式」，摔得半身不遂。所以孫武在訂定翻越大別山的行軍路線時，慎之又慎。

吳軍雖擁有彪悍的戰鬥力，但是後勤受到制約。吳軍從首都姑蘇出發前往楚國郢都，全程達一千公里。這是中國自盤古開天闢地以來，第一次在戰爭中出現這麼長的進軍里程。

在那個沒有罐頭或壓縮餅乾，後勤保障又糟糕的年代，即使吳軍能到達郢都城下，估計也要餓得半死。

為了解決後勤問題，就必須在楚國附近設立一個補給站。

碰巧，楚國大門口的蔡、唐兩個附庸國，不僅要向楚國繳納巨額的保護費，還要遭楚國敲詐勒索。為了出這口惡氣，蔡、唐兩國甘願給吳國當小弟，並在戰爭中擔任帶路人。於是蔡、唐兩國成為吳國滅楚的前線糧食補給站。

按照孫子制訂的計畫，吳軍兵分南北兩路。南路是主力軍，將從潛（今安徽霍山）地出發翻越大別山到達舉水。北路是水師部隊，扮演的是運輸大隊長的角色。他們從淮河溯江而上，到達蔡國境內，然後棄船上岸會合蔡國軍隊，翻越大別山無人區的大隧、直轅、冥厄三道隘口，到達唐國境內。隨後，三國聯軍帶著糧食補給向漢水進發。兩路大軍最後會師於漢水邊，進攻楚國郢都。

按照孫武的作戰計畫，吳軍兩路大軍迅速翻過大別山，進入楚國境內，直奔目標漢水。

楚國這一方已亂成一鍋粥。楚國從來都是外線作戰，主力都放置在方城，如今第一次被敵人打到家裡，簡直是奇恥大辱。令尹囊瓦和左司馬沈尹戌拚命調動部隊，要搶在吳國兩路大軍會師前，將敵人阻擋在漢水之外。

楚國總兵力有二十萬，雖然遠在方城的十萬兵力來不及趕回來，但郢都也還有王卒。令尹囊瓦和左司馬沈尹戌帶著精銳的王卒，會合各路援軍湊了十萬人，星夜兼程趕往漢水，想先截住吳軍再說。

當他們趕到漢水西岸時，最不想看到的一幕還是發生了：吳國兩路大軍已經會師於漢水東岸。

一場決定楚國存亡的大戰即將打響。

日本戰國時代，一個名叫武田信玄的諸侯沉迷於《孫子兵法》不能自拔，就把書裡面的一段話「其疾如風，其徐如林，侵掠如火，不動如山」寫在了大旗上，這段話又被日本人簡稱為「風林火山」。武田信玄按照《孫子兵法》，把軍隊打造成了「風林火山」一樣的隊伍，大殺四方，號稱日本戰國第一兵法家。

而在兩千年前的漢水邊上，孫武將用三萬多吳軍，展開一場關於《孫子兵法》的現場演繹，讓對面的楚軍明白，什麼叫作「風林火山」。

吳軍在漢水東岸並沒有主動攻擊楚軍，而是在岸邊擺好陣勢與楚軍對峙。整個吳軍如同泰山一樣不可動搖地屹立在河對岸，這就是「不動如山」。

漢水西岸的令尹囊瓦與左司馬沈尹戌看到吳軍只有三萬多人，長長地舒了一口氣。自己手上的十萬大軍比吳軍人數要多，擋住吳軍是沒有問題的。但是吳楚交戰多年，楚人深知吳軍的戰鬥力，擋住對方沒有問題，但要全殲對方，可能性不大。於是左司馬沈尹戌萌生出一個想法：不如湊齊全國兵力，以絕對優勢兵力全殲吳軍。

左司馬沈尹戌對令尹囊瓦說：「您先在漢江拖住吳軍，我快馬加鞭去方城，把方城附近精銳的十萬大軍調過來。吳軍孤軍深入，我帶著十萬人抄了他們後路，最後我們兩軍前後夾擊，以二十萬人的兵力，一定能全殲吳軍。」

令尹囊瓦批准了沈尹戌的意見，沈尹戌駕著車朝方城風馳電掣般去了。

沈尹戌走後，楚軍就在漢水西岸與吳軍對耗。這耗著耗著就出問題了，因為下起了連綿不斷的大雨。

下雨會導致河水氾濫，阻礙部隊行進，甚至可能水淹部隊。這次下雨倒沒有淹死人，但是讓楚軍盔甲產生了嚴重的品質問題。

楚國因為不差錢，給軍人裝備的都是皮甲。大家洗過衣服都知道，皮革只能乾洗，不能用水洗，因為一旦泡水基本上就毀了。楚國過去在爭霸中原的過程中也遇過兩軍對峙時下雨的情況，但是中原各國也都普遍裝備皮甲，你下雨受潮，我下雨也受潮，所以大家防護力一起降低，就不影響戰爭勝負了。

然而楚軍對面的吳軍，鎧甲非常奇葩，是用木頭造的。吳國作為春秋造船大國，木頭加工工藝水準極高。古代都是木船，用木頭造船是很講究的，造船材質要堅硬，遇水更要變硬，例如鐵樺樹、鐵刀木樹等。吳軍的木頭鎧甲硬度堪比鋼鐵，遇到水後反而變得更加堅硬。

雨下了幾天後，楚國的鎧甲變得鬆軟酥脆，而吳國的鎧甲變得跟鋼鐵一樣，穿上木甲的吳軍，個個都是刀槍不入的「鋼鐵人」。

楚軍將領看著帳外的大雨徹底坐不住了，趕緊去找令尹囊瓦請戰。

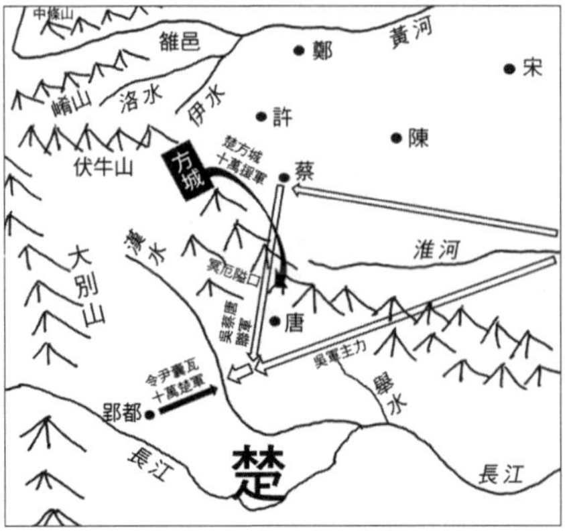


圖9　柏舉之戰

楚軍一位叫武城黑的將領對囊瓦說：「吳軍鎧甲用的是木頭，楚軍鎧甲是皮甲，不能這樣耗下去了，趕緊速戰速決！」

另一位叫史皇的將領也說：「如果讓左司馬帶兵突襲抄了吳軍的後路，最後戰功最卓著的就是他，而不是您！為了大家，為了您，趕緊打吧！」

「請令尹大人速戰速決！」眾將領齊聲喊道。

囊瓦聽完覺得也有道理，沒有主見的他聽從了眾將領的要求。於是，巍巍楚國已然半截身子入土了。

漢水西岸戰鼓聲響了起來，楚國十萬大軍開始渡河了。漢水東岸的吳軍沒有半渡而擊，而是向後撤了。楚軍看見吳軍後撤，以為吳軍是懼怕自己。傻乎乎的楚軍沒有注意到，緩緩後撤的吳軍隊形如同林木一樣井然有序，這就是「其徐如林」。

渡過河後，楚軍還沒有列好陣就開始向吳軍發起衝鋒。數千輛駟馬戰車像無數隻狂奔的猛獸撲向吳軍，戰車上的貴族們都想獲得軍功。

吳王闔閭、伍子胥、孫武同乘一輛戰車坐鎮中軍。闔閭與伍子胥什麼都不說，只是抱著學習的心態，看著孫武對整個戰場進行熟練的指揮。

孫武豎起軍旗，於是吳軍停止後撤，全軍轉向楚軍。弩手排成數排，舉起弩，瞄準衝鋒的楚軍戰車。

孫武看見楚軍戰車已經進入弩的射程之內，於是將手中軍旗落下，第一排弩手射出了烏雲般的箭雨。衝在最前的戰車如同被釘在地上一樣動彈不得，戰馬與車上的貴族渾身是箭，如同刺蝟一樣。後排戰車上的車左想朝吳軍放箭，可是距離太遠，弓的射程遠遠不夠。楚軍只能硬著頭皮繼續往前衝。

吳軍的第一排弩手射完後，撤至後排接著張弩上箭，第二排弩手則走到陣前開始射擊。又是一陣箭雨砸向楚軍戰車，無數戰馬被射死，失控的戰車橫衝直撞，數不清的貴族被掀飛出去，僥倖不死的也被弩箭釘在了地上。

就在楚國貴族駕著戰車駛入地獄時，孫武的軍旗再次落下，吳軍左右軍陣開始包抄楚軍。只見吳軍左右兩翼動作神速，如同疾風掠地一般，這就是「其疾如風」。

眼瞅著要被吳軍包餃子的楚軍拚命往回跑，眾多步兵被往回撤的戰車碾壓致死。眼看吳軍要把楚軍合圍了，孫武卻又鳴金收兵。吳軍立刻停止了追擊，全部返回本陣。

逃出生天的楚軍士兵在大雨裡哀號著，每個人都膽顫心驚。吳軍的強弩像機槍一樣收割楚軍將士的性命，楚軍還沒有接觸到吳軍就已損失慘重。

令尹囊瓦收攏大軍後發現，楚軍雖然損失慘重，但是由於吳軍網開一面，因此楚軍主力尚存，仍有與吳軍決戰的實力。於是他決定向西撤退到小別（漢川地區）進行休整，等待沈尹戌的十萬援軍。

然而，楚軍的噩夢才剛剛開始。吳軍訓練有素又有弩加持，管你楚軍是十萬還是二十萬，來了都只能送人頭。

吳軍在漢水與楚軍對峙時，孫武之所以沒有主動進攻楚軍，是為了避開楚軍銳氣，讓楚軍主動攻擊，自己以逸待勞。而他之所以放楚軍走，是因為若想要全殲楚軍，必定逼得楚軍魚死網破。吳軍只有三萬多人，想要一口吃掉十萬敵人，必然會付出沉重的代價。所以，不如把這隻身受重傷的老虎放回去，等它鬆懈麻痺時，再殺死它。

《孫子兵法》有云：「善用兵者，避其銳氣，擊其惰歸，此治氣者也。」

就在囊瓦帶著大軍在小別地區休整的那天晚上，當楚軍大營陷入夢鄉時，幽靈般的吳軍突然出現，一場夜襲開始了。吳軍對楚軍的侵襲驚擾，如同燎原之火，熊熊燃燒不可遏制。楚軍來不及組織抵抗，全軍向西奔逃。

殘存的楚軍跑到了大別（今武漢地區），原本想在這裡喘口氣，卻又看見吳國追兵像魔鬼一樣追了上來。吳軍二話不說，把楚軍打得繼續向西逃竄。

吳軍在孫武的指揮下，打出了「風林火山」的氣勢。楚軍三戰三敗，最後退守到柏舉（今湖北安陸地區）。令尹囊瓦一直沒有看到方城來的十萬援軍，而自己的十萬大軍已經被打得所剩無幾，瀕臨崩潰了。

囊瓦明白，除非奇蹟誕生，否則自己很難有翻盤的機會。只要吳軍再發動一次攻擊，剩下的楚軍只有死路一條。想到這裡，囊瓦想逃跑了。但史皇在他收拾行李的時候拉住了他，憤怒地說道：「你作為令尹，臨陣脫逃，你就是國家的罪人。還不如戰死沙場，也算保留自己的名節。」

囊瓦無奈地留了下來，在柏舉指揮殘存的楚軍準備展開最後的決戰。

周曆十一月十九日，吳楚在柏舉展開決戰，這是決定楚國生死的一仗。

楚軍擺好陣勢，但每一個士兵都毫無鬥志。他們已經連戰連敗，接下來的一仗對於他們來說，又是一場毫無懸念的戰敗。楚軍的戰車也不衝鋒了，他們知道自己就是衝出去也要被射成馬蜂窩，還不如靜靜地待在原地，哪裡都不去。

吳軍三軍見楚軍紋絲不動，於是主動發起攻擊。吳王闔閭的弟弟夫概親率五千人衝擊楚軍，楚軍一觸即潰，全軍又逃到了柏舉西南的清發水。

當楚國殘軍渡河渡到一半時，吳軍發動猛烈攻擊。這十萬楚軍徹底報銷了，無數將領戰死，負有直接領導責任的囊瓦逃亡到了鄭國。

在囊瓦的十萬楚軍被全殲後，沈尹戌帶來的方城十萬援軍才終於趕到戰場。

可是，囊瓦從郢都帶來的十萬大軍是由精銳的王卒與宮甲組成的楚軍精華。精華都被打沒了，剩下的軍隊還有什麼用呢？

由於情報消息滯後，沈尹戌不知道之前楚軍是怎麼失敗的，他帶著十萬方城楚軍與挾大勝之餘威的吳軍交戰。戰場上，他帶頭駕車衝向吳軍，結果身中三支弩箭，死了。

於是，沈尹戌的十萬援軍一戰就全軍覆沒了，敗得比打了四場仗的囊瓦還要慘。

吳軍五戰全勝，楚國的二十萬大軍灰飛煙滅，貴族也幾乎全部戰死沙場。

## 申包胥哭秦宮

周曆十一月二十九日，五戰五勝的吳國大軍，僅用了一個月不到的時間，就抵達郢都城下。楚國從建國至今，從未發生過外國軍隊兵臨郢都的情況，而吳國人是首先做到的。

吳王闔閭、伍子胥、孫武三人站在郢都城牆下，仰望著這座偉大的都城。

孫武有種妙不可言的快感，因為他把畢生所學所悟的知識付諸實踐，取得了前無古人的功績。南天一霸的首都即將被他拿下，什麼春秋五霸的赫赫武功，在孫武面前都不值一提。他就是天下第一兵聖，未來所有的將領都要亦步亦趨地學他。

此時的孫武就像大學考試考到全國榜首的學霸，內心充滿了成就感。可是當孫武轉頭看到吳王闔閭和伍子胥時，卻發現他倆雖然也在高興，可是笑容卻不對勁。

吳王闔閭望著城牆，露出的是邪魅的笑容。郢都城內有楚國積攢數百年的奇珍異寶，城內有奢華的王宮，宮內有美女如雲，他要好好享受一番。

伍子胥露出的是歇斯底里的笑容。他的家人慘死在楚平王之手，為了復仇，他四處逃亡；為了過昭關，他一夜白了頭。他日日夜夜想的都是手刃仇人。現在，他終於殺到郢都城下，終於可以用仇人的血來告祭親人，多年的大仇終於可以報了。

看到這兩位不正常的笑容，孫武向他們二位說道：「善待自己的敵人，讓他們有歸順之心，這才是戰勝敵人使自己強大的方法，我在兵書裡也是這麼寫的。」

吳王闔閭與伍子胥聽完，不屑地看著孫武。

吳王闔閭說：「我記得先生的兵書裡有這麼一句話：『掠於饒野，三軍足食。』」

伍子胥說：「先生，我身負血海深仇，但我不光要替自己報仇，更要替吳國懲戒楚國。您在兵書裡不也說過『威加於敵』的話嗎？」

孫武聽完無語了。眼前的這倆傢伙，真是把自己兵書的知識活學活用，不過沒用在戰場上，而是用在害人上。

孫武什麼話也不說了，還是做好自己的本職工作，指揮大軍攻城吧。

攻城的士兵們登上城樓後，沒有聽到廝殺的聲音。過一會兒，巨大的「嘎吱」聲響了起來：攻城的士兵發現城牆無人防守，於是把城門打開了。原來楚昭王早就逃亡到了隨國，郢都現在是一座空城。

打造一支鐵軍，需要數年工夫；可是要腐蝕一支鐵軍，一天就夠了。

三萬多吳國大軍蜂擁而至，在郢都這座數百年的大都城裡到處姦淫擄掠。他們把能搶的都搶走，不能搶走的直接破壞，連楚國太廟裡巨大的鎮國之寶「九龍之鐘」也被吳軍砸毀。

吳王闔閭帶著親兵率先奔向了楚王宮。楚昭王為了輕裝簡行，一個妃子都沒有帶走，這可便宜了吳王闔閭。他把楚王的後宮佳麗納為己有，在那裡尋歡作樂。

伍子胥找不到楚昭王報仇，於是直奔楚平王的陵墓，掘墓鞭屍以洩憤。

吳軍只有三萬多人，卻要占領楚國龐大的地盤，就像是一把鹽被撒到操場，瞬間就沒影了。由於楚國王室已存在數百年，在國內還是有點威望的，吳軍的暴行激起了楚國人民的集體反抗。楚國老百姓與殘軍一起展開游擊戰，時不時摸個哨、放把火，吳軍深深地陷入了楚國人民自衛戰爭的汪洋大海裡。

當楚國戰火連天、君王流亡在外之時，有一個大臣沒有留在國內從事抵抗運動，也沒有與楚王一同流亡，而是去秦國搬救兵了。這人就是千古第一哭——申包胥。

申包胥年輕的時候與伍子胥是好朋友，兩個人因為命運的捉弄，走上了截然相反的人生道路，一個親手毀了自己的祖國，一個親手挽救自己的祖國。

申包胥之所以選擇去秦國求救，是因為秦國是一個大國，還是楚國的鐵桿盟友，最重要的是，秦國是一個講信譽的國家。

秦國在春秋時期的各國中信譽非常好，沒有不良記錄，講義氣，重感情，是一個有擔當的大國。

申包胥到達秦國，面見秦哀公，請求秦國出兵救援楚國。

秦哀公不想打仗。自從弭兵大會後，中原久不聞戰事，秦國一直享受著難得的和平時光。於是秦哀公敷衍申包胥，讓他住在客棧裡，等候消息。

申包胥住在客棧裡也沒有閒著，他知道秦哀公在敷衍他，於是做了一件轟動秦國的事。

一天早上，秦國大夫們上朝的時候，看見一個身穿楚服的人趴在宮牆下大聲哭泣。退朝後，秦國大夫們出宮的時候，發現那個身穿楚服的人還在那裡哭。於是秦國大夫們好奇地圍了過去，一問才知道這人正是申包胥。

申包胥跪在地上，向秦國大夫一邊磕頭一邊哭訴：「我們楚國被吳國滅掉了，楚國與秦國是兄弟之邦，各位大夫請救救楚國啊！」

就這樣，申包胥在宮牆下連續哭了七天，週末都不休息，秦國大夫們每次上下朝都能看見申包胥。大家出於同情每次都安慰他，一來二去大家都成好朋友了。

到第八天，秦國早朝的時候，大夫子蒲對秦哀公說：「天下之所以和平，是因為晉、楚實力均衡。現在楚國亡了，晉國一家獨大，如果晉國對我秦國有不軌的企圖，僅靠我們一國，實在難以抗衡。」

秦哀公聽完後，意識到了問題的嚴重性，趕忙召見申包胥。一見到申包胥，秦哀公就唱起了秦國著名戰歌〈無衣〉：「王於興師，修我戈矛，與子同仇。」

申包胥一聽，心裡的石頭終於落下了。他對著秦哀公連續磕頭，如搗蒜般。

兒時，家長常對我們說，哭是沒有用的。而申包胥告訴我們，哭有時候也很管用，關鍵是看場合。

西元前五〇五年夏季，申包胥帶著秦國援軍打回了楚國。已經腐化墮落的吳軍散落楚國各地，無法快速集結。秦軍在楚國殘軍與人民的指引下，打了數場漂亮的殲滅戰。

沉浸在溫柔鄉里的吳王闔閭徹底愣了，他萬萬沒想到秦國人會來，更沒想到前一年還戰無不勝的吳軍現在戰鬥力竟然直線下降。

沒兩天，闔閭又收到了另一封十萬火急的戰報：自己的兄弟夫概潛回吳國自立為王，越國趁吳國國內空虛，傾全國之兵攻打吳國，姑蘇危在旦夕。

闔閭深刻體會到什麼叫禍不單行，人倒楣的時候，喝涼水都塞牙。現在分基地沒開好，老家又要被一鍋端，必須趕緊回家救援。闔閭留下部分吳軍交由孫武統領，讓其與秦軍周旋，自己親率主力回國平叛。

孫武不愧是兵聖，僅憑自己手上為數不多的吳軍，將秦軍死死拖住，讓吳王闔閭可以安心平叛。

到了年底，吳軍全部撤回本土，吳國國內的叛亂已平定，越國的進攻也被打退，但原本是魚米之鄉的太湖地區也變得滿目瘡痍。楚國在秦國的幫助下，再次復國。楚昭王也從隨國回來了，為了躲避吳軍再次奇襲，暫時遷都至鄀（今湖北宜城）。昔日的南天一霸楚國，已經成為躺在搶救臺上的重傷員，靠著秦國的救治，苟延殘喘地活了下來。

這場大戰，沒有一個勝者，大家都是輸家。如果說有誰能算得上贏家的，那就是孫武。他不圖高官厚祿，只希望人生理想得以實現。以往春秋大戰都是一天定勝負，孫武的出現改變了整個戰爭面貌，深深影響了後世兩千年。

在吳楚戰爭中，孫武使出了各種令人眼花繚亂的打法，迂迴奔襲，運動殲敵，尋機作戰，出奇制勝，硬是用三萬多人的吳軍滅了二十萬的楚軍，完成了蛇吞象的壯舉。他也當之無愧地成了中國兵家的祖師爺。

然而就在吳國上下沉浸在史詩級勝利中時，身旁的越國成了它的掘墓人。

# 貳拾伍

# 爭霸或滅國

## 吳越之爭

越國經常在吳國背後捅刀子，吳王闔閭為了徹底解決越國，於西元前四九六年發兵攻打越國。就在這年，老越王允常死了，他的兒子繼承王位，這就是歷史上大名鼎鼎的越王勾踐。吳王闔閭認為，越國正值國喪，新王又年輕，正是打擊越國的天賜良機。吳國三軍在滅楚之戰後經歷了長達九年的休整，戰鬥力達到了巔峰，在他們眼中越軍只是待宰的羔羊。

吳王闔閭親率大軍殺入越國境內，越王勾踐也親率大軍前往阻擊，兩國大軍在檇（ㄗㄨㄟˋ）李（今浙江嘉興一帶）相遇。

當吳國大軍列好陣後，吳王闔閭在自己的軍陣之中遠眺越軍，發現對面的越軍也訓練有素地排好了整齊的步兵方陣。春秋第一場步兵對步兵的大戰即將爆發。

在闔閭的印象中，越軍以往都是缺乏訓練的烏合之眾，只會搞點偷襲，從來不敢正面決戰。今天越軍排兵布陣的表現，活脫脫就是吳軍的翻版。

是什麼原因使得越軍竟然在短期內快速升級呢？

答案是，越國現在的「操盤手」是兩個楚國人。

只能說，楚國在人才選拔機制上太失敗了。楚國是個集體所有制國家，公族牢牢掌握了國家政權，重要職務的人選都是在公族裡選拔，說直接點就是任人唯親。楚國對人才不重視，而吳越兩國正在大張旗鼓地展開國外高級人才引進計畫。只要你是人才，來了就給安家費、官職。跑到越國混得風生水起的兩個楚國人，一位叫文種，一位叫范蠡。這兩人是好朋友，而且都具有很高的才能。

由於他們在楚國只是低階貴族，想混到楚國上層簡直是痴心妄想，所以他們決定去吳越兩國發展。

兩人一致選擇去越國。他倆是不願意屈居別人之下的，伍子胥在吳國已經混到了二把手，所以他倆只有去越國才會有更大的發展。因此，吳越兩國的戰爭其實也就是楚國人的內戰。

文種與范蠡何時進入越國，史書沒有詳細記載。他倆很有可能是在柏舉之戰後就到了越國。要知道，越國敢這麼正面對抗吳國的步兵方陣，肯定對吳軍實力有著深入的瞭解。極有可能，文種與范蠡作為楚國低階貴族時參加過楚國抗擊吳國的柏舉之戰，並在戰爭中倖存了下來，所以才對吳軍這麼瞭解。

文種與范蠡到達越國後，參照吳軍的軍隊情況，對越軍進行了深入的改制。很快，一支翻版的吳軍就出現了。

檇李的戰場上，兩個大步兵軍陣對峙著。越王勾踐屬於脾氣比較急的，他組織了兩支敢死隊，率先向吳軍發起衝鋒。由於吳軍紀律嚴明，很快打退了敢死隊。

據史書記載，為了打敗吳軍，越王勾踐玩起了陰招。他找來了一群犯人，讓他們站成三排，然後拿劍抹脖子。吳軍看見越軍在陣前玩這種自殺性遊戲，頓時膽顫心驚。

越軍趁吳軍驚恐，立即向吳軍發動總攻，吳軍頓時陣形大亂。越國大夫靈姑浮揮戈重傷吳王闔閭，吳軍看到主帥負傷，頓時亂了陣腳。戰鬥最後以越軍大獲全勝而告終。

要知道，吳軍這時離打完滅楚之戰還沒過幾年，主力尚存，具有作戰經驗的老兵仍在，軍隊的靈魂人物孫武也依舊在吳國。吳軍曾以三萬多人深入楚國腹地，橫掃二十萬楚軍，見過的死人比活人都多。這麼一支鋼鐵雄師，怎麼會因為見到三排死囚自殺，就嚇得膽顫心驚呢？

最合理的解釋是，越王勾踐讓死囚在陣前自殺的事情應該是子虛烏有。如果勾踐要派死囚上前線，應該會讓他們打頭陣戴罪立功，打贏了就可以赦免死罪。死囚為了生存，就會激發出無窮的戰鬥力。

光靠死囚想取勝可能性不大，畢竟他們人太少，最多打亂吳軍陣形。最終能扭轉乾坤的還是越軍本身，越軍經過文種與范蠡的訓練，戰鬥力與吳軍不相上下。

曾經差點滅了南天一霸楚國的吳王闔閭竟然陰溝裡翻船，栽在自己看不起的越國手裡，這簡直是闔閭一生最大的諷刺。闔閭身負重傷回國，沒多久就死了。

闔閭死後，他的兒子夫差正式繼位。夫差繼位後，每天腦海裡都浮現著老爹臨死前的遺言：「必毋忘越！」身負殺父之仇的他，要讓越國血債血償。

他大舉進攻越國，越軍兵敗如山倒。從來沒吃過虧的越王勾踐沒想到，自己剛繼位幾年就要當亡國之君了。

勾踐找來范蠡詢問對策。范蠡無奈地說道：「乞和。」

勾踐思索了很久，然後長嘆一聲，咬著牙說道：「就聽您的話，乞和！」

於是勾踐派溝通能力強的文種前往吳軍大營和談。文種到達吳軍大營後，跪著向吳王夫差求和，哀求道：「吳王就是天王，我們越國得罪了天王，讓天王起兵討伐我們，是我們的不對。我們越王願世世代代為吳國做牛做馬。如果我們越王生了女兒，就送給吳王打掃衛生；如果生了兒子，就給吳王當僕人。未來越國將像侍奉天子一樣，侍奉吳王。」

吳王夫差聽完開始心動。然而在場的伍子胥當場否決，怒喊道：「吳國與越國是死敵，吳國與越國所處地域狹小，過多的老百姓無處遷移，吳越兩國不可能並存。」

吳王夫差還很年輕，也沒有太多政治經驗。他聽了伍子胥的話後覺得很有理，決定不同意越國媾和，要徹底滅了越國。

文種帶著這個壞消息回去了，越王勾踐與范蠡聽完感覺五雷轟頂。為了生存，他們開始想一切能自救的辦法。

突然，文種和范蠡想到吳軍大營裡有一位叫伯嚭（ㄆㄧˇ）的楚國同胞。他曾因為楚國內亂逃到吳國，如今在吳國擔任太宰，政治地位僅次於伍子胥、孫武。雖然他倆跟伯嚭不是很熟，但是也可以從他身上下功夫。

文種再次出使吳軍大營，這次他不是找吳王，而是找伯嚭。

伯嚭接見了文種，文種帶來大量的美女與財寶送給伯嚭，還對伯嚭許諾：「越國願意和談，只要太宰大人能幫越王和談成功，越國就是太宰大人的小金庫。」

伯嚭聽完立馬心動了。滅了越國對於自己來說沒有一絲好處，而留下一個越國，自己將富可敵國。於是伯嚭拍著胸脯向文種保證：「讓越王放一百二十個心吧。」

伯嚭對吳王夫差勸說道：「越王願意老老實實當吳國的臣子，不如饒恕越國。讓越國成為吳國附屬國，到時候可以問他們要兵要糧，省得我們花費時間與精力去占領它。」

伍子胥聽到伯嚭的話後暴脾氣發作，怒斥道：「今天不滅了越國，日後必留禍患！」

年輕的吳王夫差面對戰和問題也為難了。

突然，他想到自己的夢想是爭霸中原，號令天下。如果要當一名天下霸主，就得讓自己的小弟心甘情願地臣服於自己。動不動就滅了一個國家，以後還怎麼收小弟？

為了自己的爭霸夢想，為了讓自己能永垂史冊，吳王夫差決定放越王勾踐一馬。

## 臥薪嘗膽

西元前四九四年周曆六月，越國君臣來到吳國當人質。

吳王夫差給越國君臣安排了很多體力勞動，強制他們進行勞動。勾踐負責餵馬，夫差出門的時候，勾踐要替夫差牽馬執鞭。隨同勾踐前來的越國臣子都得做奴僕的工作。

吳王夫差還給越王勾踐與妻子挑了一塊風水寶地居住，這就是吳王闔閭的墓。越王勾踐作為吳王夫差的殺父仇人，給夫差的老爹守陵，那是理所應當的事。

年輕的越王勾踐沒有抱怨什麼，他知道自己沒有討價還價的資格，只有伺候好吳王夫差，才能換取自己早日回國。

勾踐在吳國踏踏實實地勞動了三年，在此期間文種大夫經常從越國帶來金銀財寶孝敬太宰伯嚭。文種與伯嚭都是楚國人，兩人一來二去就成了鐵哥們兒。吃人的嘴短，拿人的手軟，伯嚭自然沒少照顧越王勾踐。

有一天，夫差生了重病，勾踐讓范蠡占卜一下。范蠡占卜完後告訴勾踐：「夫差沒什麼大毛病，這病過兩天就好。」

可是范蠡說的下半句，差點沒讓勾踐把吃的飯全吐出來：「大王您不如假裝去探視生病的吳王，然後要求嘗一嘗他的糞便，再看看他的臉色，隨後告訴他，他的病很快就會好的。只要大王這麼做，吳王一定會被您感動，到時候沒準就放了我們。」

面對如此重口味的提議，越王勾踐無奈地嘆了口氣。是在吳國遙遙無期地待下去，還是選擇放棄尊嚴，換取回家的機遇？

越王勾踐思前想後，決定選擇後者，站著死固然偉大，但是為了國家的生存而捨棄尊嚴，也不失為一種悲壯。

第二天，越王勾踐找到了太宰伯嚭，對他說：「吳王病了，我很替他擔憂。我想去看望吳王！」

太宰伯嚭看到大金主讓自己幫忙，很樂意穿針引線。伯嚭帶著勾踐去見了吳王夫差。勾踐看了看夫差的氣色，然後對夫差說：「請大王讓我嘗一下您的糞便，來判斷您的病情。」

夫差猛地一驚，頭一次聽說嘗大便還能診斷病情的。夫差就當開眼界，讓侍從端來了糞便。只見勾踐抓了一把糞便，嘗了一口。

雖然口味很重，但是勾踐還是裝出很高興的樣子對夫差說：「大王，您的病過一段時間就好了。」吳王夫差半信半疑，結果過了一段日子，病情果然好轉。夫差太感動了，再加上勾踐在吳國期間任勞任怨，表現良好，符合釋放條件，於是把勾踐放回了國。

勾踐離開吳國首都姑蘇時，受到了吳國君臣們的熱烈歡送。

夫差對勾踐說：「我赦免了你，請你記住這份情誼。」

勾踐立馬跪下，如搗蒜般地磕頭，說道：「今日大王可憐我，讓我回國，我一定牢記大王的恩情，永遠不敢反叛。」

吳王夫差望著越國君臣遠去的背影，內心充滿了得意。他讓兩國重歸於好，讓曾經的殺父仇人變成了忠於自己的臣子。

可悲的是，吳王夫差太天真了。越王勾踐不是一個老實人，老實人才不會想到用這種方式換得自由。

西元前四九一年周曆正月，勾踐回國後，一面向吳國稱臣，一面整軍備戰。因為擺在勾踐面前的只有一條路可以走：要想讓越國強大，就必須滅了吳國。為了激勵自己，越王勾踐睡在柴草上，每天都要嘗一口苦膽。勾踐在范蠡與文種的輔佐下，開始了越國十年的經濟建設。

勾踐鼓勵老百姓開荒種地，獎勵生產，尤其是鼓勵生育人口。那時，一個國家人越多，勞動力與兵源就越充足。越國政府規定，青壯年男子不許娶老婦女，老頭不許娶年輕女子。在越國是沒有剩男剩女的，女子十七歲還不結婚，男子二十歲不娶老婆，父母都必須治罪。如果誰家要生孩子，國家派大夫免費接生。如果生的是男孩，國家獎勵兩壺酒一隻狗；生女孩，國家獎勵兩壺酒一頭豬。生了三胞胎，國家配給奶媽；生了雙胞胎，國家免費發放糧食。

通過獎勵耕種與激勵生育的政策，越國經濟與人口快速增長。

軍隊建設由范蠡主持。為了提高越軍的戰鬥力，范蠡專門找了兩位大師，一位是制弩大師，一位是劍術大師。

制弩大師叫陳音，是楚國人。陳音收到同為楚國人的范蠡的高薪聘請，高興地來到了越國。越王勾踐親自接見了陳音，飽含深情地對陳音與范蠡說：「我們之前對吳國作戰，無論陸戰還是水戰，都被吳國的強弩所傷，我們也要自己造弩！」

陳音對越王勾踐說：「弩是從弓衍生出來的，而弓又是從彈弓衍生出來的。楚國有位工匠叫琴氏，他為了增強弓的殺傷力，將弓橫過來，加上木臂，這就是弩的雛形。」

越王勾踐問：「那怎麼在戰場上正確使用弩呢？」

陳音一邊拿起弩演示，一邊說：「這很簡單，首先身體要挺直，頭要平穩，左腳向前，右腳向後。左手像握著樹枝，右手像懷抱嬰兒。心平氣和，屏住呼吸，瞄準敵人，扣準扳機就可以了。」

越王勾踐：「大師，我有個問題想問，弩上箭的速度沒有弓快吧？」

陳音：「是的，這是弩唯一的不足。」

越王勾踐：「那打仗的時候，弩射完一支箭後，在上第二支的時候敵人衝上來了，怎麼辦？」

陳音：「用三箭連射之法。讓弩手排成三列，第一列射完，退後上箭，換第二列射，第三列準備。這樣就可以持續不斷地射出弩箭。」

越王勾踐聽完大加讚賞，讓陳音大規模製造強弩。

范蠡請來的劍術大師非比尋常。這位大師是名女子，隱居在荒郊野嶺之中，修煉的劍術高深莫測，可以橫衝直撞、正擊反刺，來去自如。她一人可以擊殺百人，如果百人學此劍術就可以擊殺萬人。越王勾踐為這女子取名叫「越女」，武俠小說大師金庸先生還專門寫了一本小說叫《越女劍》。

越王勾踐不光重視劍術，還重視鑄劍。越國的鑄劍工藝堪稱獨步天下。現在湖北省博物館裡珍藏的越王勾踐劍，工藝精美，鋒利無比，歷經兩千多年而不腐。

勾踐不光注重國內發展，還注重與吳國的關係。他一邊向伯嚭輸入金銀財寶，一邊向吳王送美女，例如西施。西施作為中國古代四大美女之一，長得那是傾國傾城。范蠡發現這個美女後，花了三年時間教她舞蹈禮儀，然後獻給吳王夫差。

很多人都認為，吳王夫差沉迷於酒色，天天與西施纏綿，最終使吳國敗亡。其實這都是無稽之談。夫差愛不愛西施我們不知道，但可以肯定的是，吳國的滅亡是從吳王夫差剷除老臣開始的。

# 黃池之會

此時的吳王夫差已經四十歲出頭了。他的前半生一直順風順水，這讓他一直有著青年人的激情與夢想。無數經驗告訴我們，人順風順水的時間越長，後面栽的跟頭也就越大。

伍子胥作為輔國老臣，見證了吳國的崛起，也知曉吳國的軟肋。他知道，吳國看似一片欣欣向榮的景象下面暗藏著巨大危機。伍子胥預料到，吳王夫差稱霸中原之日，就是越王勾踐滅吳之時。為了讓自己的子孫能不顛沛流離，伍子胥將自己的孩子託付給齊國貴族，自己則留在吳國當裸官。

伯嚭得知後，為了扳倒伍子胥讓自己上位，向吳王夫差告發這件事。夫差聽說後暴跳如雷，賜給伍子胥「屬鏤」劍，令其自盡。

伍子胥自刎死了。有人說伍子胥的死是因為奸臣伯嚭的讒言，也有人說是吳王夫差故意誅殺老臣，還有人說是因為伍子胥的暴脾氣。其實這些解釋都不對，伍子胥與吳王夫差真正的矛盾，是爭霸與滅國兩條國家發展路線之爭。

後來的事實證明伍子胥的路線是無比正確的！

伍子胥死了，他的好哥們兒孫武心灰意冷，辭去官職，隱居起來，從此杳無音信。

兩個將吳國推上歷史頂峰的人消失了，盲目自信的吳王夫差即將親手打開通往地獄的大門。

在北上中原之前，吳王夫差收服了眾多中原諸侯國當小弟。西元前四八二年春天，他率領吳軍主力北上前往宋、衛、鄭、晉四國交界的黃池，要在那裡舉行會盟，正式成為天下霸主。對此次會盟，吳王夫差格外重視，特意花了巨額出場費，讓周王室派遣單平公作為周天子代表，來見證霸主夫差誕生的偉大時刻。

周曆五月，與會諸侯都到達了黃池。在誰先歃血、誰當盟主的問題上，吳王夫差與晉定公發生激烈爭吵。

晉定公平時雖然不管什麼事，但是關乎面子的事，他還是要據理力爭的：「我姓姬，晉國更是天下第一超級大國，怎麼能讓吳國當盟主呢？」

吳王夫差也不示弱，說道：「我們是太伯之後，吳國更是新興強國，而你們晉國已經是明日黃花了。吳國當為盟主。」

當吳王夫差在黃池與晉定公兩人吵得不可開交的時候，越王勾踐等到了千載難逢的復仇時機。

周曆六月丙子日，越王勾踐徵集了一支龐大的軍隊兵分兩路攻打吳國，這支軍隊包括兩千名水師、四萬名輕步兵、六千名重裝步兵和一千名各級軍官。主力由勾踐親自率領，另有一支偏師迂迴至姑蘇的北面，切斷吳軍從黃池回國的歸路。

姑蘇城內的守軍是太子友統領的一萬人的老弱病殘，這些人哪是越軍的對手？訓練有素的越軍迅速突入吳國境內，吳國城池接連失守。越軍以優勢兵力攻入姑蘇城，俘獲吳國太子友。

此時，吳王夫差還在一千公里之外的黃池傻乎乎地與晉定公討價還價。直到有一天，一位以火箭般的速度從吳國趕來的信使，將越軍攻入吳國境內的訊息報告給他。

夫差頓時癱坐在地上。他萬萬沒想到，勾踐竟然偷襲了自己的老家。一想到此前勾踐那張無比老實忠誠的臉，夫差就感覺一陣噁心，幾乎要暈倒。

第一位信使走後沒多久，又來了第二位信使，告知夫差越軍直逼姑蘇城。

接著第三位信使又來了。他告訴吳王夫差，越軍圍困姑蘇城，姑蘇城告急。

就這樣，幾天之內，一共有七位信使前來，帶來的消息一個比一個緊急。最後一個信使告訴吳王夫差，姑蘇城破，太子被俘，夫差頓時一頭栽倒在地上。

眾臣趕緊掐人中救醒夫差。甦醒後，夫差本應該即刻回援老家，但是他為了得到霸主的頭銜，像著了魔一樣，做出了一個瘋狂的舉動。

吳王夫差對近臣說：「傳我命令：把七個信使立即處死，國內的消息不得洩露。所有將士半夜列好軍陣，於雞鳴時分開拔到晉軍大營前一里處。當太陽升起時，全軍擂鼓吶喊。」

周曆七月辛丑日早晨，還在睡夢中的晉定公被不遠處的鼓聲、吶喊聲吵醒了。他起身，揉著眼睛出了營帳。當看到不遠處的景象時，晉定公立馬震驚了。

不遠處，吳軍排成了三個大軍陣，每個軍陣都有一萬人。吳王夫差持戟位於中軍陣中央，身後每位將士都身穿白衣白甲，遠看像白茫茫的茅草花。吳軍左軍陣的將士身穿紅衣紅甲，遠看像一片火焰；右軍陣的將士身穿黑衣黑甲，遠看像一片烏雲。

晉定公從來沒有見過如此訓練有素的大軍，他被徹底震撼了。晉定公明白，如果不同意吳王夫差當霸主，人家立刻就能把自己給滅了。於是晉定公派人向吳王夫差表示，願意讓吳王當盟主先歃血。

吳王夫差成功主持會盟後，向周王室派出了使者，彙報會盟的情況。周王室賜給了吳國一些紀念品，並給了夫差霸主頭銜，吳王夫差正式成為天下霸主。

吳國都快被越王勾踐滅了，吳王夫差還在中原大地爭所謂的「霸主」頭銜，這要是不亡國，簡直就是活見鬼。

等吳王夫差率領主力火急火燎地趕回國後，留給他的是滿目瘡痍。吳王夫差意識到越國現在已經做大做強，吳國別說消滅越國，自己不被越國吃掉就算不錯了。於是夫差主動派人向越王勾踐乞和。

越王勾踐覺得吳軍主力已回國，如果決一死戰，將會勝負難料，於是同意了乞和，班師回國。

吳王夫差自從繼位以來，隔三差五發動戰爭，表面看上去打得順風順水，可如此窮兵黷武，讓吳國消耗了太多的元氣。雖然吳軍主力尚存，但是虛弱的國力已經無法支撐吳軍再打一場大戰。吳王夫差原本有一手好牌，可是為了自己虛幻的霸主夢想，把這一手好牌打得稀爛。

越王勾踐繼位不久就被吳王夫差打敗，還到吳國做了人質，受盡人生挫折。歷經過死亡威脅的勾踐明白，活著才是最大的勝利，只有滅了吳國，才能讓自己和越國太平。於是，越國在暗地裡花了十年時間積蓄實力。

吳越實力的天平，徹底倒向了越國。

# 兔死狗烹

西元前四七八年，吳國遭受百年不遇的乾旱，倉廩空虛。

越王勾踐覺得這是滅吳的最好時機，於是在周曆三月任命范蠡為大將軍，親率越軍五萬人直撲吳國境內。吳王夫差也毫不示弱，親率六萬大軍抵禦越軍進攻。吳越兩軍在笠澤（今江蘇蘇州市吳江區附近）相遇，兩軍隔江對峙。

勾踐並沒有在白天交戰，而是選擇夜裡突襲吳軍。越王勾踐讓左軍與右軍各挑出一支敢死隊，稱為「句卒」，嘴裡含著小樹枝，以防行動時發出聲響。左軍挑出的句卒溯江五里處待命，右軍挑出的句卒順江五里處待命。到了深夜，兩處句卒開始擊鼓渡江。

吳王夫差在軍帳中聽到上、下游的鼓聲，頓時慌張起來，誤以為自己被越軍兩翼包抄了。於是他把軍隊分成兩塊，分別去迎戰上、下游的越軍。

勾踐看見吳軍兵分兩路，中軍空虛，便集中部隊，以六千重裝步兵為先鋒，以優勢兵力渡江攻打吳軍中軍陣。

等夫差反應過來越軍這是調虎離山時，越軍已經擊破吳軍中軍陣，吳軍潰不成軍。

潰敗的吳軍一路狂奔，越軍開始長途追擊。在沒溪及姑蘇城外，越軍又接連兩次大敗吳軍，殘存的吳軍躲進姑蘇城內堅守不出。

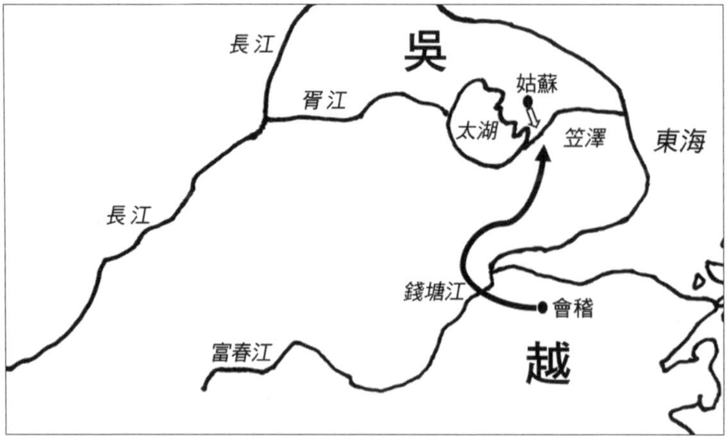


**圖10　笠澤之戰**

笠澤之戰讓吳軍大部分精銳力量報銷，吳王夫差只能帶著殘兵敗將龜縮在姑蘇城內苟延殘喘。他萬萬沒想到的是，勾踐是鐵了心要滅吳國。

西元前四七五年，越國大軍再次突襲吳國，並且一路高歌猛進，兵臨姑蘇城下。

越軍並沒有直接攻打姑蘇城，而是在姑蘇城的西門修建了一座越城來圍困吳軍。眼看著自己要被活活圍死，吳軍不斷出城向越軍挑戰，范蠡命令越軍將士不准應戰。

於是姑蘇城就這麼被圍了三年。這三年裡，越國除了圍城，還不斷蠶食吳國土地，慢慢把姑蘇城變成了一座孤城。吳軍被困於姑蘇城裡，實力越來越弱，而越軍有充足的補給，變得越來越強。

西元前四七三年周曆十一月，范蠡建議越王勾踐對姑蘇城發動總攻，一舉殲滅吳軍，活捉吳王夫差，勾踐同意了。越軍在范蠡的指揮下向姑蘇城發動總攻，被困了三年的吳軍如今和飢餓的難民沒什麼區別，根本沒有力氣組織有效抵抗，姑蘇城瞬間失陷。

吳王夫差見大勢已去，率領親兵趁夜突圍，逃往附近的姑蘇臺。越軍追上了夫差，並將其重重包圍。

夫差知道自己插翅難逃，派使者向勾踐求饒。勾踐冷冷地說：「昔天以越賜吳，而吳不受；今天以吳賜越，孤敢不聽天之命，而聽君之令乎？」意思是，以前上天把越國賜給吳國，吳王不接受。今天上天把吳國賜給越國，越王怎敢不聽上天的命令，而聽你吳王的命令呢？

使者回來把勾踐的原話告訴夫差，夫差明白，自己活不了了。他現在最想對伍子胥的在天之靈說一聲「對不起」，如果自己早點聽伍子胥的話，也不至於落個身死國滅的下場。

周曆十一月丁卯日，吳王夫差自縊身亡，強盛一時的吳國宣告覆滅。

吳國被越國滅亡的消息傳到了各地，天下諸侯震動。在諸侯們的意識中，小國被大國吞併很正常，而吳國作為一個曾吊打楚、齊兩國，還拿到霸主頭銜的強國，竟然在幾年之內就被越國滅掉，這簡直不可思議。

越王勾踐並未收手，而是挾滅吳國之餘威，北上中原，號令諸侯，並向周天子討要霸主頭銜。周天子賜給越王勾踐「伯」的稱號，勾踐正式成為天下霸主。

就在越王勾踐登上人生頂峰之時，范蠡不見了，西施也不見了。有人傳說，范蠡帶著西施去經商了，還成為富甲一方的商人。

文種在沒有離開越王勾踐時，有一天收到一封信，是范蠡寫給他的。信中寫道：「飛鳥盡，良弓藏；狡兔死，走狗烹。越王為人長頸鳥喙，可與共患難，不可與共樂。子何不去？」意思是，鳥兒射殺光了，弓箭就會藏起來；狡猾的兔子都捕捉光了，獵人下面就要烹吃自己的狗了。越王此人工於心計，只可共患難，不可同富貴！你為什麼還不走呢？

文種知道范蠡是為自己好，但是他捨不得放下榮華富貴。直到有一天，越王勾踐賜給了文種一把寶劍，文種一看，是當年伍子胥自殺用的屬鏤劍。文種明白，越王這是要自己死了，於是文種自刎而死。

當南方的楚、吳、越在互相發動滅國戰爭時，北方齊、晉兩國內部也在鬥爭。這是國家內部大夫爭奪土地、架空國君的鬥爭。正是北方的大夫們，終結了春秋時代，拉開了戰國大幕。

# 貳拾陸

# 凡是過往皆為序章

# 田氏代齊

西元前四七六年，齊國大貴族田氏將國內其他大貴族全部剷滅，擴大了自己的封地。從此，田氏的封地比國君的土地都要大，再加上田氏控制了齊國國君的廢立，因而整個齊國都掌握在田氏手裡。

齊國田氏的第一代創始人叫陳完，是陳國國君的兒子。西元前六七二年，陳國發生內亂，陳完避難逃到了齊國，當時在位的正是春秋第一霸主齊桓公。

齊桓公接見逃難來的陳完後，發現這個小夥子一表人才，又能說會道，於是就讓陳完在齊國當官。陳完就在齊國紮下根來，他的子孫將自己的氏由「陳」改為「田」，因為古代「陳」、「田」兩個字發音接近。

孤身一人來到齊國的陳完原本只想躲避內亂，安安穩穩地過自己的日子，可沒想到，他的子孫一個比一個狠，就此開啟了逆襲之路，最終架空「老闆」，掌控「股權」。

縱觀中國古代歷史，謀朝篡位所花時間長短不一。有的人幾年就登上了君王的寶座，而有的人花了幾代人的工夫才謀得天下。齊國田氏從一個普通大夫到奪取國君之位，花了將近三百年，從春秋一直忙到戰國。可見齊國田氏這一家的韌性太強了。

齊國有四大家族，分別是國氏、高氏、鮑氏、慶氏，田氏能在每次的血腥鬥爭中存活下來，實力不容小覷。初到齊國的田氏知道自己的弱小，所以，「韜光養晦，站好隊伍，伺機而動」成為他們家族的生存口訣。

西元前五四五年，國氏、高氏、鮑氏要滅了對自己有威脅的慶氏。田氏雖然弱小，但是站在國氏、高氏、鮑氏一邊，四家組隊一起滅了慶氏，田氏從此開始躋身齊國權力核心圈。

阻礙田氏進一步發展的就是國氏與高氏，這兩家是「天子二守」，從齊國建國開始，就一直是僅次於國君的勢力。

田氏不光使出各種計謀來削弱齊國傳統大貴族，還收買老百姓的心。

齊國大貴族們只管自己吃好喝好，從不管底層百姓的死活，老百姓怨聲載道。田氏家族卻是大貴族裡的一股清流。田氏的第六代族長田乞體恤百姓，當窮苦百姓缺糧的時候，他就開倉借糧。田乞借給百姓糧食時，盛米的量具「鍾」比國家標準大出四分之一；當老百姓還米的時候，田氏再用國家標準的量具收糧。這麼一借一還，老百姓不但不用償還田氏的利息，還多賺了田氏的糧食。

人心都是肉長的，這一舉動讓全國老百姓倒向了田氏，很多人都往田氏的封地上跑，因而田氏的封地人丁興旺。在當時，哪個領主手裡人多，實力就強。

西元前四八五年，田乞去世，他的兒子田常繼任族長。

田常剛繼承家業沒多久，一件天大的好事砸中了田氏，間接地為田氏獨攬大權掃清了一切障礙。田氏再也不需要辛辛苦苦積攢人氣，收買人心了。

幫助田氏掃除異己的正是吳王夫差。

西元前四八四年，吳王夫差親率大軍攻打齊國，齊國除田氏以外的眾多大貴族全部出動，大夫帶著自己的私卒，國君派出自己的親兵，八百多乘戰車、六七萬人奔向前線。在這些大貴族眼中，上前線打仗是自己的義務，更是為自己積攢軍功的好機會。

吳齊兩軍在艾陵相遇，結果齊軍被打得全軍覆沒，貴族不是死於陣前就是被吳軍生擒，大夫們的私卒與國君的親兵都死傷慘重。田常卻因為保存實力，成為齊國實力最大的貴族。夫差也沒有想到，自己攻打齊國，最大受益者竟然是齊國田氏。

西元前四八一年，田常一不做二不休，直接殺了看著不順眼的齊簡公，立了齊平公為國君。從此田氏成功逆襲，成為齊國實際的操縱者，控制了全國絕大多數的土地，國君也只是田氏的玩偶。到了戰國時期，田氏直接撕開遮羞布，廢了齊國國君，自己取而代之。

說完了齊國，我們再來說說曾經的天下第一超級大國晉國的政權又是如何落入大夫手裡的。

重要的推手都是趙家人。

## 鐵之戰

晉國作為曾經的天下第一號強國，國內六卿的實力相互制衡，直到有一天，一個不好惹的對手出現，打破了六家的平衡。而平衡一旦被打破，就要掀起一股腥風血雨。

這個人就是趙武的孫子趙鞅，是戰國時法家的偶像。

縱觀老趙家的家族史，既出權臣，也出人才，趙鞅就是權臣與人才的複合體。趙鞅的父親趙成死得早，所以他年紀輕輕的就繼任趙氏的族長。好在時任中軍將的是韓起，韓氏與趙氏一直是親密的盟友，韓起對晚輩趙鞅非常關照，安排趙鞅擔任下軍佐。

西元前五二〇年，趙鞅剛上任沒多久，趕上了周王室爆發內亂，作為庶長子的王子朝要推翻嫡長子出身的周悼王。晉國作為周王室的嫡系諸侯，率領諸侯平定了王子朝之亂。趙鞅作為晉國平叛的指揮官，在前線展露了卓越的才華，開始成為政壇上一顆耀眼的新星。

平叛後，趙鞅並沒有閒下來，他開始在晉國做起了宣傳法律知識的工作——鑄刑鼎。

鑄刑鼎就是將國家的法律條文鑄刻在鼎上，然後再將鼎公之於眾，讓老百姓懂法、守法。這種再簡單不過的法律宣傳工作，在春秋時卻被視作大逆不道。因為當時法律都是掌握在貴族手裡的，他們不想讓老百姓懂法，這樣可以方便貴族隨意處置犯事的百姓。

然而，總是要有時代先鋒去打破舊時代的枷鎖的。西元前五三六年，鄭國大夫子產率先鑄刑鼎，並將鼎公之於眾，結果造成天下輿論震動。

趙鞅作為晉國的先鋒人物，於西元前五一三年鑄刑鼎，晉國舉國嘩然。孔子聽說後，怒斥趙鞅的所作所為是亡國之舉。雖然此舉備受爭議，但是趙鞅並不在乎。只要能讓老百姓知道法律是怎麼一回事，不再吃不懂法律的虧，從而讓老百姓覺得趙鞅是替他們著想的人，那鑄刑鼎就值了。一時間，趙鞅在國內收穫了較高的人氣。

趙鞅鑄鼎的材質不是銅而是鐵。鼎一般都很大，需要的鐵很多。有人說，春秋末期，中國人已經開始能夠熟練地鑄造鐵器了，其實這是一個錯誤的認識。當時，鐵製工具使用得很少，主要的金屬還是銅，雖然春秋末期已經有牛耕了，但耕地的農具還是以石器木質為主。因為鐵的熔點比銅高，銅在一千多度就熔化了，鐵要在一千五百多度才能熔化，所以冶鐵工藝比冶銅工藝複雜。

到了春秋時期，人們可以鑄造大的鐵製物件，例如鼎。可是要造小的東西，那工藝難度就高了。到了戰國，鐵製農具才普遍；直至漢代，鐵製兵器才徹底淘汰銅製兵器。

政績卓越的趙鞅在西元前四九七年繼任為中軍將。可他上任後卻發現自己根本管不了手下的五卿，中軍將已經成了虛職。那也別談什麼忠君報國了，還是為自己和子孫著想吧。

趙鞅做了一件卓有遠見的事，就是把趙氏家族基地搬到遠離新絳的晉陽。

六大家族主要蝸居在新絳附近的臨汾盆地與運城盆地，那裡靠近晉國政治中心，經過數百年的經營，交通便利，經濟發達，物產豐富，相當於現在的一線城市。而晉陽在當時屬於荒郊野嶺，曾經還是狄人的地盤。人都喜歡往富裕的大城市走，而趙鞅偏要往偏遠的地方去，這個舉動在其他五大家族看來，簡直是不可思議。

趙鞅卻不這麼認為。天高皇帝遠，才是最適合發展的風水寶地。晉陽在現在的山西省省會太原附近，處於晉中盆地北端，土地肥沃，非常適合擁兵自重。趙鞅把晉陽打造成了一座軍事堡壘，安置了眾多願意跟隨他的老百姓，修建了高大的城牆，在府庫裡囤積了眾多的物資。修建完晉陽城後，趙鞅多次對自己的兒子趙無恤說：「以後趙家有大難，不要嫌晉陽遠，直接來這裡避難就行了。」

趙鞅不光大搞基礎建設，還做了另一件極具爭議的事。這件事在當時極為先進，卻讓其他五卿感覺是在割肉放血，這就是擴大畝制。

當時，晉國六卿都採用「專業經理人」制度，家臣都是隻拿「工資」不拿「股份」的「專業經理人」。六卿把自己的土地分給老百姓，讓老百姓耕種，自己收租就可以了。為了吸引更多的老百姓到自己的封地來耕作，六家就相互比誰給老百姓的地多。

遠在南方的吳王闔閭聽說後，與孫武就這件事聊了起來。

闔閭問：「晉國由六卿把持，在激烈的政治角逐中，誰會先滅亡，誰會笑到最後？」

孫武答：「范氏、中行氏會先滅亡。」

闔閭問：「那接下來會是誰呢？」

孫武答：「應該是智氏。」

闔閭問：「誰會成為最後的勝利者呢？」

孫武答：「韓、魏兩氏也會滅亡，最後晉國將落入趙氏手裡。」

孫武之所以認為趙氏會笑到最後，就是因為趙氏是六卿裡給老百姓土地最多的。

按照當時的度量制度，一百步是一畝地。但是六卿都故意把尺放大，好分出去更多的土地。范氏與中行氏以一百六十步為一畝，智氏以一百八十步為一畝，韓氏、魏氏以兩百步為一畝。而財大氣粗的趙氏直接以兩百四十步為一畝。

對於趙氏來說，不怕你不耕，就怕你耕不動。趙鞅用自己的實際行動告訴每一位老闆，什麼叫

「財聚人散，人聚財散」。

在收買人心這方面，趙鞅做得很好。而在收攏人才方面，他做得更好。

著名的亂臣賊子陽虎，在被魯國趕跑後竟然被趙鞅高薪聘用，這讓全天下都嘩然。陽虎作為季孫氏的家宰，一個小小的家臣，竟然把封君季孫氏架空，還控制了魯國朝政。趙鞅敢用陽虎當家臣，就不怕被陽虎架空了？

孔子聽說自己的仇敵陽虎被趙鞅高薪聘用後，又開始斥責趙鞅，詛咒道：「趙氏其世有亂乎！」意思是，趙氏世世代代都會有禍亂。

其實，不能拿魯國的分封制去對照晉國，因為晉國六卿的家臣是分不到土地的，陽虎在趙家只能拿工資。

陽虎被趙鞅收服之後，再也不敢把自己的聰明才智用在架空「老闆」上，而是老老實實地當起了家臣，想辦法幫趙鞅創造更多的效益。在陽虎的輔佐下，趙氏封地的經濟建設搞得紅紅火火，老百姓豐衣足食。

西元前四九七年，趙鞅為了更好地建設晉陽，打算繼續擴充人口。他想到了當年攻打衛國時得到的五百戶人口，由於當時晉陽沒有建設好，他就把這五百戶人口安置在了邯鄲趙氏那裡，現在可以把那五百戶人口遷到晉陽來了。

沒想到這個遷戶口的事，卻引發了一場國內外眾多勢力糾纏在一起的戰爭。

邯鄲趙氏的老祖宗正是趙盾的侄子、弒殺晉靈公的趙穿。趙穿這一支趙氏小宗一直生活在邯鄲，又以「邯鄲」作為自己的新氏。邯鄲趙氏的首領叫邯鄲午，他與趙氏大宗趙鞅隔了五代，血緣關係早就淡了，嚴格意義上說已經不是一家人了。邯鄲趙氏的首領寧願別人叫自己邯鄲午，而不願別人叫自己趙午。

邯鄲午收到趙鞅讓自己把那五百戶人口遷到晉陽的命令，心裡很不高興。我早就跟你不是一家人了，你憑什麼對我吆五喝六的呀？再說邯鄲靠著衛國，把這五百戶送到晉陽，就是得罪了衛國。我才不當冤大頭，人就是不送！

趙鞅收到邯鄲午拒絕執行命令的消息，立馬火了。他請邯鄲午到晉陽來做客，然後一刀把邯鄲午砍了。

趙鞅處死邯鄲午，本來只是趙氏的家事，卻引燃了一個巨型火藥桶。

邯鄲午是中行寅的外甥，中行寅的兒子又娶了范氏的女兒。所以，邯鄲趙氏、中行氏、范氏是一個利益集團。他們為了防止趙鞅做大做強，率兵攻打趙鞅在新絳的府邸，趙鞅自知身單力薄，退到趙氏主基地晉陽。

韓氏、魏氏、智氏一直與中行氏、范氏不和，於是他們站在了趙氏這一邊。趙鞅非常聰明，又把晉定公給拉下水。雖然晉定公不管什麼事，但好歹是晉國名義上的合法國君，國君說誰是亂黨，誰就在道義上站不住腳。

有了晉定公的站臺，趙氏、韓氏、魏氏、智氏就成了奉旨討賊。結果，邯鄲趙氏、中行氏、范氏兵敗如山倒，各自逃回了自家的封地。

兩大集團就這樣你來我往打了好幾年，雙方背後都有各自的大人物支持。趙氏、韓氏、魏氏、智氏背後有晉定公支持，邯鄲趙氏、中行氏、范氏則找到了外援齊景公。

齊景公為了顛覆晉國，讓齊國成為天下最強的國家，便干預晉國內政，給邯鄲趙氏、中行氏、范氏送錢送糧。牆頭草鄭國這次也雄起了一回。鄭國南邊的強敵楚國被吳國打成了殘廢，威脅解除了，而北面晉國正在打內戰。為了顛覆晉國，消除來自北方的威脅，鄭國把寶押在了邯鄲趙氏、中行氏、范氏身上。

趙鞅為了徹底消滅反對派，決定出兵攻打反對派的老巢朝歌。中行氏與范氏就蝸居在朝歌，經常以朝歌為基地攻打趙鞅。

西元前四九三年周曆八月七日，齊國、鄭國派大軍送糧給朝歌的中行氏、范氏。中行氏、范氏派了自己的軍隊前往接應。趙鞅得知後，決定奪取這批糧食，並給予敵人致命一擊。

趙鞅率領自己的軍隊在鐵丘附近與敵軍相遇開戰，這場戰爭又被稱為「鐵之戰」。

看到敵軍人數遠遠多於自己，趙鞅有點猶豫到底打還是不打。此時家臣陽虎提出了建議：「在戰車上插滿旗子，讓敵人誤以為我們人很多，讓他們懼怕我們。」趙鞅覺得這建議不錯，就照辦了。

開戰前，趙鞅做了戰前動員，激勵將士奮勇殺敵。他沒想到的是，自己的激勵機制將會成為戰國時期各國軍功制的雛形。

趙鞅先說：「中行氏、范氏大逆不道，裡通外國，人人得而誅之！諸位將士要在此戰中奮勇殺敵。」領導激勵下屬都會說些高調的話，這不重要，最重要的是趙鞅後面的話：「如果我們戰勝了敵人，是上大夫的，封給縣邑；是下大夫的，封給郡邑；士人賞田十萬畝；平民、工匠、商人可以獲得當官的資格；奴隸可以獲得自由身。」

趙鞅的激勵機制太厲害了。過去是貴族社會，大家階層固定，上下階級不流動。而現在，只要在戰場上表現出色，就可以往社會上層走，並且還有豐厚的物質回報。

不過，以往的封賞是把土地所有權直接賞賜給功臣，這很容易導致下屬擁兵自重。而趙鞅給的封賞只是土地上的租稅，但是所有權依然是趙家的，你不能買也不能賣，只能收土地上的租稅。拿到土地的功臣只能當包租公，無法建立獨立的小王國。

有了豐厚的獎賞激勵，趙氏的軍隊士氣大振，向人數遠多於自己的敵軍發起了進攻。帶頭衝鋒的趙鞅雖然身上中了一箭，但是依然奮勇向前。在趙鞅的率領下，趙氏軍隊擊潰了敵軍，繳獲了千車糧食。失去糧食支援的中行氏、范氏只能在朝歌城內等死。

隨後三年，趙鞅陸續平定了中行氏、范氏的叛亂，將邯鄲城收入自己的手中。此後晉國只剩下趙、魏、韓、智四家了。

四家表面上維持了一段和平的時光，但是他們心裡都清楚，這只不過是為下一場火併做準備。

# 三家分晉

西元前四七六年，趙鞅去世，死後謚號「簡」，所以他又被後世稱為趙簡子。趙鞅死後，智氏的智瑤繼任為中軍將。智瑤是晉國在位時間最長的一位中軍將，也是最後一位中軍將。

智瑤當初被挑選為智家的繼承人，在智家是經過一番爭吵的。智宣子覺得兒子智瑤一表人才，身材高大，能文能武，果敢剛毅，是未來智家族長的不二人選，可是智家的一位長輩智果提出了自己的反對意見。智果對智宣子說：「智瑤什麼都好，就是剛愎自用，這樣會害了智家。不如改立智家其他孩子為繼承人。」

智宣子十分寵愛智瑤，執意立智瑤做繼承人，於是種下了家族滅亡的禍根。

其實，智瑤能在中軍將位置上做二十二年，是有一定能力的，要怪只能怪他最大的競爭對手趙無恤的實力實在太強了。

如果把戰國時的趙國比作一座大樓，趙鞅是打地基的人，趙無恤就是搭建大樓框架的人。

趙無恤不是嫡子，他的母親是狄人，所以趙無恤從小在趙家地位低下。隨著年齡的增長，趙無恤表現出了過人的才智，並且被趙鞅注意到了。

趙鞅的嫡長子伯魯反應遲鈍，很平庸，而趙家有一個傳統，就是如果嫡長子不行，可以立庶子作為家族接班人。於是，趙無恤就被趙鞅立為家族接班人。趙鞅的眼光非常準，正是這位趙無恤將趙家從危難之中救出，並帶來輝煌。

作為中軍將，智瑤心裡清楚四卿裡以趙家的勢力最大，如果任由趙家發展下去，整個晉國將落入趙家人的手裡。唯一的出路就是不斷擴大自己的勢力，再聯合韓、魏兩家一同滅了趙家。

智瑤帶著自家的私卒攻打晉國旁邊的中山國，搶占了不少土地。與此同時，趙無恤也對趙家領地旁的代國（今河北省蔚縣東北）動起了心思。

代國東接燕國，南接中山國，北面是匈奴，又與樓煩接壤，戰略位置極為重要，戰國時期趙武靈王奪取中山國與樓煩的軍事行動，都是從原來代國的位置出發的。更重要的是，代國盛產馬匹，擁有重要的戰略資源。

老爹趙鞅剛死沒多久，自己還在服喪期間，趙無恤就來到夏屋山，邀請代王赴宴。代王是趙無恤的姐夫，收到小舅子的盛情邀請，就帶著少量隨從來了。代王哪知道，趙無恤擺下的是一桌鴻門宴。

宴會上，趙無恤與代王兩人邊喝邊聊。酒過三巡，菜過五味，負責給代王斟酒的人突然用斟酒的銅勺殺了代王。隨後趙無恤的伏兵一擁而上，把代王的隨從全部殺掉。代國群龍無首，趙無恤帶著私卒迅速吞併了代國。

由此可以看出，趙無恤是一個目的性很強的人，為達目的可以不擇手段，甚至六親不認。

當時，向外擴張已不能滿足晉國這幾個大家族的胃口了，於是他們瞄準了曾經的范氏與中行氏。自從范氏、中行氏被趕出晉國，他們的地就歸了晉國國君。智瑤作為中軍將，帶著趙、魏、韓三家把范氏、中行氏土地給瓜分了。當時在位的晉出公既憤慨又無奈，他沒有任何能力去阻止四卿，只能乞求齊、魯兩國幫助自己奪回權力。

沒有實權的國君想借外部勢力奪回權力，這個想法相當天真。四卿聽說晉出公有這麼一個大膽的想法，就把他趕出國，立晉哀公當傀儡。從此，晉國真正的掌權者就是智、趙、韓、魏四大家族。

中軍將智瑤成為晉國的一把手。他一直想把最大的敵人趙氏消滅掉，所以經常拉攏韓、魏兩家，有事沒事喊上韓、魏兩家族長一起吃個飯，敘敘感情。

有一次智瑤邀請韓康子與魏桓子來吃飯。本來這是一個發展感情的社交活動，人家兩大族長誰家沒好吃的，也不差你這一頓，來赴宴完全是賣你的面子。誰知智瑤情商不是一般的低，把本該友好互敬的飯局搞砸了。

在宴會上，喝大了的智瑤拿韓康子開玩笑，開完了又戲弄魏桓子的家臣。韓康子嘴上不說，心裡早就怒火中燒了。在一旁的魏桓子也覺得智瑤這傢伙不上道，打狗還看主人呢，智瑤竟完全不把魏氏放在眼裡。狂妄到這種程度，智瑤已經喪失理智了。

智瑤下一步要把最強的敵人趙家消滅。西元前四五五年，智瑤為了找藉口討伐趙氏，故意對趙、魏、韓三家說：「現在國君的土地太少，我們四家的土地太多，為了國君更有尊嚴地活下去，不如我們各拿出自己一萬戶的城邑給國君。我智氏帶頭拿出一萬戶的城邑交給國君。」

趙、魏、韓知道，智瑤現在是晉國真正的一把手，哪還會替國君著想？他真正的目的不過是想削弱趙、魏、韓三家。

實力比較弱的魏、韓兩家只能老老實實上交了一萬戶的城邑。輪到趙氏上交時，趙無恤只回覆了一個字：「滾！」

收到趙氏的回覆，智瑤高興了，這正是自己需要的戰爭藉口：「趙家敢不上交土地，就是與國君作對，我要代表國君討伐你。」於是智瑤脅迫魏、韓兩家出兵攻打趙氏。

趙無恤逃亡到主基地晉陽堅守不出。智、魏、韓三家軍隊攻打晉陽三個月，損兵折將也沒能攻下。晉陽作為趙家的主基地，城池高大堅固，城裡囤積了夠吃幾年的糧食。光靠人力想摧毀這座固若金湯的堡壘，幾乎不可能。

就在智瑤著急的時候，他突然發現晉陽旁邊靠著汾河，於是一條毒計從腦中冒出。

智瑤命人掘開汾河倒灌晉陽，洶湧的汾河迅速淹沒了晉陽。然而智瑤低估了晉陽城內軍民的決心，城內軍民都受過趙氏的恩惠，鐵了心要跟趙氏混。

晉陽城就這樣在水裡泡了三年，城內的糧食快吃光了，再這樣下去就只能吃人了。眼看就要城破，一個叫張孟的家臣向趙無恤請命，願意作為趙氏代表前往魏、韓兩軍大營，想辦法讓趙、魏、韓三家聯合，給智氏反戈一擊。

反正被困下去就是死路一條，死馬當活馬醫吧。趙無恤同意了張孟的請求。

張孟沒有想到的是，他在魏、韓兩家大營內竟然受到了熱烈歡迎，韓康子、魏桓子都熱情地說：「你怎麼不早來啊！我們等得好苦啊！」

韓康子、魏桓子對趙家使者竟然是如此反應，都要怪智瑤。

有一天，智瑤帶著韓康子、魏桓子在晉陽城外巡視晉陽受災情況，情商極低的智瑤再次沒有管住自己的嘴，隨口說了一句讓身邊的韓康子、魏桓子冒冷汗的話：「我原本不知道，用水淹竟然可以消滅一座城池！」

韓康子、魏桓子回到各自營帳後寢食難安。魏氏的主基地安邑靠著汾水，韓氏的主基地平陽靠著絳水，智瑤這麼一說，分明是想把水淹戰術發揚光大，用來對付魏、韓兩家。

於是，當趙家使者張孟來後，韓康子、魏桓子鐵了心要和趙無恤串聯起來，給智瑤反戈一擊。他們約定，三月丙戌日晚上三家一起動手，裡應外合消滅智氏。

三月丙戌日晚上，月黑風高。韓、魏兩家派人殺掉看守堤壩的智氏官員，反向掘開堤壩，汾水開始倒灌智氏軍營。三年間從未開啟的晉陽大門敞開了，趙氏軍隊從城中殺出，與魏、韓兩家一起包圍了智氏大軍。

智氏大軍在夢裡被洶湧而來的汾水沖得七零八落，潰不成軍，沒被河水淹死的也被三家聯軍屠戮殆盡，曾經威震晉國朝堂的智瑤死於亂軍之中。至此，智氏正式退出歷史舞臺。在水裡泡了三年，差點成為蛙人的趙無恤沒有放過已死的智瑤，他把智瑤的頭骨做成了喝酒的器皿。

趙無恤為趙國的建立立下了汗馬功勞，死後被諡「襄」，後世尊稱他為趙襄子。

西元前四五三年，最後的勝者趙、魏、韓三家瓜分了晉國，晉國國君只剩下新絳與曲沃兩個城市，晉國已經名存實亡。

然而故事並沒有結束。智氏被滅，三家分晉，這些人都是為了自己的利益相互廝殺，沒有什麼道義可言，上演的無非是成王敗寇的戲碼。可是失敗的智瑤沒想到，自己死後，有一位義士要為自己復仇。

這人叫豫讓，是智瑤的家臣。豫讓曾經先後給范氏、中行氏當過家臣，可是這兩家給他的福利待遇較低，後來他就「跳槽」去了智氏。智瑤沒把豫讓當員工，而是把他當兄弟，並給他高薪待遇，因此豫讓對智瑤感激涕零。

智氏覆滅後，豫讓成功潛逃，並決定為智氏復仇。他還說了一句千古名言：「士為知己者死，女為悅己者容。」

豫讓更名改姓，偽裝成裝修人員進入趙無恤的宮內裝修廁所。他身上帶著一把匕首，準備趁趙無恤上廁所時刺殺他。但是趙無恤上廁所的時候看見一個人鬼鬼祟祟，第六感極強的他馬上命人拿下那個人。一經審問，趙無恤才知道這鬼鬼祟祟的人是來刺殺自己為智瑤復仇的。

趙無恤被豫讓的行為感動了，他敬佩豫讓是條好漢，於是放了豫讓。可是頑固的豫讓並未就此罷手，他要再次行刺趙無恤。為了不讓人認出，豫讓把油漆塗在自己身上，讓皮膚出現潰爛，又吞炭讓自己嗓子沙啞，最後裝成乞丐沿街乞討。經過這樣的自殘，豫讓的妻子從他身邊路過時都沒有認出他。

有一天，趙無恤要坐馬車出門，豫讓潛伏在趙無恤必過的橋下。趙無恤的馬停在橋下死活不走，趙無恤感覺到危險，命人四處搜查，躲藏在橋下的豫讓暴露了。

趙無恤問眼前的乞丐：「你是誰，為何要刺殺我？」

「我是豫讓，我要為智氏報仇！」

趙無恤徹底無語了，怎麼又是這傢伙，還沒完沒了了。

「我之前放你一馬，結果你現在又來行刺，這次我不能饒恕你！」趙無恤無奈地說道。

豫讓說：「我感謝您之前放我一條生路，但是智氏對我恩重如山，我不能忘恩負義。既然我殺不了您，請您把身上的衣服給我，我拿劍刺幾下，就算我替智氏報仇了。」

趙無恤被豫讓震撼到了。他敬佩豫讓心中的忠義，於是脫下衣服給豫讓刺。豫讓對著趙無恤的衣服連刺幾劍，隨後對天大喊道：「我已刺殺了趙無恤！」話音剛落，豫讓就自刎而死。在場的每一個人都對豫讓肅然起敬。

豫讓並不知道，即使他刺殺趙無恤成功，三家分晉也已經完成。趙、魏、韓三家作為新生的諸侯國正式登上歷史舞臺，戰國大幕正式開啟。

即將到來的戰國時代，是一個黑暗的時代。諸侯們不再追逐「霸主」的虛榮，「吃掉別人，餵飽自己」成為諸侯們競爭的動力。戰爭強度越來越高，處處是「殺人盈野復盈城」的慘狀。

即將到來的戰國時代，也是一個黃金時代。人才成為那個時代的無價之寶，是各國爭搶的對象。只要你有才，便可出將入相，在列國尋找適合自己的位置。縱橫捭闔，睥睨天下，成為當時每個讀書人的終極夢想。

秦、楚、燕、趙、韓、魏、齊戰國七雄的精采大戲，即將上演。

# 故事春秋：爭霸300年，分崩離析下的百家爭鳴

作　　者　任超
責任編輯　夏于翔
協力編輯　黃暐婷
內頁構成　李秀菊
封面美術　萬勝安

總 編 輯　蘇拾平
副總編輯　王辰元
資深主編　夏于翔
主　　編　李明瑾
業務發行　王綬晨、邱紹溢、劉文雅
行銷企劃　廖倚萱
出　　版　日出出版
地址：231030新北市新店區北新路三段207-3號5樓
電話：02-8913-1005　傳真：02-8913-1056
網址：www.sunrisepress.com.tw
E-mail信箱：sunrisepress@andbooks.com.tw
發　　行　大雁出版基地
地址：231030新北市新店區北新路三段207-3號5樓
電話：02-8913-1005　傳真：02-8913-1056
讀者服務信箱：andbooks@andbooks.com.tw
劃撥帳號：19983379　戶名：大雁文化事業股份有限公司

印　　刷　中原造像股份有限公司
初版一刷　2024年12月
定　　價　700元
I S B N　978-626-7568-45-3

原書名：春秋：爭霸300年
作者：任超


國家圖書館出版品預行編目（CIP）資料

故事春秋：爭霸300年，分崩離析下的百家爭鳴／任超著. -- 初版.
-- 新北市：日出出版：大雁出版基地發行, 2024.12
464面；17×23公分
ISBN 978-626-7568-45-3（平裝）
1.CST: 春秋史
621.62　　113017687

圖書許可發行核准字號：文化部部版臺陸字第112041號
出版說明：本書由簡體版圖書《春秋：爭霸300年》以中文正體字在臺灣重製發行。